中国历史文化名人传

红尘四梦
汤显祖传

谢柏梁　著

作家出版社

中国历史文化名人传

组委会名单

主任：李　冰
委员：何建明　葛笑政

编委会名单

主任：何建明
委员：郑欣淼　李炳银　何西来　张　陵　张水舟　黄宾堂　张亚丽

文史组专家成员（按姓氏笔划为序）

王春瑜　王家新　王曾瑜　孙　郁　刘彦君　李　浩　何西来
郑欣淼　陶文鹏　党圣元　袁行霈　郭启宏　黄留珠　董乃斌

文学组专家成员（按姓氏笔划为序）

王必胜　白　烨　田珍颖　刘　茵　张　陵　张水舟　张亚丽
李炳银　贺绍俊　黄宾堂　程步涛

出版说明

中华民族五千年文明史中，涌现了一大批杰出的文化巨匠，他们如璀璨的群星，闪耀着思想和智慧的光芒。系统和本正地记录他们的人生轨迹与文化成就，无疑是一件十分有必要的事。为此，中国作家协会于 2012 年初作出决定，用五年左右时间，集中文学界和文化界的精兵强将，创作出版《中国历史文化名人传》大型丛书。这是一项重大的国家文化出版工程，它对形象化地诠释和反映中华民族文化的基本精神，继承发扬传统文化的精髓，对公民的历史文化普及和建设社会主义文化强国都具有重要而深远的意义。

这项原创的纪实体文学工程，预计出版 120 部左右。编委会与各方专家反复会商，遴选出在中国文化发展史上产生过重大影响的 120 余位历史文化名人。在作者选择上，我们采取专家推荐、主动约请及社会选拔的方式，选择有文史功底、有创作实绩并有较大社会影响，能胜任繁重的实地采访、文献查阅及长篇创作任务，擅长传记文学创作的作家。创作的总体要求是，必须在尊重史实基础上进行文学艺术创作，力求生动传神，追求本质的真实，塑造出饱满的人物形象，具有引人入胜的故事性和可读性；反对戏说、颠覆和凭空捏造，严禁抄袭；作家对传主要有客观的价值判断和对人物精神概括与提升的独到心得，要有新颖的艺术表现形式；新传水平应当高于已有同一人物的传记作品。

为了保证丛书的高品质，我们聘请了学有专长、卓有成就的史学和文学专家，对书稿的文史真伪、价值取向、人物刻画和文学表现等方面总体把关，并建立了严格的论证机制，从传主的选择、作者的认定、写作大纲论证、书稿专项审定直至编辑、出版等，层层论证把关，力图使丛书经得起时间的检验，从而达到传承中华文明和弘扬杰出文化人物精神之目的。丛书的封面设计，以中国历史长河为概念，取层层历史文化积淀与源远流长的宏大意象，采用各个历史时期最具代表性的文化符号与雅致温润的色条进行表达，意蕴深厚，庄重大气。内文的版式设计也尽可能做到精致、别具美感。

中华民族文化博大精深，这百位文化名人就是杰出代表。他们的灿烂人生就是中华文明历史的缩影；他们的思想智慧、精神气脉深深融入我们民族的血液中，成为代代相袭的中华魂魄。在实现"中国梦"的历史进程中，必定成为我们再出发的精神动力。

感谢关心、支持我们工作的中央有关部门和各级领导及专家们，更要感谢作者们呕心沥血的创作。由于该丛书工程浩大，人数众多，时间绵延较长，疏漏在所难免，期待各界有识之士提出宝贵的建设性意见，我们会努力做得更好。

《中国历史文化名人传》丛书编委会

2013 年 11 月

汤显祖

目录

第一章

才子之乡古临川

人皆有故乡，故乡是人类永恒的生身家园。

"东方的莎士比亚"汤显祖，其故乡在中国江西省抚州市的临川古城。

在江西，有两位辞去县官不做的著名才子彪炳古今。一位是东晋末至南朝宋初年间，才当过八十三天县令，便任性辞官，归去庐山的陶渊明（352—427），是中国的田园诗人之祖；

另外一位是明代末叶的临川才子汤显祖（1550—1616），是中国明清两代以至于今最有影响的第一戏剧大师。

"初唐四杰"之一的王勃，在其《滕王阁序》中曾经满怀深情地描摹道："睢园绿竹，气3凌彭泽之樽；邺水朱华，光照临川之笔。四美具，二难并。"王勃当年归并起"四美二难"，也许出于对仗与文气的扩张，乃成佳句绝对；而清代以后的文人墨客们，每读此序，就会天然地联想到陶渊明和汤显祖这两位韵文界的大师级人物。

"远色入江湖，烟波古临川。"（汤显祖《二京归觉临川城小》）

临川位于江西东部，东邻福建，南接赣州，西连吉安、宜春，北临浩浩荡荡的鄱阳湖，所以《临川县志·形势志》总结道："山川融结，舟车所集，控带闽粤，襟领江湖。"

青云、逍遥、桐林、香楠、天庆五座山峰，都在临川耸立。五山临水，放眼一望，故名临川。

临水和汝水交汇于城区西北，汇集成赣抚平原的母亲河——抚河，再经青岚湖注入到烟波浩渺的鄱阳湖水之中。

是故山水之美，人文之胜，自古以来，令人神往。

本地的金坪磨盘区域，在临川脑、羊坡石、雷劈石、罗成岭一带，近来发现了八万余平方米的商代古文化遗址，令人遥想当时古人在此风水宝地的生活状态。占卜筹谋的抉择中有着意气风发的赌赛，刀光剑影的身影也伴随着酒气葱茏的豪情。

此地还留有五十余座汉墓群，西风残照，冷月碧霞，辉映着情感的悲欢，默语着历史的沧桑，昭示着生命的传递，激发起永恒的哲思，当然同时也张扬着当年墓主的阔气绰约与富贵堂皇。

此地建县始于东汉和帝永元八年（96），当年因境内有临（宜黄河）汝（抚河之源）二水，遂名临汝县。三国时因为治所临近二水相汇、川流不息之水势，改设临川郡。

隋开皇九年（589），杨武通奉使安抚，废临川、巴山两郡，始置抚州，一为抚河滔滔之水势，二取安抚眷眷之天恩。

抚今追昔，临川县作为抚州之中心区域，一九八七年经国务院批准，临川县、抚州市合并为临川市，原临川县于二〇〇〇年六月改市设区。

因此，《临川县志·风俗志》上溯远古的文明遗迹，检点本县的人文风采后，不无自诩地总结道：才子之地、文化之邦。

区区一座临川城，从古至今，灵气百般汇聚；梧桐引凤，哲人纷至沓来。是故文脉始终不断，才情次第转浓。

最早曾在此宦游的大家，是伟大的书圣王羲之（303—361）。他在书法界一改汉魏陈规，书兼隶、草、楷、行，引领着万世的风气。城东周学岭的王氏洗墨池，多少次见证过书圣勤学苦练的身影。也许得临川山水形胜之助，书圣的风格才得以更加健朗地确立起来。

中国山水诗派之祖谢灵运（385—433），在刘宋代晋后，降封康乐侯，历任永嘉太守、秘书监、临川内史，后来在元嘉十年（433）于广州被宋文帝刘义隆以"叛逆"罪腰斩，时年四十九。在他短暂的有生之年中，也对临川情有独钟，不忍释怀。尤其是临川城西的铜山麻源第三谷，最是谢灵运流连忘返、游赏不尽的洞天福地。据说他在这里无比自信地自评说："天下才共有一石，曹子建独得八斗，我得一斗，自古及今共用一斗。"

谢公的这一斗才情，在临川麻源一带，究竟洒落了多少呢？我们只知道本乡本土的后辈学人汤显祖，追慕先贤，心向往之，取谢灵运"铜陵映碧涧，石磴泻红泉"诗句，将自己的第一部诗集，郑重取名为《红泉逸草》。

刘义庆（403—444）与临川心心相印。其叔临川王刘道规无子，即以侄子为嗣，所以刘义庆袭封临川王、赠任荆州刺史等官职，在政八年，颇有政声。其志人小说《世说新语》、志怪小说《幽明录》，在中国小说史上厥功甚伟。他凭空结撰的志怪小说，翻空出奇，匪夷所思。这些浪漫的情怀与编写故事的能力，是否极大地影响到汤显祖的戏剧故事讲述呢？

诗坛审美大家钟嵘（约468—518）也曾在临川任职。他在梁武帝天监十二年（513）以后，著成《诗品》，论及两汉至梁作家一百二十二人，将五言诗分为上、中、下三品进行评论，倡风力，反玄言。

唐代大书法家颜真卿（709—784）同样与临川有过诗文情缘。以"颜体"楷书行世，与赵孟頫、柳公权、欧阳询并称为"楷书四大家"。又与柳公权并称"颜柳"，被称为"颜筋柳骨"。诗文集有《韵海镜源》《礼乐集》《吴兴集》《庐陵集》，后来索性以《临川集》命名。他在本地所写的《有唐抚州南城县麻姑山仙坛记》，号称天下第一楷书。

曾任抚州刺史的戴叔伦（约732—789），诗论"诗家之景，如蓝田日暖，良玉生烟，可望而不可置于眉睫之前"。其诗词讲究逻辑上的联袂而发，绵延不断，文气贯穿，感人至深——

《调笑令·边草》云："边草，边草，边草尽来兵老。山南山北雪晴，千里万里月明。明月，明月，胡笳一声愁绝。"

《除夜宿石头驿》咏："旅馆谁相问？寒灯独可亲。一年将尽夜，万里未归人。寥落悲前事，支离笑此身。愁颜与衰鬓，明日又逢春。"

后任的抚州刺史杜佑（735—812），穷尽三十六年岁月，撰成二百卷《通典》，至今还为人广泛引用，令人为之叹服。

从公元十世纪开始，人杰地灵的临川地区，又进入了连贯不断的词曲勃发阶段。

保大六年（948），冯延巳在先后出任宰相的间隙，也出任过抚州节度使，于此任职数年。冯延巳有词集《阳春集》传世，其《鹊踏枝》可与临川相映成趣：

　　谁道闲情抛掷久，每到春来，惆怅还依旧。日日花前常病酒，敢辞镜里朱颜瘦。　　河畔青芜堤上柳，为问新愁，何事年年有？独立小桥风满袖，平林新月人归后。

王国维在《人间词话》中盛赞云："冯正中词虽不失五代风格，而堂庑特大，开北宋一代风气。中、后二主皆未逮其精诣。"

风云际会，水到渠成，江山代有才人出，各领风骚数百年。从王羲之、谢灵运到冯延巳，六百多年的文脉浸润、书法史志的文气感染、浓词艳曲的情感催发，这就令到过临川的江西人和临川本地的诗人，不会吟诗也会吟，不会填词也能歌了。

景德元年（1004），江南按抚张知白（？—1028）听得人言，说抚州临川文港乡的晏殊早在五岁时便能作文，号称"神童"，便向皇帝举荐了他。

次年，晏殊年十四，他与全国各地的高才生们参加殿试，下笔如有神，宋真宗很赏识他，赐同进士出身。

宰相华州下邽（今陕西渭南）人寇准（961—1023），颇带偏见地说道："晏殊是外地人。"

宋真宗赵恒大不以为然，才子岂分家乡出身？便马上怼了回去："张九龄亦是外地人。"

越数日，殿试诗、赋、论等科。晏殊一看题目，竟然皆是自己平素准备过的，便毅然上奏，呈请宋真宗更换题目。换题之后，仍然援笔立成。皇上因其诚实且多才而嘉奖之，授其秘书省正事，三年后召试中书，任太常寺奉礼郎。后官至翰林学士，迁升左庶子。

乾兴元年（1022），仁宗年十二，晏殊奏请由刘太后"垂帘听政"，迁右谏议大夫兼侍读学士、加给事中，后任礼部侍郎知审官院、郊礼仪仗使、迁枢密副使。后由刑部侍郎贬知宣州，改知应天府。他力邀范仲淹兴办应天府书院（又称"睢阳书院"），使得该书院与白鹿洞、石鼓、岳麓合称宋初四大书院。庆历三年（1043）在宰相任上时，又与枢密副使范仲淹一起，倡导州、县立学和改革教学内容，官学设教授。从京师至郡县的"庆历兴学"，开创了全国官学的兴盛局面。

因为晏殊的诚实守信尽人皆知，所以他在举荐人才时敢于唯才是举，举贤不避亲人。他在位宰相时，敢于举荐自己的嫡亲女婿富弼为枢密副使，后来富弼的才能为大家所认可，最终官拜宰相。这就足以证明，经得起晏家选女婿关口考验的人，也可以经得起国家选栋梁的考试。

他敢于推荐自己门下的学生辈，除了被选为女婿的富弼之外，范仲淹、孔道辅、临川人王安石等均出自晏门，韩琦、欧阳修等人同样经过他的多次举荐与栽培，才得以成其大器。有好事者，曾在晏府庭前贴上一副对联："门前桃李重欧苏，堂上葭莩推富范"，晏殊看后笑而不言。

经晏殊不遗余力地举荐人才后，"江西老表"乃至"临川帮"联袂登上了中国科考乃至文坛的最高平台。

先居江西南丰、后居临川的曾巩，因为十八岁时以文章结缘同乡王安石、欧阳修，后来在欧阳修主持会试时，曾巩与其胞弟曾牟、曾布和堂弟曾阜同时科考，兄弟四人一同登进士第，这也算是中国科考史上的奇观了。

为了报答家乡父老，曾巩在临川创办兴鲁书院。这家书院从此一脉相承，居然能够一直蓬勃兴旺地开办到清末。

每读汤显祖《游园》，便容易想到其"导宋词之先路"的乡贤晏殊之《浣溪沙》：

　　一曲新词酒一杯，去年天气旧亭台，夕阳西下几时回？　　无可奈何花落去，似曾相识燕归来。小园香径独徘徊。

再读王安石的《桂枝香》：

　　登临送目，正故国晚秋，天气初肃。千里澄江似练，翠峰如簇。归帆去棹残阳里，背西风、酒旗斜矗。彩舟云淡，星河鹭起，画图难足。　　念往昔、繁华竞逐。叹门外楼头，悲恨相续。千古凭高，对此漫嗟荣辱。六朝旧事随流水，但寒烟、芳草凝绿。至今商女，时时犹唱《后庭》遗曲。

这样的词绪意境，特别容易联想到汤显祖《南柯记》《邯郸记》中的多重感慨与深远意境。

在唐宋散文八大家中，韩愈、柳宗元之后，除了"三苏"苏洵、苏轼、苏辙之外，欧阳修、王安石、曾巩全都是江西人，后面两位还都是临川人。

至于江西诗派的开山之祖黄庭坚，也是江西修水县人。

此外，还有几位临川才子值得一提：

小令大师晏几道（1031—1106），字叔原，别号小山，系晏殊第七子，与其父晏殊并称"二晏"。几道学问超群，尤工小令，大家公推令词在其大手笔的点染之后，达到了新的高峰。

谢逸（1070—1113），字无逸，号溪堂，与弟谢薖被称为江西诗派中的"二谢"。他学问渊博，尤工诗文，其诗风格清新曲折，与曾在临川吟咏的南朝山水诗人谢灵运风格相似，人称"江西谢康乐"。存《溪堂集》十卷。

陈自明（1190—1270），字良甫，临川城西乡人。嘉熙元年（1237），编成《妇人大全良方》二十四卷，把妇科病症归纳为调经、坐月、产难、产后等八大门类，理论精辟，见解独到，为江西历史上十大名医之一，号称我国最早的妇产科专家。

朱思本（1273—1333），字本初，号贞一，临川人，元朝著名地理学家。用计里画方格定位方法绘成《舆地图》，是制图史上的杰作。明清以后所制新图多以《舆地图》为蓝本。著有《贞一斋诗文稿》行世。

祝徽（1568—1634），字文柔，临川钟岭祝家村人。与汤显祖、邱兆麟、帅机齐名，被誉为明代临川前四大才子。历任山东道御史、山西巡按使、浙江巡按御史等要职。

写到此处，不禁心生敬仰。小小临川，两千年来一再成为郡、州、府治不说，外来的文人墨客在此做官写作不说，仅仅科举取士，便足以震烁天下。

宋代的临川进士有四百四十六人，举人五百二十五人，监生与贡士三百三十四人。仅仅当朝宰相，便先后涌现出晏殊与王安石两人。

在汤显祖生活的明代，临川进士有一百六十六人，举人三百零二人，监生与贡士五百七十七人，包括汤翁在内出任县级以上地方与中央官员者共三百八十三人。临川士子，才学之高，中榜之多，令天下为之侧目。

有人说：临川才子之多，源于中国科考的标准化文体——八股制艺，源于王安石所创；

有人说，临川有灵山圣水，山是洞天福地麻姑山，还有苏东坡誉之为天下七大温泉之一的青莲山温泉，水是鱼米之泽抚河水；

有人说，临川山水人文，源远流长；一望无际，浩浩滔滔，引多少文人墨客尽折腰……

俱往矣，寻根溯源，访古论今，在才子辈出的人才之乡临川，到了二十一世纪，大家最看重、最景仰、在中外剧坛上最有影响的史上之大家，并不是万人之上、一人之下的几任丞相，却是一位小小的去职县官——他就是绘江山胜迹灵气吐纳、叙历史文脉高潮迭起、颂男女情爱臻于妙境的东方莎士比亚——抚州临川的本地人汤显祖。

第二章

炳彪青史的名门望族

在临川，汤显祖的家族不比寻常，乃是抚州地望中无人不知、江西行省中无人不晓的名门望族。

渊源有自，名士辈出，前有武将军，后有文曲星，不由得令人生出家族基因之强大、慧根智芽赖传承的深深感慨与重重敬意。

临川籍的首位丞相晏殊，说文昌里的汤家始祖，应该首推从苏州温坊到临川为官的汤季珍，人称万四公是也：

> 万四公，名季珍，字君重，号宝亭，唐季以辞赋掇科名，任抚州路宣慰。奋身追贼，为国尽难，作为一方保障。上嘉忠，封为公，葬于抚郡北飞雁投湖山。

临川籍的第二位丞相王安石，也在拜谒汤季珍庙时，称其"忠贞贯日，义勇参天。英气不灭，启佑后贤"。

汤季珍于唐懿宗咸通年间，博古通今，淹通百艺，智商过人，学问盖世，便以博学鸿词科取士。

富贵须还乡。汤季珍在豫章（今南昌）为官时，娶了一位当地的邵氏夫人。这二人青春作伴，身心和谐，先后生下五位公子。在当地，一对夫妻接连生下五位虎子，汤家有后，开枝散叶，基因传播，优才辈出，这该是何等光大门楣、令人敬重的人间美事啊。

可是天有不测风云，地有蝗灾降临。汤家幸福的日子，和平的岁月，居家的天伦之乐，很快就星流云散，随着蝗灾的来临，转入到兵荒马乱的打仗状态。

蝗灾自古就有，但是应变之策不一。贞观二年（628），唐太宗为了号召大家扑灭蝗灾，竟然当众吞食蝗虫，并严正声讨道："民以谷为命，而汝食之，宁食吾肺肠。"明君尚且如此，于是文武百官和全国百姓，无不奋起扑蝗，好事者将其作为御菜美味，油炸品尝，蝗灾遂灭，蝗菜犹存。

二百四十七年后，正值唐僖宗乾符二年（875），又一场全国性的蝗灾降临，"飞蝗蔽日，所过赤地"。昏聩至极的僖宗皇帝，只喜欢听好话，会拍马屁的京兆尹杨知至就奏道："蝗不食稼，皆抱荆棘而死。"此语一出，宰相以下皆当廷庆贺。老祖宗的"食蝗"变成了不肖子孙的荒唐"贺蝗"。

世上哪有不吃庄稼的蝗虫！庄稼颗粒无收，朝廷赋税太重，民不聊生，必定造反，这就有了王仙芝与黄巢的揭竿而起，率众起义。两年后（877），起义军的将领柳时璋攻打抚州，来势汹汹，不可抗拒。

国事危难之际，皇上才不得不起用汤季珍为抚州路宣慰使，到抚州与当地守军彼此策应，击败起义军，解了抚州之围。

次年（878），黄巢起义军攻打福州。兵临城下，将至壕边，福州城危乎殆也。前番得胜的汤季珍又临危受命，奉朝廷之召唤，入闽后带领将士们围剿起义军，不顾生死，浴血奋战。

可是这一支起义军是黄巢的主力部队，人多势众，武器精良，战斗精神极其顽强。两相交战，玉石俱焚，尽管忠君善战的汤季珍身先士卒，也抵不过起义军的重重围攻，不幸战死在福州。

汤季珍为君王捐躯后，山林为之变色，朝廷为之惋惜。僖宗这时知道体恤死难烈士了，乃赐汤季珍谥号忠勇公，赐葬于抚州温坊之飞雁投湖山。

名将虽亡，五子存焉。其四子汤复，在唐代行将灭亡时审时度势，从州郡之官位急流勇退，选择到临川温坊隐居，最为重要的理由是可以看护父亲之仙居寝陵，把守这一片风水宝地。

到了汤伯清这一代，将临川家业定位为文昌里，而且百年之后，又率先归葬于文昌里灵芝山，所以从兹开始，汤伯清被尊为文昌汤氏一世。

文昌里的汤氏一世汤伯清，是个真正的大隐士，虽然学问很好，但却淡泊功名。

大明王朝建立之后，朝廷用重刑，兴大典。诸位高才，能为朝廷所用者战战兢兢，不听指挥者可以腰斩。

千富万贵，生命第一。为避朱元璋诛杀功臣之祸，汤伯清多次以各种可以理解的缘由，婉言谢绝官家邀约，不愿为官。

相比大红大紫、大寂大灭的官场沉浮而言，汤伯清但以耕读传家，生活也过得优哉游哉。但凡家有余钱，便热衷于修桥补路、建庵礼佛之事，所以乡亲们好评如潮，地方官员也敬他几分。

文昌里一脉的二世公汤峻明高祖、三世公汤廷用曾祖，继承祖训，看守家园，同样不求功名，不考科举，散淡人生，乐善好施，名声越来越大，心态越来越好，家族越来越旺。

家族代代相传，传到了大唐名将汤季珍的二十一代孙、文昌汤氏之四世汤懋昭公这里。

汤懋昭卓尔不群，风姿秀雅。少年时便补弟子员，又因对《书经》的出色解读而考取贡生。他的文才过人，词曲又写得好，地方上有"词坛名将"的美誉，名声渐长。

江西按察副使许逵慕名爱才，对汤懋昭青眼有加，先是礼聘他为幕宾，后来又正式举荐他为安徽清远县丞。

以上营生，虽说是小吏闲职，但却体现出地方官员对汤家的敬重，对懋昭先生的抬举。

见过世面、跑过江湖的汤懋昭，后来返乡之后，又热心于从教授业，讲学收徒，桃李门墙，书声琅琅。

到了晚年，他又毅然到远离闹市的酉塘庄隐居，醉心于黄老生活，闲云野鹤，诗酒悠哉。这位优游自在的高士，以堂前楹联抒发其人生取向云：

金马玉堂富贵输他千百倍
藤床竹几清凉让我两三分

汤懋昭公，就是汤显祖的祖父。其实他生命史上最大的成绩，就是血脉相传，基因绵延，有了一个大名鼎鼎的长孙汤显祖。

孙子汤显祖，数次前往酉塘庄，来看望归隐在此、神秘兮兮的祖父大人。祖父对长孙喜欢到极致。即便如此，他也在不无得意地自诩其隐居生活的天高地广，自由自在，随性自然，了无拘束。此后汤显祖的浪漫情怀，是否也有其祖父散淡人生的投影呢？

汤显祖的父亲汤尚贤，是一位藏书家、教育家和特立独行的知识分子。祖上留下的五万多卷藏书，到他这一代更加踵事增华，蔚为大观。

除了经史子集、古文辞赋等书籍之外，仅仅元人杂剧，在他们家就收藏有上千种之多，端的是一所藏书丰富、戏曲文本优先的家庭图书馆。

身处书山之中，汤显祖自小就能博览群书，尤其对其中的千余种元杂剧剧本颇有心得。信手拈来，随口道来，铿锵诵来，那都是绝妙无比的人间好戏啊。

姚士粦《见只编》中有云："汤海若先生妙于音律，酷嗜元人院本。自言箧中收藏，多世不常有，已有千种，有《太和正韵》所不载者。比问其各本佳处，一一能口诵之。"

作为一位有个性的文人，汤尚贤一向低调做人，不尚热闹场中的荣华富贵。彼时有位苏太守初到临川，宴请各方贤达，可是酒菜俱备后，主要嘉宾之一的汤尚贤却始终不露面。

太守脸上挂不住，命随员再次相请，仍不肯来。后来苏太守索性一不做二不休，礼贤下士到底，他亲自上门，去把汤尚贤请过来吃饭喝酒，畅谈天下大事，并不忘在酒后为其戏题了"可闻不可见"的墨宝。

汤显祖的伯父汤尚质，更是一位游历天下、见多识广的"行走"式文人。汤显祖对伯父的修为深有所感，有诗赞曰：

> 卧游仙衾衾，行乐醉乌乌。
> 旧试朋簪合，新瞻佛座敷。
> 时时开画轴，日日隐香炉。
> 年少谁留梦，情多数被呼。
> 月高轻点拍，春睡美投壶。
> 长袖光阴远，深衣礼数殊。

（《伯父秋园晚宴有述四十韵》）

看来伯父不仅是位赏曲拍曲的专家，还与梨园人等有着较为亲密的往来。这样的经历和兴趣，这样的艳情诗歌与人生态度，礼教束缚不住，但凭随性自然，又是一番精彩的人生。

伯父的生活道路与人生态度，对于汤显祖的亲近梨园、创作戏曲，重视舞台艺术，潜心四梦构建，乃至之后的"自掐檀痕教小伶"，无疑会有着极大的启示作用和示范引领意义。

尽管汤家三代无有致力于科考之人，尽管汤尚贤他自己也无意于功名，但他却对汤显祖期望颇大，立志要为儿子提供当地最好的教育。

为了更好地培养长子汤显祖，还有一应家族子弟，汤尚贤还特意开设了"汤氏家塾"。这一家塾，早先选址在文昌门外的文会书堂，后来又营建在风景优美、风水极佳的香楠峰下，唐宫庙左侧。在此读书，神清气闲，精力弥漫，稍一用功，便会惊为天人。

仙风禅意，名师高徒，英才聚会，无美不备。

从师必高，学艺方妙。所以汤尚贤所延请的先生，都是饱学宿儒。比方一代名师徐良傅，比方当时很著名的理学大师罗汝芳，都是先后为汤显祖等人讲学授业、给汤显祖极大影响的名师大贤。

汤家从武官到文士，从显赫到归隐，从佛道信仰到儒家塾馆，尤其是累累经典、叠叠戏文的图书，化外高士的人生态度，赏心悦目的审美态度，都为汤显祖崇文制曲、寄情传奇，准备了极好的先决条件，也同时营造了进则科考仕进做官、退则返乡写戏作文的良好氛围。

万事俱备，诸缘和合，家族的世代基因在千百度抑扬往复之中，终于得到再生的表达、天才的复制、加花的变奏、华丽的绽放。

文脉高扬起来，翱翔在山峰绝顶，文曲星扶摇直上，辉映在九重碧霄。

锣声喧天，鼓乐齐鸣，仙音缭绕，祥云普照。

现在，万事俱备，只欠东风，该是天才下凡、主角登场、山呼地动、龙吟虎啸的时候了。

第三章

长子、才子与诗情

嘉靖二十九年八月十四日（1550 年 9 月 24 日）清晨卯时，文星灿灿可辨，霞光道道欲彰，天才横空出世。

足月的孩子精力弥漫，早就在娘腹里面待不住了。瓜熟蒂落，水到渠成，伴随着一声又一声清脆的婴儿啼哭声，临川文昌里的老屋里，豪光四射，祥云四合，喜鹊登枝，笑容绽放。

才子汤显祖呱呱坠地，中国文化史上、世界戏剧之林中，满世间遍天下最能书写梦幻、挥洒才情的戏剧大家，就此辉煌登场。

这一年，父亲汤尚贤二十三岁，母亲吴氏二十一岁，正值青春如歌的岁月，精力无限充沛，阴阳特别和合，天造地设般造人，人杰地灵之生子。

汤显祖作为汤家新一代的头男长子，得山川之英气，父母之精华，家族之基因，一出生就承载了整个家族的期望。

祖父汤懋昭其时已经七十开外，祖母魏老夫人六十三岁，夕阳晚景之人，最喜朝霞铺展。年迈之人好不容易盼得长孙出世，自是喜不自胜，笑逐颜开。

世上总是隔代亲。聪明的孩子，总是伴随着接踵而来的一重重磨难。汤显祖小时候就身体羸弱，特别容易生病，大家不免慌乱。老祖母便把小孙子捧在手中，抱在怀里，亲在面庞，爱在心头。

在汤显祖的亲情排序中，祖母是汤显祖的第一保护神。作为祖母的心头肉，小汤显祖每当生病时，便一定要撒娇发嗲，依偎在祖母怀中，寻求安慰和保护，直到病好为止。

《汤显祖全集》卷八《三十七》歌咏道："初生手有文，清羸故多疾。自脱尊慈腹，展转大母膝。"祖孙之情，血浓于水，溢于言表。

因此，汤显祖从小便对祖母感情极深。长大之后，就连外出公干时，做梦也会梦到祖母的音容笑貌。男子汉是要出门做事，做官理政的。可是一旦在外，有时候念及祖母，便心有戚戚焉，以至于涕泪滂沱。甚至为了向老人家尽孝道，他还宁愿放弃做官，"私心不欲宦达"（《龄春赋序》），情愿回家侍奉在祖母左右，嘘寒问暖。

作为甫出生而手上有文脉、表情见祥瑞、神色看文化的汤家"文曲星"，汤显祖打从三岁起，其聪明才智便得到家族和邻居们的重视，一些聪慧的表现传开来，便被称为地方上的神童。

嘉靖三十一年（1552），临川地区十六岁的帅机中举，一时间传为佳话。帅机之帅气博学，汤显祖之聪明彰显，都让大家惊艳一时。好事者便把两人并列起来看待，乡间甚至流传起"帅博汤聪两神童"的佳话，足见儿时汤显祖的名声之大，汤家和四邻对他的期许之高。

家族基因之强大，文脉之浩荡，常常会汇集起来，联翩体现。比方弟弟汤儒祖，尽管小汤显祖整整九岁，但也与哥哥一样，同样的聪明伶俐，非但读书一目十行，思辨得其大意，而且能记得住、说得出，善于活学活用。两兄弟前后辉映，左右逢源，家里喜笑颜开，临川传为佳话，将其兄弟俩并称为地方上殊为难得的"汤家双龙"。

但是上天妒英才，日月难同辉，小儒祖确实太过聪明，到了三十而立之后，身体渐弱，精神涣散，意志难振。多少次求医问药，及时医治，总归是拗不过天命，抱憾而去，早赴黄泉了。

人生无常，生死有命。弟弟的不幸辞世，给了哥哥较为沉重的打击，同时也增添了他时不我待，珍惜生命，善待灵感，及时创作的使命感，也使得他在仕途红尘中不愿虚与委蛇、但求适性自然，具备了一身的傲骨，决不负冲天也似的滔滔才情。

出生在宣武崇文、知书达理的读书世家，汤显祖的身上承袭了四代习文的家风。他三岁一开口便出语惊人，五岁能对仗联句。十岁学古文辞，对《文选》当中的佳作赞不绝口，屡屡暗诵不止，推古人为知音，以文章为明灯。

在汤显祖十一岁那年，大明朝大大不明，众官吏官官扰民，官逼民反，百姓们纷纷起义。两广征兵抗倭而来的冯天爵起义军，从福建开始起义，攻入江西之后犹如乌云片片，席卷而来，连片骚扰，无情掠夺，所到之处，民不聊生。

世道变乱，求生实难。传言起义军杀人放火，诛灭人口，左邻右舍，家家谈虎色变。战乱一起，大家都闻风丧胆，纷纷作鸟兽散。十万户临川百姓为躲兵灾，为保性命，拖家带口，仓皇逃窜。

汤显祖也与家人逃难出奔，躲避兵灾，流离失所，朝不保夕。

这种集体逃难的生活实在难熬，好不容易偶遇深山古寺，可以栖身，但是深山有大虫吃人，古寺也装不下那么多洪水一般汹涌而来的人群。

要么乞讨于闹市长街，但是要饭之事也属不易，饥寒交迫，遭人白眼，受人欺负，总是常事。

要么跋涉在遥远的路途。行一程，苦一路，难民之苦，说不尽道不完，欲哭无泪，因为泪水早已流淌尽了。

汤家随着难民大潮的无序涌动，东奔西走，茫无方向。逃荒逃难的日子，受苦受难的岁月，究竟什么时候是个头呢？

到底故土难移，家乡为贵，于是不断有人回老家探望，打听情况，但却没有利好的消息。直熬到第二年冬，听说兵灾已经平息，匪贼已经远遁，家乡终于太平无虞了，临川的百姓劫后余生，归心似箭。于是大家都相互招呼，飘叶归根，游子返乡，乡亲们山一程水一程地回家团聚。

当年除夕，父亲多喝了几口酒，一股高兴劲上来，他提议为庆祝返乡归家，令汤显祖作诗相庆，歌颂期盼已久的阖家太平。

汤显祖才思敏捷，当场念诵了他有感而发的一首七律，号称诗意可以追步唐人，学习老杜。可是最该留下来的这首七律却久已失传了，只有其余意未尽的另外一首题名《乱后》的五言诗，收到集子中，得以流传下来：

> 地雁与天狗，今年岁辛酉。
>
> 大火蚩龙旗，往往南天有。
>
> 海曲自关阻，越骆生戎首。
>
> 下邑无城郭，掩至安从守？
>
> 转略数千里，一朝万余口。
>
> 太守塞空城，城中人出走。
>
> 宁言妻失夫，坐叹儿捐母。
>
> 忆我去家时，余粱尚栖亩。
>
> 居然饱盗贼，今归乱离后。
>
> 亲邻稍相问，百日愁虚牖。
>
> 太尊犹可禁，阿翁遂成叟。
>
> 死别真可惜，生全复杯酒。
>
> 日余才稚齿，圣御婴戊丑。
>
> 况复流离人，世故遭阳九。

开始讲星象偏差，流年不利，接下来说两广造反的头目带队过来，攻城略地。小城无法坚守，只得千里逃难，留下一座座空城。夫妻离散、母子离分的情况在所难免，令人感叹唏嘘、不胜其悲。

及至汤家人返乡，岂止是自家里的家业稻粱为兵匪洗劫、为贼人所偷窃，千家万户都同样如此，只有无穷感慨，没有隔夜之粮。一家人的遭遇乃与临川全城的遭遇一样，比起在逃难途中看到的好多死难者来，那些尸骨未寒的人们回家不得，才是永恒的痛苦。

死者长已矣，经此劫难的幸存者居然可以返乡过年，杯酒相庆，这也是不幸中的大幸。

此情此景，唏嘘不已。此灾此难，痛感深刻。此生此世，记忆难磨。逃荒逃难逃兵灾的狼狈经历，何尝不是汤显祖忧家、忧民、忧国的第一笔创痛巨深的人生财富呢？

作为汤显祖十二岁的处女作，该诗出手不凡，不仅是文从字顺，用韵妥帖，而且还大有学杜诗冷静叙事、略加感叹的感觉。其文字老辣，叙述生动，感叹到位，忧患深重，颇见才情。

汤显祖十四岁所作的五言古诗《射鸟者呈游明府》，也见于其首部诗集《红泉逸草》：

> 平原落日尽，白门征马寒。
> 芳柯并渝采，宁云桑叶干？
> 好鸟难蔽亏，啾啾绕林端。
> 绣鞲谁家儿，绿弓蓝薄间。
> 第言飞肉美，谁念报恩环？
> 睥睨瞥空响，应声苏合丸。
> 彼鸟散魂魄，此人含笑颜。
> 凌云起光色，委身空翠盘。

鸟儿的啼叫声声声入耳，绕林飞舞的身姿环环动人，报恩的可能丝丝入扣。可是谁家儿郎的弓声响过之后，美丽的鸟儿便应声落地、魂飞魄散，成为翠盘中的摆设、口腹中的美食。美的毁灭和人的贪婪，构成了一幅多么残酷的画面！少年汤显祖为之感叹唏嘘，情不能忍。不留诗存照，心何以平，情何以堪？

从题目上来看，这首诗是上呈临川县令游日章之作。

从少年汤显祖的诗歌来看，他驾驭文字的能力相当纯熟，写景生动可感，叙事历历在目，抒情感人心境。尤其是绘声绘色地描摹鸟儿的鸣叫与动态，富家子弟的无情点射与得手之后的无比欢悦，具备场面性和动态感。对于小生灵的垂怜，对于公子哥儿的鄙夷，对于美好安宁环境遭到破坏之后的无奈，都在这篇小诗中得到了充分体现。

最后，汤显祖还为此耿耿于怀，索性将诗歌呈送给临川县令，希望官家出面，对这些捕杀小鸟的残酷行为予以禁止，以免更多的小鸟遭到横来灾祸。汤显祖后来倡导的贵生说，在这里就可以见出最初的端倪。

汤显祖十六岁写的《西城晚眺呈沈郡丞》，是他献给抚州府分管学校政令和乡试的沈郡丞的七律诗：

> 春气乘阇瞩远空，西陵残日雨声中。
> 千章绿树归游鸟，一道青峦界宛虹。
> 花溪客棹纷容与，竹屿人烟美郁葱。
> 见说云霞多奖契，还留清咏守山东。

这首诗就像一幅生动活泼的山水图画一般，写出了人与景的和谐与生趣，读来令人赏心悦目。此时的汤显祖，在诗作方面已经有所积累，本地文人也多所奖掖，所以他才敢于呈送给学官沈郡丞，希望得到长辈们的关注。

汤显祖的《许湾春泛至北津》，是其少年时期写景诗中的名篇：

> 芳皋驰荡晓春时，暮雨晴添五色芝。
> 玉马层峦高似掌，金鸡一水秀如眉。
> 轻花蝶影飘前路，嫩柳苔阴绿半池。
> 好去长林嬉落照，莫言尘路可栖迟。

许湾距离抚州大约二十公里，属于金溪县管辖，是位于抚河北岸的一座繁华小镇。此处山水宜人，风景秀丽，文脉不断，出书颇盛。连赣东俗谚中，也有"临川才子金溪书"之说。汤显祖的诗集《问棘邮草》，就是请本地人谢廷谅作序、由许湾印制而成的。

这首描摹许湾之春的写景诗，先写暮雨时分春游的感觉，再用山峦比手掌、碧水拟秀眉，这是拟人化的写法。接下来写花朵蝶影、嫩柳青苔，"绿半池"的"绿"字，把形容词动词化，尽管学的是王安石的笔法，在这里也化用得特别贴切可亲。

自幼写诗作文，汤显祖优游自得。他的第一本诗集《红泉逸草》，得名于谢灵运诗作，出版于神宗万历三年（1575），收入了他从十二岁到二十五岁的七十五首诗。此后，他又先后结集了《雍藻》和《问棘邮草》。前者遗憾不存，仅《红泉逸草》和《问棘邮草》二集，便收录了他三十岁以前所写的二百四十二篇诗文。

由此发端，汤显祖毕生努力，笔耕不辍，给我们留下了二千三百多篇诗词曲赋。

锦心绣口，落笔成文，这既是个人的天分与才情之所至，也是历经一代名师们的悉心点拨与谆谆教导之后所悟出的慧根、所结出的硕果。

从汤显祖三十而立之前的诗文看来，才情过人语多绮丽，见识卓越态度直率。有了这样的才情、见识与态度，又兼远远超出于小小年岁之外的冷静、老成与后患之感，叙事何所不顺，读书何所不通，从师何所不达？

第四章 名师教诲，融会贯通

如前所述，父亲汤尚贤特别重视后辈教育，他专门为儿子读书而兴办家塾。

从文昌门外的文会书堂的肃穆，到香楠峰下的倒影，唐宫庙左侧的香火，都给"汤氏家塾"增添了种种意趣。举凡家族传统之悠远、江山人文之感染、宗教文化之熏陶，无须明言，尽在其中。

这里的琅琅书声，伴随着潺潺流水、悠悠钟鼓，展示出人文的光辉、智慧的传递，还有那蓄势待发的冲天才情。

凭你有多大的才情，若无明师导夫先路，也是枉然。汤尚贤设家塾，亲自为儿子教学，当然完全够资格。可是一般来看，自己的儿孙自己很难教好。此时的汤显祖十二岁了，诗歌又写得那么出色，该有高人指点了。

为使汤显祖接受良好教育，一定要延请名师指导。机会正好来到，机缘总是凑巧，大名鼎鼎的徐良傅先生，恰逢其时地归乡了。

徐良傅（1505—1565），字子弼，号少初，理学名臣徐纪之子，乃明中期著名的诗人、古文家、名士。他自小博闻强识，行年十二便中了秀才，连太守陈槐都被这位小神童所惊动，亲自为他说文训义，传经言道。

众望所归，人心所向，徐良傅果然没有辜负大家和陈太守的期望，嘉靖十七年（1538）便中了进士，官授武进知县。

此公到任之后便开始做本县的案头工作，以做学问考科举的功夫，大量翻阅县图、表记和文书案例，对本县的山川、钱谷、户口等项，一一研究清楚。所以他首次上堂与众官吏论其施政方略，举座皆服；决断几十件大小事宜，事事妥帖。

他还简化了衙门的接待程序与规格，要求大家在各路宾客到县时，不广宴，不张乐，不得多征百姓一文。此公谨遵王道，其理想是不起是非，狱平讼息。常倾其薪金用于县役，却不私纳百姓一文金银，是故百姓感激，政声鹊起。

好官一有名，便有提拔日。朝廷好意，召他回京任吏科给事中。在谏官任上，他先是提倡不拘一格用人才，希望在科考取仕之外还不忘广招天下"隐逸"与"贤才"，"重而用之，亦无不可"。这些奏折，多多益善，本无妨碍。

话说当朝首辅相国夏言大人是江西贵溪人，其夫人乃临川人氏。徐家原本就与首辅夫人家有过来往，夏言也确实在徐良傅在京科考时，相助过小同乡一臂之力。后来也同样是夏首辅将他从地方上调回京师，扶摇直上。

越来越严重的问题就在于首辅一再地关照小老乡，而徐良傅却没有对幕后的关照者与提携之人感恩戴德、甘为心腹。他以为自己的一切成就都是自己努力奋斗的结果，一再忽视了首辅的好意，没有充分而及时地表达过自己的感激之情与归附之愿。

凡此种种，都像白眼狼似的无趣，出自于江西的小老乡居然木知木觉，不会感激报恩，不主动上杆子，不迅速跻身于其心腹圈子之内，凡此种种，都令夏首辅很生气。

首辅一生气，后果很严重。正好明世宗整日沉浸在纵欲服丹吃春药、修仙论道兴道宫的高峰期，正好徐良傅很不识相地妄议朝廷，说异端充塞，难于匡救，更不能阿谀奉承……

首辅为了惩罚这位极不识相的小老乡，先是将他锒铛入狱，后来又将他削职为民，赶回老家去，免得其在京城再生是非，惹出大祸来。

就这样，无官一身轻的徐良傅回到故乡临川，无宴饮丝竹嬉游之好，有教书育人讲学之闲。

于是，他在故乡聚生徒，临高台，横经讲，质疑难，说尚书，其情也悠悠，其乐也融融。

正好，十三岁的汤显祖前来拜师。

金溪县琉璃乡的谢坊村人谢廷谅、谢廷赞兄弟俩也前来拜师。

两兄弟之父姓谢名相，字大卿，一字九山，嘉靖十六年（1537）乡举中式，万历十一年（1583）中会试副榜，授湖广东安知县（清·程芳、郑浴等修纂《同治金溪县志》卷二十三《人物志五·仕绩》)。

其子谢廷谅（1551—?），又称谢大，号九紫、九紫山人，人称"九紫先生"，与汤显祖同窗攻书，情深意笃，诗歌酬唱，甚为相得。早在万历七年（1579），汤显祖就曾请谢廷谅为自己的诗集《问棘邮草》作序。汤显祖在处女作《紫箫记》写作期间，每写完一出，谢廷谅等人便付诸谱曲演唱，这为汤显祖创作剧本，给予了春风化雨般的鼓励。

谢廷谅的官运比较亨通，在万历二十三年（1595）登三甲进士，授南京刑部主事，曾任顺庆（今四川南充）知府。他敢于说话，曾对明神宗命李廷机、王锡爵入阁掌权甚为不满，认为这两人"皆乱人国者"，"均不宜用"，但上疏之后便杳无消息。从此谢廷谅便毅然决然地弃官回乡。

三年之后，汤显祖也辞官返乡，这也可能受到老同学、老朋友的直接影响。

尽管兄弟叔侄先后四登进士榜，但其中谢廷谅的名气还是最大。他著有《清晖馆集》二卷、《薄游草》二十四卷、《千金堤志》（与周孔教合撰）八卷，分别存目于《四库全书总目》集部别集类和史部地理类。

此外，他还有《带樞编》《起东草》《缝掖集》《曲晶》和传奇《纨扇记》《诗囊记》《离魂记》等。

其弟谢廷赞，万历二十六年（1598）进士，在明代后期也是一位出色的诗人与笔记散文家。

明清易代时，谢廷谅之孙谢士骥也成为一位知名的戏曲家。

谢士骥，字一臣，号翕潭。据说他九岁能文，属于天才神童之列。后来撰有《情文种》《玉蝴蝶》等剧作，"自有元以来，诸家词曲以及宫谱诸书，靡不浸淫餍饫于其中"。

因此，他创作的戏剧，脍炙鸡林，一时间优伶家班学习传诵，演之氍毹，观众皆为之绝倒。谢士骥每至得意时，亦喜为嘤咿旖旎之态，点衬于箜篌檀板之间。此是后话，按下不表。

除了谢廷谅家族兄弟之外，曾经参与汤显祖《紫箫记》创作的朋友，还有与之在国子监一起读书的同学曾如海，此公为万历二十年（1592）进士，后曾任福建同安知县。

此外，精通戏曲演唱的吴拾芝（号玉云生），尽管无甚功名利禄，却也是汤显祖的挚友，《紫箫记》的合作者之一。

汤显祖与谢廷谅、谢廷赞兄弟拜徐良傅先生为师后，三年来受到了比较正规系统的教育。

从四书五经到诸子百家，从《史记》《文选》到唐宋八大家，从诗词歌赋到八股文辞，聪慧睿智的汤显祖都有了自己的心得，得到了老师的肯定和厚爱。后来汤显祖论析《书经》而获得乡试第八名，就与当年在名师处所受到的严格教育息息相关。

可是名师虽好，惜乎寿命不长。每当想到自己在朝廷所受到的不公正待遇，徐良傅先生心底的郁郁不平之气就难以平复。郁结之气不得发抒，便逐渐积累为毒疮，毒疮长大扩散之后，竟然危及性命。

哲人偏偏命短，这令学生汤显祖与谢家兄弟都为之深深叹息，徒呼奈何。

汤显祖逝世之前写有《负负吟》一诗，在该诗序言中所一一列举的良师益友序列中，徐良傅先生排在第一位，可见这位开蒙的名师对他的影响至深，以至于终身都不能忘怀。

在徐先生之后，汤显祖所拜的第二位名师是江西南城人罗汝芳（1515—1588）。罗老师字惟德，号近溪，是明中后期著名的哲学家、教育家，也是泰州学派的代表人物，堪称是明末清初黄宗羲等启蒙思想家的先驱。

罗汝芳先生师从名师，渊源有自，他是王艮所创泰州学派之嫡门弟子颜钧的门徒。

颜钧（1504—1596），是明江西吉安府永新县人，相传为唐代颜真卿的后裔。其父亲颜应时，做过江南常熟训导。他上承王艮，下启罗汝芳、何心隐，是泰州学派承上启下的重要代表人物。

颜钧三十五岁时，赴泰州亲拜王艮为师。

王艮早在明正德十五年（1520）即拜王守仁为师，在老师亡故之后便自立门户，在泰州、南京等地传道讲学，提倡大成学，世称泰州学派。学派以"格物"为要，以"吾身"为本，"天下国家"为末，认为"修身是天下国家之本"，"其身正而天下归之，此正己而物正也"（《心斋语录》）。

颜钧从王阳明学说出发，又得王艮学说之亲炙与熏陶，提出"圣人经世只是家常事"，"愚夫愚妇与知能行便是道"，将王艮的"大成学"衍化为自己的"大中学"也即"大学中庸"之"仁神正学"，宣扬"急救人心"、道德救世的思想观念。

罗汝芳、谭纶、陈大宾、王之诰、邹应龙等四十七人，都曾在不同场合聆听过他的系列演讲。

罗汝芳十六岁便在南昌师颜钧先生，可以说尽得王艮泰州学派之真传。他于嘉靖二十二年（1543）中举，退居十年之后，于三十二年（1553）参加殿试，赐同进士出身，先后授太湖（今安徽太湖）知县、刑部山东司主事、宁国（府治今安徽宣城）知府。

嘉靖四十一年（1562），罗汝芳返乡省亲。汤尚贤立即请罗先生到自己的家塾短期讲学，让汤显祖学习其"赤子之心"的理学思想。这一学说犹如一股清风一样徐徐吹来，与传统刻板的程朱理学所谓"存天理灭人欲"的教条大不一样，令汤显祖大有醍醐灌顶之悟。

三年后，罗汝芳又因父丧，回到南城守制。为解忧愁，他在县城东南的从姑山建成前峰书屋，在此读书讲学。

汤显祖与同乡姜鸿绪闻讯之后，又急如星火地赶到前峰书屋，跟随罗汝芳先生继续深造。

罗先生对汤显祖青睐有加，赠诗有云：

> 君寄洞天里，飘飘意欲仙。
> 吟成三百首，吸尽玉冷泉。

老师对汤显祖的诗作颇有好评，对其飘飘欲仙的情怀予以了认可，并对其诗作得山水之助的缘起，予以了相为表里的认同。汤显祖的浪漫情怀，从此一发而不可收拾，这也与老师的鼓励与引导有关。

罗汝芳先生对老师颜钧的有力声援，作为一段佳话，也对汤显祖颇有教益。

隆庆二年（1568），颜钧先生的讲学活动受到奸人的举报和昏官的觊觎，他们借故将颜钧抓捕到南京，意欲问成重罪。

受制在家的罗汝芳听说老师被逮的遭遇之后，立即借了纹银二百两，与家人及时赶到南京，上下打点，及时呼吁，终于在第一时间内救出了老师，避免了一场"演讲冤狱"的酿成。

此时的汤显祖年方十九，他对罗老师之于颜钧老先生的保护与救助之举，深为钦佩；对于官场的险恶与钱权变通，也有了初步的认识。

万历元年（1573），罗汝芳在守制期满后，出任东昌（今山东聊城）知府。随后，改任云南道巡察副使。他积极兴修水利工程，将有些地方年久失修、有的角落被泥沙淤塞的滇池予以疏浚，使得滇池又重新恢复成昆明一面赏心悦目的巨大天镜，令云南永不凋谢的盛景，成为至今闻名于世的著名景观。

万历五年（1577），罗汝芳官拜右参政。但是，从王艮到颜钧的讲学道统，始终在他心头萦绕；给汤显祖他们上课论学的愉悦，已经成为思考与分享的习惯。

在一次都城公干的过程中，有人盛情邀请他到城外广慧寺讲学论道，罗汝芳也有发表演讲的欲望，于是欣然前往，口若悬河，滔滔不绝。

此举居然引起了朝野诸公的关注与捧场，前往聆听者不在少数。

有好事者将罗汝芳讲学的盛况，告知内阁首辅、大学士张居正，引起了张首辅的充分警惕和极大不满："事毕不行，潜往京师，摇撼朝廷，夹乱名实。"你一个出官差的人，办好了公事就该返回，怎能够没有申请、不待批准，私自在京师停留，摇唇鼓舌，祸乱人心呢？

无意中得罪了一人之下、万人之上的铁腕首辅，罗汝芳只能毫无回天之力地被罢官归里。

这也好，罗汝芳罢官之后更可以热衷于讲学传道而无所顾忌，生命不止讲学不息，直到十年之后逝世归天，方才戛然而止。

即便一身归天，可是薪火相传，他的徒弟如汤显祖等人，可以以不同方式继续传播泰州学派的精髓。

罗汝芳认为"大道只在自身"，人体的眼耳鼻舌身等种种活动，都是道的表现方式之一。因此只要觉悟起来，人皆可以成圣贤。他在太湖做知县时，与诸生一起研习经文，发明道理，以至于"公事多决于讲座"，这样的公事处理方式，也是为官之道的特殊展现。

当年在帝都，礼部尚书徐阶曾经集两司郡县候选吏人大会济灵宫，数千人聆听罗汝芳演讲，大家都叹为观止，可见他演讲的气场之强，水平之高，魅力之大。

哪怕罢官致仕以后，他还与追随者们辗转金陵、福建、浙江、湖广等地，继续讲学生涯。罗师此举，给了汤显祖较大的影响。

特别是罗汝芳在各地兴办书院的举动，在汤显祖那里，可以说是一脉相承。

此外，罗汝芳在太湖知县任上，听说前来诉讼的兄弟家境困难，居然悲从中来，不顾为官的体面，当场对着告状之人号哭起来，以至于兄弟俩也自动放弃了打官司的举动："汝芳对之泣，民亦泣，讼乃止。"

他在创办开元讲会的时候，就连罪囚刑徒，都可以在这一时间内前来听讲。这样的举动，更是为日后汤显祖纵囚回家过节的举动，做了极好的预演与示范。

从徐良傅到罗汝芳，两位名师对汤显祖的影响之大，真是无可估量。

正是在他们的手臂托举与双肩承载上，立起了汤显祖青少年时代更加宽广的文化平台，汤生由此基础牢固而又眼界博大，善于辨析所以融会贯通，才气冲天自然意气高远，豪情浪漫伴随胸臆宽宏。

第五章 汤生中举之盛事

学成文武艺，贷与帝王家。

作为大唐名将汤季珍的第二十三代孙，文昌汤氏历经四世汤懋昭公、五世汤尚贤，到了六世汤显祖这一代，生来才情聪慧、又兼名师点拨，不科考仕进，上对不起祖宗，下对不起老师，同时还有负于江西抚州的缕缕文脉和锦绣江山。

嘉靖四十二年（1563），年方十四的汤显祖，在小试牛刀，轻松地过了县试和府试两关之后，顺利来到临川府参加院试。

在正规院试之前，汤显祖先参加了"经古"预考。适逢江西提学使何镗来到临川主持考试，一眼瞥见汤显祖人虽清瘦但却不亢不卑，眉宇间自有一种聪慧之气，便随意指着桌子，出题问曰：以桌为题，何为"形而上"，何为"形而下"？

提学使话音刚落，汤显祖便想起当年徐良傅老师教他的道理，想到《易经·系辞》的格言，便脱口而出："古人云，'形而上者谓之道，形而下者谓之器'。"

顷刻之间，何大人对汤显祖的机敏应对赞不绝口，拍案惊奇，当场惊叹一声，声称道："文章名世者，必子也！此生将来必以文章，雄视天下。"

院试的主场考试，是根据《女有余布》为题目，写一篇不超过五百字的八股文。该题目出自于《孟子·滕文公下》，是说织布之女有余布，天下有寒士，所以应该彼此交换，互通有无。

汤显祖在四百一十八字的八股文中，阐述"且天地物力，不可独不足，不可独有余"，不可多无用之积，不可不流通便利。

汤生的文章写得流畅自然，说理透彻，这自然是受到了罗汝芳先生的较大影响。所以主考官在阅卷时深为服膺，不由自主地感叹道："以一尺布作九州之广被，真奇才也！"

在何大人的青睐之下，在主考官的赞叹之下，汤显祖理所当然地入了县学，成为秀才。

汤显祖入学之后，在《入学示同舍生》诗中志得意满地表示"唐虞将父老，孔墨是前贤"，今后一定要出人头地，做一番大事业。

要出人头地，必须要在三年一度的江西省乡试过程中，攀登上科举制度的第二座山峰，成为举人之后才有资格向京城发展。

隆庆元年（1567）秋季八月，天高气爽，人间觅才。早就绷紧了科考之弦的汤显祖，跃跃欲试，信心满满。秋闱动，选场开，汤生中举，还会有任何悬念吗？

可是天有不测风云，人有旦夕祸福。也许一向以来太用功、太紧张了，绷紧的弦忽然出现了裂痕。小汤同学忽然生病了。这一病便有气无力，茶饭不香，文思不振，才情顿减。无奈之下，只好缺考。科举考试中的"乡试"平台，只得留待三年之后，再行攀登。

逝者如斯夫，蹉跎岁月也。说不考试了，年轻人的身体却很快得以恢复。想到不能及时如愿地攀上省级的乡试之路，二十岁的汤显祖有时略感烦躁。

父母觉得孩子大了，到了该成家立业的时候，就在隆庆三年（1569）腊月初四，为汤显祖操办了婚姻大事。

汤生新婚的妻子吴氏，从东乡沓水嫁过来。吴氏下花轿入洞房，一切都小心翼翼，中规中矩，温良恭俭让。少年夫妻，花好月圆，洞房花烛夜的红烛悠悠、更鼓深深，令一对鸳鸯彼此靠近，凭你夜深也能感觉到对方羞红发烫的面庞。

最令人感动的，还有官府的及时抬爱。抚州的县太爷张起潜同知听说了才子汤显祖的婚事，特意派人来汤家道喜。因此，汤生受宠若惊，感激莫名。家族面子十足，远近传为佳话。

幸福快乐的日子，总是过得很快。一晃又到了隆庆四年（1570）。

汤显祖在这三年期间养好了身体，蓄足了精神，从抚州到南昌，从九月初九到十二、十五连考了三场。先考从四书五经中引申出来的八股文，再考司法审案的骈文判词与包括草拟皇上诏书在内的政府公文。此外还要考时政类题目，看如何以古证今，实践应用。

第一天考《书经》中的《周书》之《洪范》篇。汤显祖自小随徐良傅先生精研《书经》，心得颇多，随意发挥便成锦绣文章。考官们看得得意，便称之为是冠冕之作，甚至还说汤生所作，足以解千古之疑团。

等到桂花飘香的九月，经过各种平衡，江西省的乡试终于发榜了。二十一岁的汤显祖排名第八，毫无悬念地得中举人。

此后，人们说汤显祖的八股文，可以与唐顺之、归有光等人齐名为"明代举业八大家"，正是根由于汤生的乡试妙文。还有人将小汤的八股文神秘化，说是"如霞宫丹篆，自是人间异书"；翻空出奇，把束缚重重的八股文也能做到天下第一……

主考官张岳喜设官宴，为汤显祖新科举人热烈庆贺。觥筹交错，师生同喜，正是：人生难得几回醉，青春正赖及时搏。

汤显祖嗣后回忆当日意气风发的场面，犹自感念不已。有诗为证：

童子诸生中，俊气万人一。

弱冠精华开，上路风云出。

留名佳丽城，希心游仙窟。

历落在世事，慷慨趋王术。

神州虽大局，数着亦可毕。

了此足高谢，别有烟霞质。

（《三十七》）

此诗中透出的凌云壮志，把为君王谋当成是必备的责任，把治理神州当成是小事一桩。至于留名佳丽城，希心游仙窟，大有唐传奇中诸位高才的浪漫情怀，且另当别论。

酒宴之后，师恩难忘。此时，对人情世故颇为在意的汤生，也找了个时机，到距离南昌六十里地的西山张府去拜望主考官。

师生再次相聚，俱各志得意满。张主考官在祝贺之余，数次向汤显祖发出了总动员令——好生备考，京城再战。国家栋梁，有赖尔侪也。

于是，汤生向着京城进发的风帆，由此得以高扬起来。

但凡得意洋洋之日，每有失意遗憾之事。汤显祖在张府拜谒之后，经过向往已久的古刹云峰寺，便顺道一游，以求佛祖之佑。

在向释迦牟尼礼拜、三宝圣殿畅游之后，汤显祖方意犹未尽，迈步出寺。

此时此刻，夕阳西下，落日熔金，晚霞把寺外的莲池之水，照映得如火如荼。汤生见了甚是欢喜，心中若有所动。但见池水之中，倒映着一个青年才俊的倒影，一样的意气风发，光彩照人。水中之影和斜倚栏杆之人，彼此辉映，也是一番镜花水月的感觉。

汤生一时兴起，便将束发的簪子拔下来，以水作镜，打理头发，一整妆容。不料顷刻之间，那簪子竟像通了佛性一般，脱手而去，径直滑落到莲池中去。

哎呀不妙，汤生大惊，急忙弯腰，拨水寻找，只见莲荷田田，碧水深深，天色又刹那间暗了下来，哪里去打捞那小小的簪儿。

以簪束发为戴冠，无簪散发归山林，难不成一枚玉簪的散落，预示着今后为官归隐的坎坷之路？文学青年的心底，陡然间涌起一阵不祥之感。

万般无奈之下，汤生一眼瞥见池塘边上的寺壁之上，尚有留白的空间，可以写诗。天造就，水留簪，佛结缘，于是汤生提笔涂鸦，以寄寸心：

> 搔首向东林，遗簪跃复沉。
>
> 虽为头上物，终是水云心。

> 桥影下西夕，遗簪秋水中。
>
> 或是投簪处，因缘莲叶东？

（《莲池坠簪题壁二首》）

小诗题罢，汤生莞尔一笑，下山去也。

可是佛缘既结，未可扯断。二十年后，达观禅师与汤显祖谈禅，居然能够一言不差地背出此诗，岂非因缘际会？

"临川四梦"之《南柯梦记》便根源在此，一啄一饮，偶然中昭示着必然，莫非也是前缘使然？

至若汤生中举之后的荣耀，全家老少的欢欣，父老乡亲们的祝贺，自是题中应有之义。进京考试，犹如箭在弦上，不得不发了。

第六章

京城会考，
两考落第

　　佛庙外，莲池边，玉簪落水，这把握不住的不祥之兆，很快就得到了不妙的应验。

　　遥想当年，汤生少年得志，十四岁便补为名列前茅的秀才，二十一岁时又以排名第八的名次，中了江西省的举人。

　　乘胜追击，战无不胜，这位江西才子当年冬天就入驻京城，准备明年的春试。家乡人传说中的汗血宝马，可以驰骋万里风雨路，马蹄踏遍板桥霜。那么，意气风发的汤显祖，纵马奔腾，金榜题名，击鼓获花，岂不若探囊取物一般容易？

　　实际情况却恰恰相反。

　　临川才子汤显祖，在全国性的进士科考中屡考屡败，一再受挫。

　　他先后于隆庆五年（1571）、万历二年（1574）、万历五年（1577）、万历八年（1580）一共四次参加京城大考，但都名落孙山，失意而归。

　　三年一考，漫长的期待、美妙的梦想、残酷的现实、落第后的羞辱……十四年的煎熬之路啊，心高气傲的汤显祖，如何消受得起？

　　第一次参加全国会试，汤显祖与湖北监利人姜奇方，在旅舍中同居一室。这两人都是青年才俊，又是邻省，一起温书复习，彼此之间有若兄弟一般，互相关爱，多有照应。

青年人容易贪睡。晚上攻书睡得太晚，为了第二天早起，他们都对窗而卧。谁在曙色中最先醒来，一定也要把对方抚背叫醒，于是相对大笑，继续用功。

兄弟两人寝则同眠，食则同餐，一起报名参加会试，都以为成功一定在望，成功一定可期，二人在中进士、授官职之后一定会成为同僚，彼此之间还要一直相互照应下去……

然而到了贡院（故址在今中国社会科学院），经过了气氛紧张、过程严肃、连空气都仿佛变得凝重起来的考试之后，原以为考得不错的汤显祖，横竖看去，左右数来，望穿秋水，指点上下，却在发榜名单中，总是找不到自己的名字。

无奈拼搏三年整，可怜名落孙山外！

人各有命，富贵在天。至于好兄弟姜奇方舍友呢，尽管他一直说考题很难，发挥一般，但却黄榜有名，一考得中。面对失意的汤显祖，小姜虽掩饰其发自心底的喜悦，可这只能令小汤更加心碎。

命运不同的兄弟俩，悲欢各异，执手相别。

分别不久，别人的喜讯就很快传来，姜奇方顺利地当上了安徽宣城的知县大人。

同室而居，室友成为朝廷命官，安居于县衙；同路而行，自己却半途而废，再也赶不上同路人的步武。这让从小在科考上极为顺利，而且还号称明代八股文之圣手的汤显祖情何以堪、心何以平？

盘缠很快就要用尽了，在无钱"搵食"的生存危机中，小汤只能怀着无限的委屈和遗憾，乖乖地回到老家临川。尽管无颜见江东父老，但总是要趁着黑夜，悄然间回转家门。

在人们的一片惋惜声中，汤显祖失望十几天，痛苦整三年。

这期间他发奋读书，关门闭户，将经史经典揣摩得烂熟于心。有时候实在闷得慌，就陪着年迈的祖父爬爬山。

然而父亲的期望，乡亲们的期待，个人的期许，都在告诫并推动他：生命不止，科考不息。

好不容易熬到三年之后，壮心不已的汤生，又辗转来到京城，参加第二度会试。

此时，老皇帝朱载垕已经驾崩，十一岁的新皇上朱翊钧登基已经一年。现在朝廷的一切，都是由首辅张居正代行管理。

张居正（1525—1582）是江陵（今湖北荆州）的大才子。楚人多才，"九头鸟"多智，所以他五岁便能识字，七岁能通六经大义，十二岁考中秀才，十三岁参加乡试，十六岁中举人。

嘉靖二十六年（1547），二十三岁的张居正考中进士。隆庆元年（1567）任吏部左侍郎兼东阁大学士。后迁任内阁次辅，为吏部尚书、建极殿大学士。

此前的首辅更迭史历历在目：夏言被严嵩取而代之，严嵩被徐阶攻而垮之，徐阶再被高拱拱而败之。

聪明绝顶的张居正，在深思熟虑之后，选择与太监冯保联盟的战略。他在皇后面前密报高拱要废太子、迎周王。

皇后喜欢张居正的正直与聪明。她在认真考量之后，即刻下诏，让大权贵高拱直接走人。

张居正从此扶摇直上，身居高位，以其过人的智商、坚毅的性格和处事的果断，所向披靡，无人敢撄其锋芒。

作为万历时期的内阁首辅，张居正完全靠个人智慧与左右逢源的正确判断上位，并名为辅佐、实则主导了皇帝朱翊钧的"万历新政"。其在任内阁首辅的整整十年过程中，在经济上推行"一条鞭法"，无论是赋税还是徭役等不同种类的供纳，尽皆换算成可以量化的银子，公平合理地予以缴纳或换算。

在军事上，张居正为了军权在手、守边有效，一上任就重用谭纶为兵部尚书，总理军务。戚继光、李成梁等名将镇守北关，凌云翼、殷正茂等平定西南。精兵强将镇守天下，由此河清海晏，四邻太平。

在吏治上，张居正采用了综合考察、以观政绩之成效的"考成法"，来考核、评判乃至升迁、惩处各级官吏，"虽万里外，朝下而夕奉行"，上行下达颇为畅通。这是中国吏治史上评价政府官员较为科学、比较切合实际的一种特别有效的管理方法。

问题在于，尽管时代进入了政治比较昌明、选拔相对公正的万历新朝代，汤显祖第二次参加帝都的会试，也同样是金榜无名，铩羽而归。这很正常，全国那么多才人，人人怀抱珠玉，各显其能，就连博学之考官，也难免有看走眼的时候啊。

此次落败离京之前，郁闷至极的汤显祖颇感无奈，他也想走走上层路线，去找达官贵人哭诉衷肠。但是以巍巍京城之堂庑巨大，官场层级之壁垒森严，哪里容得下一个外地的落第考生去自由搭讪、任意走动？

想来想去，下定决心，他还是鼓起勇气去找大人物套近乎。在高官群中，他可以搭得上的关系，只有江西老乡、朝廷命官、炙手可热的兵部尚书谭纶。于是他便备下薄礼，费尽周折地前往谭府去拜谒。

谭纶（1520—1577）乃江西抚州市宜黄县谭坊人，是汤显祖的老乡，更是故乡莫大的骄傲。当首辅张居正调他到京城任兵部尚书时，他已经是一位著名的将军和抗倭的功臣。

作为曾经长期驻守在浙江的武官，谭纶耳濡目染，特别喜爱当地的戏曲海盐腔。军队的生活总是单调的，于是他在军中也开设了海盐腔戏班，为将士们表演戏文，开启心智。海盐腔剧目的演出，极大地丰富了将士们的文艺生活，鼓舞了军队的士气。

当谭纶在浙江台州知府任上，因丁忧回到宜黄尽孝时，也同时将海盐腔戏班带回赣东。海盐腔与江西本地的弋阳腔亲密融汇的结果，就形成本地化的"宜黄腔"。宜黄腔在赣东生根发芽之后，逐渐拥有了多家剧团，成为当地人喜闻乐见的地方大剧种。

当地人汤显祖也深受宜黄腔的影响，一般认为其著名的《临川四梦》，均是根据宜黄腔的腔调板式写作而成。至于宜黄腔此后在安徽、江苏、湖南、湖北、四川、陕西、广西、山西、河北、北京等地的广泛影响，乃至部分曲调还融入京剧之中的流播过程，都是后话，按下不表。

早在隆庆五年（1571）冬，升任京畿军务大臣的谭纶一度回家，父老乡亲们脸上有光，家家励志，欢呼雀跃，达官贵人竞相拜见。谭家日日笙歌，天天宴饮，志得意满，风光无限。

二十二岁的落第举子汤显祖，此时正好卧病在床，形象不佳，无法前往谭府拜谒贵人。于是他在病榻上修书一封，赋诗一首，派人到谭府去，敬送了金印三枚、古刀剑一对，还有一把名扇、一张古琴。

谭纶收下家乡人小汤的这份厚礼，心中又觉不忍，乃将颇为珍贵的古刀剑留下一把，退还了一把。他在书信中表示感谢，并加以褒奖说："足下兼资文武，惜仆犹未追绛灌耳。"

其实谭纶此言，只是客套之语，但大人物的勉励却令病卧在床的汤显祖兴奋不已。于是他再派人去谭府，奉诗一首，曰《重酬谭尚书》，以表感谢并希望能让谭大人加深印象。

一晃三年过去了，现在是万历二年（1574），汤显祖第二次参加朝廷春试，也再次名落孙山。

心情暗淡之际，想到了与高官老乡谭纶送礼赠诗的前情，于是便鼓足勇气，前往拜见。

拜见兵部尚书，可不是一件容易的事。先要写书信，托门子带进去，独立无依的汤显祖，一次次地递帖子，"愿一相见，道其所有，佐时运之光华"，盼大人以提携。

可是大人实在是忙，汤显祖先后拜见过三次，皆不得见。只有第四次拜会，谭纶才囿于情面，让老兵将其引入门内，让小同乡汤显祖在外面候着。

前来拜谒的人实在是多，谭纶不得不与那些有头有脸的人们高谈阔论，相与周旋，收礼办事，忙得不亦乐乎，真的抽不出时间来接待汤显祖。

汤显祖一等再等，只见前来送礼的人等来来往往，络绎不绝。等了许久还不见传唤，汤显祖也深感无望无趣，于是只得赋诗一首，留在谭府，自己快快而归。

人分等级，官有高低，区区桑梓之情，在官场上实在是可以忽略不计的。一个落第的举子，实在难于见到高人。

第二次落第之后，汤显祖选择到南京的国子监，继续研习四书五经。

在此期间，三五有识之士，还是没有放弃对汤显祖的期望。

临川知县李大晋始终对汤显祖抱有莫大的信心。在他坚定的资助之下，汤显祖出版了第一部诗集《红泉逸草》，其中收集了他十二岁到二十五岁的部分诗作。

万历四年（1576），昔日的舍友兄弟、如今的安徽宣城太守姜奇方，还是无比珍惜友情，再三邀约汤显祖到宣城散心。

颇感郁闷的汤显祖，在宣城游玩期间，身心得到了极大的调整与释放。日日可醉酒，时时皆论文，又与在当涂太平府担任江防同知的江西老乡龙宗武彼此交好，还与在此同游的沈懋学、梅鼎祚意气相投……大家谈天说地，切磋学问，诗酒花月，歌声舞容，过了一段神仙般潇洒的日子。

原来沈懋学、梅鼎祚二人，都是罗汝芳于嘉靖四十一年（1562）在宁国府担任知府时所建志学书院的高才生。他们与汤显祖都是同一师门。这份意外的同学之情与重逢之缘，使得他们分外珍视。

刹那之间，落魄至极的汤显祖，也油然生出"天下谁人不识君"的感慨，从而对罗师倍增缅怀之情。

话说世间万物，各有奇妙。机缘巧合之后，难免天上就不会掉下馅饼来。

正当同学三人在宣城的开元寺尽情玩耍之时，一份人生的机缘、天大的荣耀、事业的契机、皇家的机遇，偏偏就在陡然之间，降临在这几个年轻人的面前。

第七章

一再忤逆首辅，三番四次落第

一位葛衣角巾的湖广荆州人氏，犹如天外来客一般，在最应该出现的时候，偏偏就出现在汤显祖、沈懋学和梅鼎祚面前。

此人大有来头。他就是一人之下、万人之上的本朝首辅张居正之同父异母兄弟——张居谦。

张居谦非但与湖北老乡姜奇方一向相熟，而且他还做过姜知县的家庭教师。此番虽是前来访旧，同时也身负国家使命，宰相哥哥要他到江南应天府一带采访贤才，以备推荐。

姜知县当然会做这顺水的人情，他及时推荐了这三位正在此间指点江山、激扬文字，但却在事业上多有挫折、志不获展的年轻人。

于是，张居谦前往开元寺近距离考察，与三位俊彦在一起畅饮美酒，说古论今。酒席之间，谈吐之际，最能够了解才学，初识个性。

一连串的酒宴结束之后，张居谦相中了汤显祖和沈懋学两人。他非常诚恳地发出了邀请：明年春试进京城，首辅邀约助飞腾。

言罢，张居谦与汤、沈二人拱手相别，飘然而去。

原来至尊首辅张居正，也有其说不出的苦衷。长子张敬修，万历元年（1573）便中了举人，但在会试的时候却意外落榜。

有感于长子的失利，次子张嗣修要参加万历五年（1577）的会试，张居正便开始严肃对待。他先是向六部大臣说，其次子文思过人，堪比开国大文人刘基、宋濂。

大臣们审时度势，也纷纷众口一词，大家都迎合并讨好首辅。

此外，张居正让兄弟居谦去江南访贤才，为次子当陪考，确保孩子的考试节节胜利，万无一失。同时，他也为自己找到更多的心腹之人、股肱之才。

会试之际，汤显祖与沈懋学一起住进了帝都的裱褙胡同，并且第一时间奉上书信，告知张居谦。

张居谦果不食言，他礼贤下士，很快就前往裱褙胡同看望二人。寒暄几句之后，他就邀请他们携带文章，前去拜望首辅大人。

摊上这么好的机会，沈懋学求之不得，如约前往。

但是汤显祖却瞻前顾后，不敢贸然答应，不愿前往宰相府拜会。前番拜望同乡谭纶而不得见的屈辱情境，至今还回荡在心头，想想就难过。

张居谦第二次来到裱褙胡同，一是对沈懋学言道，首辅对其人品文章颇为赏识；二是再次邀约汤显祖，请其别再错过时机，赶快前往首辅府中携文拜望，以便让首辅大人有个初步印象。

两番落第的举子汤显祖，也不知道是哪根筋搭错了，愣是不肯前往首辅府中，拜见大人。

这真是一个千古难解之谜。是汤显祖清高？未必。他对谭纶的送礼巴结、四次拜访、几番书信……尽管最后连谭纶的影子都没有见到，但是这份委曲求全、攀龙附凤的心，还是有的。

如今当朝宰相数番邀约，他居然装聋作哑，装腔作势，不肯听命，这岂不是在科考场中和仕进路上自寻绝路？

真是奇哉怪也，难道是汤显祖自以为才高八斗，天下无敌？

那也未必。自古以来文无第一，武无第二，汤生前两次的科考失利，六年来的蹉跎岁月，便是明证。敢于不搭理张居正大人，其实就是在变相得罪当朝首辅，得罪首辅就是在自寻绝路。

难道他真的吃了熊心豹子胆，拿着自己的锦绣前程在开玩笑不成？

也许江西人辣椒吃得多，号称辣不怕的脾气就是倔强？

比方大宋临川人氏王安石，就是位一意孤行的拗相公。可是人家官居宰相，脾气倔强一点，也是为人的个性、做官的美德。

但是你汤显祖只不过是一个两试落第、三试在即的小小举子，焉敢与铁血宰相张居正玩失踪、扳手腕？

孤芳自赏、不领好意，本次科考的结果可想而知。不肯巴结首辅的汤显祖，第三次又名落孙山。

命运之神在一般意义上而言，总是在连贯地眷顾幸运儿，那叫锦上添花；或者一直在压制着世间的倒霉人，那叫雪上加霜。

也许富贵贫穷，皆由天定，性格所在，也很难改变。以此性格，汤显祖既然落选了三次，自然会有第四次的会试落选。

三年一考，四次会试，就是整整十二年的漫长岁月啊，按说锋芒也都抹平了。可是汤显祖在万历八年（1580）的再次考试，依然不肯结纳首辅，又辜负了张大人的一片厚爱。

话说这一年，汤显祖刚刚来到京城，宰相张居正大人大量，不计前嫌，又派都察院左副都御史王篆，带着三公子张懋修，前往汤显祖下榻之处再去拜望。

以当朝第一高官，居然屡次向一屡考屡败的江西才人示好，这一礼贤下士的姿态，古往今来，确实是十分罕见。再者说了，没有你汤显祖帮衬，江河不会倒流，老三照样会高中。

奈何这小小的江西牛人汤显祖，依然不给当朝首辅以脸面，甚至还一反常态地拒绝科考，自毁前程。他所流传到如今的一句铁骨铮铮的话是："吾不敢从处女子失身也！"

结纳首辅，便是处女失身？汤生的这一比喻，是否过于矫情？

哪家状元不是皇上的鹰犬、首辅的工具？有谁敢说，自己的八股文和会试，就一定是天才的杰作和名家宿儒的绝妙应答？

尽管汤显祖在会试时莫名其妙地放弃考试，主动溜号，但是考试的程序还在次第进行，皇家的考试机器依然一如既往地正常运转。

考试结果还是没有任何改变地依理而发，如约而至。

明神宗在最后决定名次的时候，当然要看宰相的面子，他将张居正之子张懋修从排名第三，御批为排名第一的状元。

面对社会上、文场中的种种议论，张居正也毫不避讳地如实道来："小儿冒窃高第，实出御笔亲题。"

正是在皇上多年的直接干预之下，首辅张居正的六个儿子才得以鱼贯高中。

老大张敬修：进士；

老二张嗣修：榜眼；

老三张懋修：状元；

老四张简修，世袭爵位；

老五张允修，出任武职；

老六年岁尚轻，未来也应该前途似锦。

正因为张居正的孩子太多，而且尽皆晋升太高，吉星高照，金榜题名，前程似锦，所以世人有诗嘲曰：

> 状元榜眼俱姓张，未必文星照楚邦？
> 若是相公坚不去，六郎还做探花郎。

委实如此，如果张居正还一直在朝为相，如果他不遗憾地离开人间，就连神宗皇帝也徒叹奈何？张丞相家里的老六，如果以后参加科考，依然会黄榜高中、飞黄腾达。

由于为国家过分劳心，为朝廷过分劳力，也为子孙后代过分打算，大首辅张居正于万历十年（1582）五十八岁时，在夏天六月二十魂归天府。

一代名相张居正在朝之时，那是何等地威风凛凛。但也只有等到他逝世之后，神宗皇帝这才敢找死者算账：

首辅府被抄家，财产悉数充公。老大敬修悲愤莫名，被逼上吊自尽。其余的张家孩子们先后被削职、流放，不一而足。

神宗皇帝也不够厚道，专找死人下手，这也不算是理直气壮、光明正大的行为。而且张居正确实为神宗皇帝的逐步成长，为万历之治的相对清明，铸就了丰功伟绩，立下了汗马功劳。

汤显祖主动疏远张居正，几次三番辜负其好意，在张居正于当朝执掌乾坤的任上考试不中，这本是毫无悬念的题中应有之义，命里该受之灾。

话虽如此，屡考不中的汤显祖，仍是郁闷难平，无比愤懑地将满腹牢骚，寄情于诗稿文翰。

在汤显祖第三次会试落第时，志得意满的头名状元沈懋学，仍不忘去汤显祖下榻的旅舍，拜会并安慰故知。他作诗云：

> 自尔龙溪别，南州榻已悬。
> 倾心重此日，镜发是吾年。
> 怪事成诗圣，闲情托酒禅。
> 独怜千里骏，拳曲在幽燕。

（沈懋学《京中访汤义仍就宿》）

汤显祖自然感念挚友的关怀。但昔日的好友雄踞今天的高位，与落第举子的低谷，真有着天壤之别。

情何以堪，心何以平？落第之悲，落魄之感，仍然挥之不去。离京之时，他给状元老友留诗一首，怅惘之情，跃然纸上：

> 去年三月敬亭山，文昌阁下俯松关。
> 今年俊秀驰金毂，裱褙胡同邀我宿。
> 妙理霏霏谈转酷，金徒箭尽挝更促。
> 人生会意苦难常，想象开元寺中烛。
> ……

（《别沈君典》）

开元寺把酒论诗的场景历历在目，裱褙胡同的高谈阔论句句可忆，然而就自己而言流水落花春去也，身心憔悴无生机；就老友言则是春风得意马蹄疾，锦绣前途不可限量。这就是选择的烦恼，也是脾气使然，个性所致。落第之耻，究竟应该怪谁呢？

尽管汤显祖与沈懋学还保持着超越社会地位的淳朴情谊，但汤显祖却还勉强支撑着说："天地逸人自草泽，男儿有命非人怜。"

看似想通了，实际上却生分了。头名状元沈懋学自有其新的追求，也有其官场上适应新规则的上等人之聪明举措。

例如第二年张居正首辅因为父死不奔丧，引得大臣们议论纷纷，谏官们不得不上书，上书之后就不得不被贬。而作为首辅第一门生的沈懋学，就恰恰在这一当口告病还乡，特别聪明地躲开了这一风口浪尖，躲开了这个说也不是、不说也不是的特殊敏感阶段。仅此一举，就表明沈懋学在官场上的生存智慧绝对不是汤显祖所能比拟的，状元毕竟是状元啊！

比官场生存智慧，沈懋学自然高出汤显祖太多；即便就辞赋文章而言，两人也可能有着不同的看法。

当代汤学大家徐朔方先生，甚至认为这两人之间的情谊到了后来转化为专业上的高低论评。徐教授说："汤显祖太厚道了，直到沈懋学去世之后，他还梦想不到他们青年时代的友谊早已随着宦海浮沉而发生变化"，"不管他是否有意指斥汤显祖，汤显祖却正是他所不指名地加以非难的词赋家"。[①]

徐教授此论，源于沈懋学此后寄张献翼的一封信：

> 不佞睹今之词赋家，辄自处作者，薄待当世。即李于鳞（攀龙）、王元美（世贞）、汪伯玉（道昆）辈，犹曰姑舍是，吾不知其所负，真有过于诸名公不，而扬扬诡诡，志趣可知矣。藉令所负过诸名公，而以文艺骄人，较彼以富贵骄人者，吾不敢谓其有差等也。彼富贵骄人，人皆贱之，此独足贵乎？顷者，谈学满天下，言高而行卑，风稍变矣。而谈艺满天下，亦言高而行卑，恃足下二三兄弟能维持世道耳。
>
> （《寄张幼于》）

---

① 引自《汤显祖评传》，徐朔方著，南京大学出版社，2001年6月版。

在此，沈状元并没有点名指斥汤显祖，即使他对汤显祖之狂妄有所保留，也是较为中正平和的文艺化表达。对辞赋曲文之小道，只要对时政朝廷并无大碍，朝中官员都只会付之一笑而已。

天下郁闷之人有若恒河沙数，岂独他汤显祖一位？就连张居正的老弟张居谦，也没有获得考试的资格。张居正执意让老弟避嫌，好给侄儿腾出金榜题名的空间，以免招人过多的非议。

汤显祖觉得自己可以与张居谦同病相怜，便写诗给他，倾诉自己的委屈：

> 谁道叶公能好龙？真龙下时惊叶公。
> 谁道孙阳能相马？遗风灭没无知者。
> 一时桃李艳青春，四五千中三百人。
> 掷蛙本自黄金贱，抵鹊谁当白璧珍。
> 年少锦袍人看杀，唇舌悠悠空笔札。
> 贱子今龄二十八，把剑似君君不察。
> ……
> 人生有命如花落，不问朱袘与篱落。
> ……

（《别荆州张孝廉》）

汤显祖自视过高，又抱怨考官们的有眼无珠；他自道命运的恒定性，但又不得不痛感哪怕花开花落，落在金殿或者落在乡野，还是有着不可比拟的巨大的差异性。

更为重要的事还在于，你向当朝首辅之弟抱怨落第之不公，只有坏处没有半点好处。哪怕兄弟俩闲谈几句，只要聊到汤显祖，就没有你的好果子吃。是你自己几次三番不识抬举，怪人何来？

你既然要冰清玉洁，慎独使才，你既然不与首辅啰唆，那你来参加科考所为何来？

再说了，张居谦与你是一路人吗？尽管哥哥不让他参加科考，但还是会从其他方面对他予以补偿，对整个家族予以支撑。

而你汤显祖呢，一个外地恃才傲物的狂妄的读书人，天下遍地都有，你狂何来？你哭倒也应该。

当然，要论郁闷，张居谦也许比汤显祖大得多。他是真的对不能参加会试心有戚戚焉，而且此后果然因此郁郁而亡。汤显祖在诗文戏曲中能够把心头的郁闷宣泄出来，身心反而能够得以保全。

第八章

情系《紫箫记》

会试科考，总是伤心之事，四届十二年来的艰苦奋斗，非但没有头绪，而且徒增烦恼。

英雄气短，那就看看儿女情长的自家生活吧。尽管家道也算殷实，祖父母都还康健，但汤显祖同样也是烦恼多多。

自古来不孝有三，无后为大。汤显祖早在二十岁的青春岁月中就娶了夫人吴氏，先后生下了三个孩子，可生的都是女儿，还属于无男便无后的大军之列。

即便有三个女儿，元祥、元英二女都先后夭亡。自己的亲生骨肉早亡，这怎不令汤显祖痛苦难受？

徒言父母至恩亲，叹我曾无儿女仁。

隔夜啼声挥即住，连廊戏逐避还嗔。

周星并是从人乳，四岁何曾傍我身。

不道竟成无限恨，金环再觅在谁人？

（《哭女元祥元英》）

从小到大，汤显祖在祖父母和父母亲的抚爱和理解中长大成人；可是他自己十二年来，把全部精力都放在科考文章之上，几乎从来不管孩子，两个女儿的夭折令他也十分内疚。

既然如此，那就纳一房妾吧。"买妾望男祥"，于是汤显祖在二十八岁时，纳了赵氏为妾，以期尽快地延续香火。

说来也怪，自从汤显祖纳妾之后，尽管要在两位女人之间左右逢源地彼此应酬，但吴夫人的肚子却在危机感中特别争气，连续为丈夫生下了两个男丁，这也真是说不出来的开心、幸福和荣耀啊。

万历八年（1580），落第举子汤显祖第三次来到南京国子监，成为"三朝元老"一般的老监生。

在南京担任五品官员、礼部精膳司郎中的帅机（1537—1595），字惟审，号谦斋，是汤显祖的同乡好友。少年之时，两人就特别相投，人称二子"同心，只各一头而已"。在江西临川，人皆称帅机与汤显祖、邱兆麟、祝徽齐名，为明代临川前四大才子。

帅机于嘉靖三十一年（1552）中举人，隆庆二年（1568）中进士。历官浙江平阳知县、户科给事中、广东参政。他在任汝宁（今河南汝南）府学教授时，曾创办大梁书院，选聘能师宿儒讲授艺文，使当地学子迭出，文风斐然，口碑极佳。就是因为其办学有方，乃迁国子监学正、工部主事、礼部郎中。

汤显祖、帅机这对老友在南京聚首，每天喝酒论文，谈天说地，语码相同，好不相得。由是，汤生落第之郁闷，也得到了诸多排解。

在南京，故旧才人们花天酒地小聚义的消息传回老家，便引起了家乡才俊们的兴趣。谢九紫（廷谅）、吴拾芝（玉云生）、曾粤祥（如海）等老朋友，闻讯之后，立马结伴而行，来到南京。临川才俊小聚义，由此拉开了帷幕。

作为大明留都的南京，一向是烟柳繁华之地。故乡的朋友欢聚在此，每日饮酒作乐，歌声舞容，特别热闹。不管在私家园林，还是在市井舞台，乃至水榭歌台之上，当时最为流行的还是戏曲演出。举凡昆山腔、海盐腔和弋阳腔，在南京都有频繁演出的团队与场所。

戏看久了，也就会发现诸多不尽如人意之处。就临川人而言，他们所最喜欢的声腔，还是海盐腔与弋阳腔结合而成的宜黄戏，这正是当年谭纶所播下的戏曲种子。

尽管谭纶乡贤已经故去，尽管谭纶生前找不出时间来搭理汤显祖，可是宜黄腔已经成为赣东最流行的戏曲声腔之一，大家都对这一深入人心的家乡戏十分钟爱。

还是汤显祖最先发出了倡议，他说："吾每读《太平广记》中《霍小玉传》，则为之动容。何不将其敷衍成戏？"

朋友们听了，俱拍手称好。总是做看官，还不如自己写一出、票一番，痛快淋漓，便可了却一番创作之心愿、审美之关怀。风流轶事，舍此而谁！

于是彼此相约，各尽其才，分工合作，共襄盛举。

汤显祖文采斐然，便负责写本子；吴拾芝身材苗条，善唱能演，最适合反串扮演女一号霍小玉；谢廷谅负责应酬接待，张罗戏班和演出场地；曾粤祥分管后勤支持，提供锦衣玉食。

唐代传奇小说《霍小玉传》，乃江南义兴（今江苏宜兴）人蒋防所作，创作于元和四年（809）前后，一般认为略晚于《李娃传》《莺莺传》，代表唐传奇发展的又一高峰。传奇叙陇西书生李益与长安名妓霍小玉之间的爱情悲剧，李益得中负心，小玉受伤频妒，花不好月不圆，命不好糖不甜，结局甚为凄惨。

到了汤显祖笔下，故事构思有了较大的改变。他在《紫箫记》的家门大义中写道：

【凤凰台上忆吹箫】李益才人，王孙爱女，诗媒十字相招。喜华清玉瑁，暗脱元宵。殿试十郎荣耀，参军去七夕银桥。归来后，和亲出塞，战苦天骄。

娇娆，汉春徐女，与十郎作小，同受飘摇。起无端贝锦，卖了琼箫。急相逢天涯好友，幸生还一品当朝。因缘好，从前痴妒，一笔勾消。

剧本中反转最大的改变，是把李益从得官负心之人，改写为至诚郎君；把悲剧结局变化为因缘在先，在乞巧中团圆喜庆。

当然，也就是在小试锋芒的这出戏中，汤显祖以情写戏的"主情论"思想开始发端。他在《紫箫记》第八出《访旧》当中，借李益之口明确提出："既生人世，谁能无情？……那四娘去时，何等有情……虽有定情之篇，不少怀春之诱。"

由此发端，《紫箫记》的升级版《紫钗记》便尤其强调"人间何处说相思，我辈钟情如此"，霍小玉成为"有情痴"的化身，"情"可格"权"而稳操胜券；在《牡丹亭》问世时，汤显祖标榜人之"至情"的最高境界，是"情不知所起，一往而深，生者可以死，死可以生"。《南柯记》叙"无情虫蚁也关情"，《邯郸记》"备述人世险诈之情"，卢生"于中宠辱得丧生死之情"，全剧的深刻之处就在于在"把人情世故都高谈尽"……

汤显祖写戏，一开笔就是丽词俊语，辞藻华丽，诗意葱茏，用典繁多，体现出非凡的气象和超凡的境界。即便押韵之妥帖，也令人赞不绝口。这与其自小开始一直到"十七八岁时，喜为韵语，已熟读骚、赋、六朝之文"（《答张梦泽》），都有着直接的关系。

《访旧》【似娘儿】中的十郎唱词"山水仲长园，背关河摇落胡天，春风游子悲乡县。破帽空怜，敝衣难护，谁家柳陌花源"，寥寥数语，便显示出冲天的才情。至于他过分地逞气使才，连人物说白都大有骈文的风采，也显示出文字训练的纯熟功底。

《紫箫记》写到一半，公务繁忙的帅机，也应约抽空翻看了该剧的部分文字。他当然佩服并且惊叹于汤显祖的文采，但是以其观剧的经验，他还是直率地指出："此案头之书，非场上之曲也。"

可是大曲家吴拾芝却对汤作爱之弥深。每当该剧"一曲才就"，他就满口叫好，就像后世的剧组倒催编剧一样，急忙拿过去谱曲排练。这样的催稿法，也使得汤显祖增添了持续写作的信心，一口气写到了第三十四出《巧合》。

不得不佩服这个艺术小团队小试牛刀时所体现出的能耐。汤显祖开笔写戏就一鸣惊人，以吴拾芝为首的演出队接连排练演出，令每天来看戏的人越来越多，"莫不言好，观者万人"。吴拾芝的嗓音又好，"音若丝，嘹彻青云"，才能使得万众惊艳。

就在大家信心满满地编、排、演一条龙原创推新时，当戏演到第三十一出《皈依》之时，严重的问题出现了。且看其剧本曲词如下：

【北点绛唇】〔老和尚上〕宝焰金华，南无一切，同名佛。灯幢影里，显诸天眷属。满月光明，照八万四千，齐降伏。雨花禅窟，遍巧风吹活。

〔长短句〕俺邪答儿麻，问人何事劣啤嗏？都不逻巴斡，问人何事轻调拨？兮敦塔葛多，劝人及早念弥陀。捹约厄噜怛，劝人及早参菩萨。老僧是章敬寺禅僧四空的便是，行年一百零八岁。幼寻全半，长入中边。佛日长瞻，法雷自响。意树空中生树。药树池边，记得经行树影。心莲火内披莲，白莲海上，何曾盗觑莲香。谈劫烬之朝灰，悬河织女。辨常星之夜落，照露灯王。有个旧人唤做杜黄裳，作秀才时，曾在俺寺里读书，与老僧谈禅说偈。如今他出将入相，封为国公，在朔方镇守。圣上请他还朝，早晚到京。路经俺寺门首，万一进来礼佛。此人贵极人臣，功参萧管，甚有高世之怀。倘他到时，老僧将一两句话头点醒，着他早寻证果，永断浮花。正是下生弥勒见，要他回向一心归……

〔黄裳〕下官想人生少不得轮回诸苦，今日便解取玉带一条，乞取名香一瓣，向佛王忏悔。明日上表辞官，还山礼佛，只怕迟了，济不得生死大事……

〔法香〕相国莫哄了诸天圣众。

问题就出在这里。当观众们看到这一节时，瞠目结舌者有之，交头接耳者有之，"是非蜂起，厄言四方"。

明眼人都知道，当朝首辅张居正，少年时曾经向李中溪学佛，当年就曾约定二十年之后出家。等到张居正五十岁之时，李中溪就写信提醒他践行诺言，切莫失约。

张居正也说过几年出家皈依，可首辅高高在上，责任在握，权势滔天，岂是说皈依就能皈依的？可是如果首辅不皈依的话，确实如法香所言，就是哄骗了诸天圣众。

观众们的议论纷纷，惊醒了帅机和朋友们。大家商量之后，一致建议汤显祖赶快打住，不能再写下去演下去，以免传到张居正首辅那里去招惹是非，招致牢狱之灾、灭顶之祸。

于是，这出只写了一半的戏，就这样因小心避祸而消停了下来。

尽管如此，《紫箫记》小试锋芒，便引起大家的集体瞩目，这一成功的艺术实践，让汤显祖坚定了写戏的志趣，让朋友们和观众们佩服其超凡的文才。

谓予不信，就连万历二十年（1592）前后杭州曲家胡文焕所编选的《群音类选》，也收录了其中的《霍王感悟》《小玉插戴》《洞房花烛》《讯问紫箫》等曲目。

从《紫箫记》开始到"临川四梦"的完成，汤显祖剧作关于情感的重视，关于欲望的描摹，显然与一般的传奇在立意上完全不一样；至于他在丽词俊语、文采斐然中所体现出的泼天也似的才情，则如天风海雨，江海滔滔，席卷而来，令人不可斗量。

他的剧作，把戏曲从小道末技之中引入了高雅文学的新境界，把中国戏曲搁置在世界诗歌戏剧之林中而无愧色，这正是历史的证明、大众的选择、精品的魅力、经典的永恒，也是中国文学与中国戏曲的庄严华妙之所在。

第九章

进士及第前后

砥砺前行，方可以行之久远。个人的坎坷对诗人本身是灾难，但是对艺术史上的爬坡与攀登，却是不可缺少的磨练过程。

将近十四年的落第岁月，也许就是汤显祖砥砺前行的最好过程。如果他过早地进士及第，高官厚禄，颐指气使，指点江山，他还会将自己的锦绣才华，一如既往地体现在传奇创作上吗？

如果不是再三再四屡屡落第的遭遇，他还会陡然发现，原来自己最好的情感体现方式，就表现在填词作曲写戏文之上吗？

老朋友们都知他有才，念他的情分，感叹他的遭遇，都先后邀约他云游四方，做客小住，从心态上安慰和鼓励他。

黄州同知兼摄黄冈知县龙宗武，早在万历四年（1576）三月汤显祖游宣城时，就与姜奇方、塞达、史元熙、梅鼎祚等人热诚地欢迎他。梅鼎祚作《五君咏》自序云："是五君者博雅不群，一时快士。"

万历七年（1579）年秋，龙宗武从芜湖给汤显祖送来了一些礼物，希望他振作精神，再度科考。

汤显祖在《答龙君扬序》中自叙近况是"清夜秉烛而游，白日见人欲睡"，一副消极颓唐的样子。

既然老友们相劝，盛情难却，那就明年再去碰碰运气吧：

> 美人赠我团圆扇，可惜秋来君不见。
> 采色明年倘未渝，会自因风托方便。

（《答龙君扬》）

可是到了明年春，抖擞精神的汤显祖再度清高不群，自动弃考，再次失去了晋升的机会。

据邹迪光《汤显祖传》看来，首辅张居正也未曾忘却汤显祖，他曾指派湖北同乡和亲信都察院左副都御史王篆前来斡旋，张居正的老三懋修也到旅舍里去看汤生，而汤生也曾一度回访张懋修但未得相遇。

尽管上下两方面都有沟通的愿望，但总而言之是接纳不畅，彼此失望，所以直接导致了汤生弃考归家的结果。

"吾不敢从处女子失身也"，此话说出去容易收回来难，那就返回老家去，再去郁闷你的郁闷、清高你的清高去吧。

万历八年（1580）秋季，好友龙宗武仍然有情有义地邀请落第之人汤显祖，前去黄州做客。

在黄州，汤显祖与麻城刘守有、梅国桢表兄弟相识、交好，因此尽得其藏书之观赏。

刘家藏有金元杂剧近千种，汤显祖沉潜于中，博览好戏，精细挑选出了近三百种好戏。其尺牍之五《答陈偶愚》说："弟孝廉两都时，交知惟贵郡诸公最早。无论仁兄、衡湘（梅国桢）昆季，即思云（刘守有）爱客亦自难得。"

在刘家，汤显祖还看到《金瓶梅》的抄本。《南柯记》收尾时淳于梦以手指燃炙之痛，超度大槐安国之中的亡父、亡妻和亲戚故旧等五万蝼蚁升天，可能受到了《金瓶梅》结局时普静禅师荐拔幽魂的感念，亦未可知。

往后看，万历四十一年（1613）臧懋循在麻城刘家借到金元杂剧二三百种，也曾说这批杂剧的选取与汤显祖的激赏有关。后来他在此基础上编刻《元人百种曲》或曰《元曲选》，乃是后事了。

有感于兄弟哥们儿赏识自己、绝不嫌弃故友的旧情，汤显祖有诗赞曰：

紫夹春衣可曾絮？丝竹西州可曾去？

秋水微波木末亭，秋花半菊吴陵署。

从官迫郁有三年，似汝骄奢留几处？

邀欢托宿故言寒，罢酒更衣几愁曙。

新林小妇寄书来，一种风流许君据。

朝落铅华妾自知，夜拂兰帏君不御。

梅生开书欲长跪，托道留连在山水。

即知游子几曾游，自说美人讵知美。

先时拾翠凌阳池，忆汝吹笙出桃李。

天涯此日龙使君，世上何人沈太史。

已觉丛残姜令非，空惊绰约梅生是。

津途变化裁十年，光响消浮只千里。

潮水长看三往还，交态今谁一生死。

何况青眉并皓齿，美酒销忧只如此。

（《吹笙歌送梅禹金（感叹龙君扬郡丞、

沈君典太史、姜孟颖明府）》）

转眼已是万历十年（1582）的冬天。昔日的京城考友兼舍友，过去的宣城知县姜奇方，现在正在杭州通判任上。

他仍然一如既往地关心汤显祖，而且一定要为汤显祖明年的春试做好一切准备。"汤兄，时不我待，事不宜迟，快过来杭州备考吧，我等着你！"

汤显祖如约前来。尽管杭州西湖玉龙飞舞，冰天雪地，可是汤显祖却因为姜奇方兄弟的浓浓情意而倍感温暖。

住处安排在风景如画的西湖边上，备考看书累了，随时可以一览这美丽的湖山、漫天的琼花，这也预示着下科考试的吉兆。

　　真正的好友，绝不会放任汤显祖的放纵。姜奇方与汤显祖深谈之后，认为他近年来醉心于词曲歌赋，用情于歌声舞容，这些都与考试的要求没有太大关系。再问下来，汤显祖十多年来所作的八股文太少太少，平均一年还没有作过一篇。

　　没有训练，怎能靠侥幸和小聪明独占鳌头？仰视当朝前辈钱福、王鏊两大举业名家，他们的八股文盛传天下，那可不是凭空而来的侥幸，都是苦读书、常写作所结下的善缘。

　　于是姜奇方便给汤显祖布置作业，强迫他每天必写八股文。

　　汤生写一篇，姜通判就看一篇。看完之后便为其中的一些奇思妙论或拍案叫绝，或低头深思，或仰天大笑，用各种方法激励汤生的八股文训练，使其对此产生兴趣。

　　在杭期间，汤显祖的四十多篇八股文就这样被逼着写出来了。

　　流传到后世的《汤海若先生制艺》一共五十五篇，其中《大学》《中庸》十七题、《论语》十八题、《孟子》二十题——大部分都是此时被姜通判所逼写出来的。文艺已经练好，还怕考场挥毫？

　　在杭州与朋友过好其乐融融的团圆春节之后，好友又逼着汤显祖尽快离开杭州，从南京出发，及时到京城熟悉环境，备考待试。

　　万历十一年（1583），汤生在好友的推动之下，赶至京城，这次是入住在安福胡同。

　　从各方面的情况来全面分析，汤生十五年来进京参加的这第五次考试，应该是正值机遇最大、条件最合适的当口。

　　先是张居正首辅，早在去年六月就命魂归天。假使说汤生以前考不中与张首辅有着直接间接的关系，那么这一障碍便不复存在了。

　　问题在于汤显祖肯定对前首辅有过诸多不满，但是也有着许多的敬佩与认同。当皇上宣布追回张居正的官职封号时，正在帝都会试期间的汤显祖马上在《即事》诗中感叹世事沧桑道：

　　　　却叹江陵浪花蕊，一时开放等闲消！

不管张居正死后，皇帝如何对他加以惩罚，包括满门抄家、或逼死或流放其子等，汤显祖后来在广东为官时，还对流放到此的张居正儿子当面慰问，同时还写信给其另一子，询问是否为其父扫墓烧纸等……

凡此种种，都说明汤显祖对前首辅有着爱恨交加的复杂情感。假使汤生当年接受了张首辅一再的邀约，他的考试与今后的仕途，也就不会这么坎坷多难了。

是啊，考场之上，官场之中，世界之大，江湖之险恶，社会之复杂，有那么多绝对的纯情和永恒的公正吗？

现如今的内阁首辅是张四维，次辅申时行。主考官余有丁是汤显祖在南京国子监深造时的老师。

考试题目《孔子有见（三句）》也不难，考的是从《孟子·万章下》中摘出的语录："孔子有见行可之仕，有际可之仕，有公养之仕。"孟子对万章言道，做官者有实现自己政治抱负的，也有因为受到礼遇而为官的，还有因为国君敬贤而为官的。

作这样的文章，对汤生而言实在是信手拈来，小菜一碟。按道理诸缘齐备，汤显祖可以在会试的大军中一马当先，独占鳌头了。

但是世间的万事万物，往往并非人们想象的那样。在礼部会试的结果中，汤生是中了，可是排名只排到了第六十五名，没有体现出起码的优势。

三月初一，神宗皇帝亲自出来主持殿试。

等到十五日宣示结果，朱国祚当了头名状元，李廷机是榜眼，刘应秋是探花。当然，不可忽视的是，新首辅张四维之子张甲征，次辅申时行之子申用懋、申用嘉也是同科进士，获得了较好的名次。

在皇家殿试的最高台阶上，首先是一甲三名：状元、榜眼、探花，称进士及第；其次是二甲台阶，通常是五六十名，委屈一点，称赐进士出身；再次是三甲的台阶。因为去年皇上有了长子，所以今年发放的录取名额多出了五十名，一共三百四十一名。再委屈一点，称之为赐同进士出身。

当年参加会试的士子三千多人，录取比率为十分之一。

很侥幸也很荣幸，汤显祖此番第五次参加会试，终于没有被踢出局。尽管也是中了，但却在黄榜当中排名为三甲第二百一十一名，赐同进士出身。

究其一直落榜，乃至此次名次极后的原因，没有朝中高官推举是一方面；更为重要的原因，还在于他的八股文作得太具备灵性，太善于创新，尤其是在收尾时敢于直抒胸臆，直陈时弊，这就容易得罪人，显不出中正平和之气，因而也入不了考官的法眼。

不管怎样，考上了同进士就是硬道理。所以吴拾芝等一帮朋友们得知喜讯之后，都为汤显祖欢呼雀跃。

思南知府帅机，在京接受了吏部考核。他在回程的邯郸道上听说汤显祖及第，连忙写诗《喜汤义仍得第寄和二首》，激动之情溢于言表："义交平生称管鲍，天边可不念绨袍！"

帅机借春秋战国的两个典故来表达情感，这是亲朋故旧历经了功过是非、恩恩怨怨之后的生死情谊。

得知汤显祖终于有了科考的良好成绩，喜出望外的杭州通判姜奇方，热泪纵横，泪洒西湖。人生有此好兄弟，夫复何言？

但是朝中有人对权臣子弟不满。魏允贞御史向神宗皇帝奏本，对首辅张四维、申时行之子蹈张居正之覆辙，排名靠前，甚为不满。户部员外郎李三才也予以附议，认为首辅不公。

神宗皇帝权衡之下，保护了辅官，处分了言官，魏、李二人分别被贬谪为许昌判官、东昌推官。

在礼部设宴款待同年新进士的盛大宴会上，定国公徐文璧亲自前来，首辅张四维、申时行等悉数出席。

酒酣耳热之后，完全不知深浅进退的汤显祖，居然当面对首辅之子张甲征，不加掩饰地表达自己同情魏允贞御史的态度："有闻则发，不必可行，是言官故事。在相国……宜益礼遇魏君！"

这种出自本心的妄议朝政与当面挑衅，无疑是在以卵击石、自找没趣。考试名次太低、官场经验全无的汤显祖，从此在仕途经济上还会有飞黄腾达的可能吗？

第十章

观政候缺赴南京

上进升迁的机会，总还会有的。

这不，当朝首辅张四维、申时行，还是在放低姿态、礼贤下士地看待汤显祖。他们先后令其子张甲征、申用懋、申用嘉前来结纳汤显祖。

这些官二代抛出的橄榄枝，便是从进士中通过"馆选"，进入翰林院担任庶吉士。从明英宗之后，当官的进阶已经铺设完毕："非进士不入翰林，非翰林不入内阁。"大明的辅相，基本上都是翰林院升迁的人才。在一定意义上看，庶吉士就是"储相"的代称。

汤显祖要么是政治上的弱智，要么是基本上不会待人接物，谈吐中锋芒太过，总而言之，这个有着江西人拗脾气的才子土老帽，满腹清高傲慢之气，一副舍我其谁的良好感觉，并没有得到首辅儿子们的好感。

既然如此，也就按照正常途径，乖乖地观政候缺吧。

规则俱在：优等生一甲三人的状元、榜眼、探花，直接授予翰林院修撰和编修；二甲、三甲的诸多人等，名次靠前的、背景雄厚的、心眼儿活泛的进士，可以到地方上就任知县、推官等职位；还有一些名次低、无背景、缺心眼儿的进士例如汤显祖，就只能在帝都各行政机关中实习候缺。当年不叫实习，叫作"观政"，了解庞大官僚机器的基本运作方式。

当然，大家从理论上讲，都还有参考庶吉士的机会。

五月份是考选庶吉士的月份，依照常理，由本房考官推荐考生。据汤显祖《酬心赋序》自述，翰林编修冯梦祯，慎重询问汤显祖的房考官沈自邠："敢问门下有人超过汤生否？"

沈自邠深思熟虑地回答说："汤生虽才智出众，但骨相凉薄，不及徐闻邓生。"邓生可能有拜相之福分。

既然面相生得不好，福分也就不大，于是汤显祖的庶吉士之路，从此便被堵死了。

不甘心失败的汤显祖，也去有一搭无一搭地参加考试，不考白不考，但考也只能是白考。

在一次宴会上，老师沈自邠毫不掩饰地对汤生直说："以子之高才，何至于许久才中三甲进士？不图上进，自当恬退。若进若退，所为何情？"

想考怕考，若进若退，其实正是汤显祖在仕途面前的真实心理。这种心态始终伴随着他，也就决定了他始终不能在官场上混出个大名堂来。

面对南京国子监的座师余有丁，汤显祖不会巴结，只会装清高。当老师担任礼部右侍郎兼侍读学士时，汤显祖居然在《寄奉学士余公》的诗中，公然表示"雪白自本性，云清无俗娱"，自诩为"余方木强，无柔曼之骨"，把老师戗得脸色发青。

这回好了，自以为凭本事获得庶吉士犹如探囊取物一般的汤显祖，被翰林院无情地关在了门外。靠自己的本事，实在考不上了，就写信去求座师帮忙：

> 观察言色，发药良中，某颇有区区之略，可以变化天下。恨不见吾师言之，言之又似迂者然。今之世卒卒不可得行。惟吾师此时宜益以直道绳引上下，万无以前名自喜。弟子不胜为国翘祝。

（《答余中宇先生》）

这封信又说自己迂腐，又显示出遏制不住的狂妄，好像只有把他引荐上去了，整个国家都应该为之庆祝似的。

面对如此狂徒，老师只能哑然失笑而已，焉有其他？

在京观政的进士，通常有三个月的时间在官场实习。由于候缺的进士太多，如果三个月之后还没有授官，也许还得继续观政，排队候缺，甚至需要排到一年左右。当然，观政尽管没有实权，但却可以在有限的话题上讨论朝政。

汤显祖自从三月二十日向礼部报到开始，便过着比较优游自在的日子。

最为可喜的是礼部仪制司主事，换上了从上海青浦知县升迁上来的屠隆。屠主事是沈懋学的儿女亲家，对汤显祖的情况比较了解，对其才学甚为佩服。他在一首诗中称赞汤显祖才华过人，傲骨嶙峋，彼此之间甚为相投：

> 夫君操大雅，负气亦嶙嶙。
> 风期窃相似，终惭玉与珉。
> 同为兰省客，当前讵无因？
> 胸怀久不吐，宛转如车轮。
> 丈夫一言合，何为复逡巡？
>
> （《赠汤义仍进士》）

从备考时住在安福胡同开始，到以八品官的俸禄搬迁到礼部生活，汤显祖不仅与屠隆心心相印，还与其他同科进士甚为相得。

比方湖广麻城人刘守有乃前兵部尚书刘天和之孙，因为祖父的官荫之余威，一直在锦衣卫当差。现如今考上了进士，更是世代尊荣。

更为重要的话题，还在于刘守有收藏了诸多金元杂剧，汤显祖关于金元杂剧的阅读与选定，正是在刘家藏书的基础上进行的。刘守有又与梅国桢是表兄弟。他们与汤显祖绝不仅仅是一般意义上的酒肉朋友，更是志趣相投、艺文相知的知心朋友。《长安酒楼同梅克生夜过刘思云宅》有云：

> 炙肉行觞深夜留，锦衣重覆敞貂裘。
> 新丰满市无人识，欲傍常何问马周。

酒醉之人，写诗必狂。想那马周（601—648）本是唐初大臣，少孤贫，精《诗》《书》，善《春秋》。到长安后代中郎将常何上疏二十余事，为太宗所激赏，先后授监察御史、中书令。马周倡节俭，反对世封制。汤显祖一开口就自比马周，希望皇上访贤，青睐于他，重用于他，这也只能是一厢情愿的痴想而已。

汤进士还与浙江余姚人孙如法、吕允昌这对表兄弟颇为交好。吕允昌乃辅相吕本之孙，《曲品》作者吕天成之父；孙如法是南京礼部尚书孙升之孙。此后，孙如法、吕允昌把沈璟《牡丹亭》改本奉寄汤显祖，沈、汤之争由此发端，那便又是一桩曲坛公案了。

那么多有钱有闲的候任进士们，每天在北京诗歌酬酢，畅饮欢谈，酒池肉林，大家伙相互请客，彼此之间交流信息，多数人长进很快。

一些贤人长者们，也好为人师，前来布道，讲解官场之规则，礼让之变通之途径等，不一而足。汤显祖非但听不进去，反而多有厌倦：

> 成进士，观政长安，见时俗所号贤人长者。其屈伸进退，大略可知。而嘿数以前交游，俊趣之士，亦复游衍判涣，无有根底。不如掩门自贞。
>
> （《答管东溟》）

金榜题名时，勉强如愿了；可是洞房花烛夜，也需跟进，不然太为寂寞，花街柳巷毕竟不是读书人特别是官人的好去处。朋友们一怂恿，想到自己也需要人照顾，汤显祖也就又纳了一房小妾。

小妾姓傅，是道地的北京姑娘，年方十四岁，对汤大才子很是依恋。汤显祖在《过安福旧邸口号》诗中，曾经描摹过在搬家前后迎纳新人的幸福生活：

> 宦学新移近礼闱，行经旧邸思依依。
> 飞帘巷口人曾拂，舞辔街心马似归。
> 粉障自寻题处迹，薰炉重对护时衣。
> 归家少妇迎门问，妆阁帘闲燕可飞。

尽管家庭生活特别温馨，但在仕途上没有什么盼头和佳音，每天过着酒囊饭袋的生活，人的感觉便麻木了下来。北京的气候饮食，与江南还是差异不小，久待下去，哪怕有了新的女子，也觉得无聊至极。

大丈夫当以情怀为重，遂心为本。于是汤显祖经过再三权衡，决定不再等待上头授官。他弱弱地提出了申请，希望到南京礼部太常寺去担任博士之闲职。

万历十二年（1584）秋，吏部行文下来，批准了汤显祖毫不过分的请求，着他择日前往，到留都南京的礼部太常寺去任职。

秋意已深，漫山红遍。金风一起，落叶归根。

青春作伴好还乡。三十五岁的汤显祖携带十四岁的傅氏，经由大运河水路，前往南京去也。

第十一章　夫妻悲欢录

任何一个伟人的崛起，身后大多有女子的关爱和支撑。

东方的大剧作家汤显祖，虽然在蝇营狗苟的仕途圈子里头混不开，但是在文友师朋当中的兄弟哥们儿却不在少数；此外，他还是颇有贤妻缘和女人缘的一位深情诗人。

我们前面引用过他与朋友们交游宴饮的好诗《吹笙歌送梅禹金（感叹龙君扬郡丞、沈君典太史、姜孟颖明府）》，其中的"何况青眉并皓齿，美酒销忧只如此"，应该就是指皓齿蛾眉的美貌歌女等一应人物，她们的适时出现，可以为才子们消得万古之愁烦，可以解得百年人生之诸般烦忧。

至于因为阅读《牡丹亭》、演出《还魂记》而神魂颠倒的女子，更是不可胜数，那是后话，按下不表。

尽管显祖先后纳娶过三房妻妾，二十岁先娶了吴氏大夫人，二十八岁再纳赵氏，三十五岁复纳傅氏，七到八年的周期一到，便要迎娶新人。可是他最尊重爱怜的女人，还是结发之妻——吴夫人。

夫人吴玉瑛，东乡塔桥人，生于嘉靖三十三年甲寅十二月初二日（1554 年 12 月 25 日）。

吴家也是世代官宦人家。吴氏的祖父吴槐曾任福建晋安知府，父亲吴长城在礼部担任过儒官。祖母饶夫人、母亲张夫人对掌上明珠心头肉的玉瑛倍加珍爱。

早在嘉靖四十二年（1563），吴长城就来到临川县城拟岘台下，看望在此教书的同乡老友徐良傅。

其时，徐良傅正在教书课徒的过程中。吴长城不便打扰，放眼望去，发现学生中的汤显祖眉宇之间英气勃勃，眸子中闪着智慧的火花。之后他看似无心地随便翻翻汤生的文稿，边翻边连声称赞，竟在有意无意中对其十分喜欢。

江西民间，当时也流行着结娃娃亲的习俗，家有子女，男孩子没有与人订婚，女孩子没有自小许配给人家，做家长的便感到没有体面。至于定下娃娃亲之后，由于生活中的许多变数，孩子们长大之后是否会百分百地成婚，那倒未必都能如此。

老友吴长城看中了自己的学生汤生，这让徐良傅也觉得很有面子。十四岁的汤显祖和十岁的吴玉瑛，从家世渊源、家庭地位等方面看来，也还算是知根知底、门当户对。

最为重要的是汤秀才，在本地开始有了一些名气，在今后也是一位前途无量的"潜力股"，所以也有一些人家愿意与汤家攀儿女亲家。说亲的人多了，汤家也就以小孩子还小、读书要紧为由，一直没有答应与人结下鸳盟。

此番也是机缘凑巧，徐良傅既是汤显祖的老师，又是吴长城的好友，真是左右逢源。而且吴家看中了汤显祖，汤家也觉得两家门第相当，汤显祖与吴玉瑛又年岁相近，才貌相匹，大家都觉得这门亲事比较靠谱；诸缘际会，相向而行，汤吴两家，也就为这对小儿女定下了婚事。

五年很快过去，隆庆三年（1569），二十岁的汤显祖刚行弱冠之礼，十六岁的吴玉瑛也才过及笄之年。在晚明，这对男女双方的年岁，都正好是最佳的婚配年龄。

这年腊月初四，大红的轿子从东乡一路抬过来，喜庆的锣鼓欢快敲打起来，丰盛的酒肉开心地享用起来。汤宅笙歌齐奏，鞭炮共放，红烛畅亮，洞房温馨。

汤家也是当地的大户人家，还特意请了饶仑和周孔教两位仁兄，为小弟汤显祖担当伴郎之职。

汤显祖和吴玉瑛这一对新人在众人的簇拥中行成婚大典，于羞涩中结下了百年好合之姻缘。新婚之夜，鱼水和谐，小夫妻两人从此感情弥深，吴氏对丈夫的百般关照，就此拉开了帷幕。

据《吴铭》所记，汤显祖在读书作文方面灵感无限、巧思无穷，可在生活中就是有点稀里糊涂、漫不经心。新婚不久，汤显祖以事业为重，还是要与饶仑等同学们一起，在学馆专心读书，好多天才回家一次。他们一干同学交谊颇深，同一居处，故彼此穿错了衣服，也是见怪不怪、习以为常的事儿。

这天，汤显祖穿着崭新的衣服鞋袜，前往学堂读书。吴氏笑着打趣道："新衣服穿着真好看，真精神！可是等你回家时，也许新衣服就要变旧了！"

汤生一怔，娘子这是何意？当然是新衣服穿着妥帖、漂亮啦。但是再好的新衣服，总会穿旧的呀，这还用说？还要提出来重点讨论？他原本还要再度理论下去，吴氏一挥手，催他快点赶路去。

过了些天，等到汤显祖回家的时候，吴氏迎出门来，仔细一打量丈夫，又是一阵嗔怪的笑声。"夫君，刚给你换的一身新衣服，怎么又变成旧衣服了？"

汤显祖仔细一看，自己所穿的衣服果然是旧的，仔细一想，原来今天早上是饶仑起来得早，是他在不经意间，穿走了自己的新衣服，两人的新旧衣服，恰好掉了一个包。看来这样的事情，也不止发生一次了，所以娘子拿他开心。这也不打紧，下次在学堂，早点起床，再换回来不迟。

话说汤显祖对钱财的概念，实在不够清晰。吴氏深知他的秉性，所以经常在他上学出门之前，将些碎银两压在夫君的书箱底下，以应其不时之需。可是等到十天之后汤显祖回家时，书箱里照样是空空如也，银两全无。吴氏问起来，汤显祖说绝无用过。没有用过钱，那银子难道不翼而飞了不成？

吴氏本想责怪夫君，是不是将这些银钱，花在闲花野草上去了？

汤显祖想了片刻，这才想起来，都是那急公好义的饶仑，在路上看到穷困潦倒的孤老穷人，觉得应该关心一把。他自己的银钱又不够用，就从汤生的箱底找出碎银子，都拿去周济有难之人了。

吴氏也不嗔怪，只是认为饶仑此人乐善好施。

饶仑与汤显祖同举进士，在河北顺德府为推官时曾拒却万金，万历十七年（1589）擢试御史，前途一派光明。谁知天不假年，升任半年之后，就在告假回家养病的途中，病死在山东临清的一叶扁舟上。归天之后，其尸骸得以运回临川安葬。

汤显祖在同学之中，与饶仑、周宗镐交往密切，堪称是莫逆之交。"予年未弱冠，有友二人，钟陵饶伯宗仑，临川周无怀宗镐，皆奇士也。""三人嵯峨踽蹒而行乎道中，旁无人也。""而仑复晓夜诵书，常与予映雪月，交书而尽，乃已。同卧处三岁余，前后别去"，"并弓裘于北渚，同研席于文昌"，"服御无分于几筵，诗书或乱于巾箱。夜谈则风雨如晦，晓起而月出之光。有击目而成笑，无疑情之见妨"（《哀伟朋赋》）。

在文昌里，他们读书、讨论、写诗，"逍遥石梁斜"，"吐属自清华"，朝迎旭日，晚送夕阳，风雨论世，伴月早起，三兄弟情同手足，情怀浪漫，留下了多少美好的记忆啊。

周宗镐的科考之路不顺。他一生未曾中举，四十岁时曾北上帝都，向同乡谭纶献兵法。谭纶用其兵法而不用其人，以致周宗镐曾怒气冲天，一度气瞎了眼睛。后来以乳汁作为偏方医治，视力才有所恢复。

他于万历十九年（1591）十月后，于贫病交加中亡故。死前遗言是："吾无所负于人，止负某氏六斛粟，必反之。"

其子周如命（又名仲儿），曾得到过汤显祖的资助与教育。

这三位同学中，周无怀大约年长汤显祖十八岁，饶伯宗次之，汤显祖最小。"惟吾朋之恢诡，形一短而一长"；"仑长不尽九尺，瘠而青，瞻视行步有异。镐长不尽三尺,髳而甚口";"无怀之胸腑有奇,伯宗之体貌殊方。予参差以中立,互通衢而颉颃"(《哀伟朋赋》)。只有汤显祖身材中等,清秀中正,深得大家的喜爱。

吴氏结婚之后,与丈夫同生死共命运,同忧愁共悲欢,总的来看经受的打击多,得到的欢悦少。

最大的欢悦是嫁过来的第二年(1570),夫君便以江西乡试第八名的好成绩中举。但是接下来的四次十二年进京会考的失利,也让吴氏经受了长时期巨大的精神煎熬。

生活中接踵而来的喜悦和磨难,还在于三女两男的先后生育。三女生下之后,为了生一个男孩传宗接代,便将女儿托付给人带,但两个女儿的先后夭折,很令吴氏伤情。十月怀胎的苦难,永别爱女的悲伤,只有母亲才会感到痛彻心扉。

丈夫二十八岁还没有得到可以延续香火的男孩,于是就纳了赵氏。天下之事也怪,汤显祖纳赵氏之前,吴玉瑛接连生下了三个女儿。新人进场之后,吴玉瑛处于竞争的态势之下,偏偏就在逆水行舟不进则退的过程中,接连生下了两个儿子,为老汤家延续了香火。

问题在于这么多年操心太多,生育太勤,吴氏落下了阴虚肺痨之疾。等到万历十年(1582)冬,汤显祖从杭州回来,又准备进京赴试的时候,临别之际,吴氏万般不舍。一大早吴氏就起来,汤显祖记载说:"晨起,为我洗足,别泪簌簌而下。"

为丈夫洗脚,是把一位糟糠之妻的全部祝愿,化作了无边的关爱和带着体温的真实护佑;为丈夫洗脚,是希望用自己的按摩擦拭,让丈夫踏上万里征程时两脚扶风,风驰电掣,都是第五次参加会试了,这一次一定要一举夺魁,金榜题名;为丈夫洗脚,还意味着对自己身体状况的担忧。自己的身体越来越弱,病痛越来越重,下次洗脚,又在何时?自己还有几次为丈夫洗脚的机会呢?

还好,春雷一声震天响,汤显祖终于黄榜有名,到南京做官来了!

可是,他又带着一位娇滴滴的北京傅氏小妾来了。傅氏才十四五岁,正是含苞待放的青春年华,吴氏却已经油尽灯枯、垂垂老矣!

汤显祖到南京担任七品官阶的太常寺博士后，要把妻子吴玉瑛接到南京生活，可是吴氏既有心病，更有身病，次年十二月，吴玉瑛才得以带着大儿士蘧和二儿大耆，来到南京生活。聪明有教养的吴玉瑛，在照顾汤显祖的日常起居之外，还要严格教育两个儿子读书明理。八岁的士蘧读六经、通辞赋、习史传；六岁的大耆，还处于母亲督促背诗书的初级阶段中。

生活原本很美满，但还是有不大如意之处。很明显，男人爱新妇，汤显祖虽也爱原配吴氏，可是他打心眼儿里更爱北京来的小姑娘傅氏，而傅氏只比其长子大六岁。

就原配吴氏而言，每晚汤显祖的住宿安排就很是踌躇。让他多与傅氏在一起，只怕他淘空了身子；让他夜夜陪在自己身边，也不现实，第一自己要管两个儿子，第二她明明知道，丈夫即使身体在自己这边，可他的心里却始终惦记着傅氏的红颜皓齿、窈窕身段，即便那京城的雅语，也让汤显祖意惹情牵。还有赵氏，也不能亏待了她啊，她也要夫君的爱怜啊。

最大的问题还在于，吴玉瑛早就知道，夫君一直热衷于秦楼楚馆，与那些莺莺燕燕的美人儿们做一夜夫妻，抒旷世情怀。

数月之后，吴玉瑛觉得自己在南京居住太不合适，自己两边为难，丈夫也几头难做人。她身心交瘁、病痛缠身，也不愿在南京拖累丈夫了。即便要养病，也要回到临川汤家；即使要死，也要死在与汤显祖结婚的婚房！

吴玉瑛执意要回家，汤显祖到南京清河渡，送妻子登船。临开船时，吴氏忽然又轻声喝住了船工，与汤显祖在一旁说了几句刻骨铭心的心里话：

> 一是初嫁新婚，甘甜如怡；
>
> 二是连生两男，传承烟火；
>
> 三是夫君中举，众人称庆；
>
> 四是金榜题名，进士之家终得成就！

其余诸事，率多不称心，临别依依，更难开怀……

此次与夫君相别，或成永别矣。嫁给汤家，一生开心事仅仅有四五次。玉瑛言罢，掩袂而别。船行风浪急，人去哭声咽。生离死别，人间黄泉，魂灵相隔，即此时也。

不久，汤显祖夜梦妻子吴氏，梳着椎形发髻，先把次子大耆匆匆交给夫君，再在一座拱桥之上，遥指一朱红庙宇云，夫君保重，带好孩子，我将去矣！

此梦不久，汤显祖正在疑虑之中，正在返临川看吴氏的规划之中，忽然一纸讣告到来，吴氏归天去也。

吴玉瑛卒于万历十三年十二月初十日（1586 年 1 月 29 日），享年只有虚岁三十三岁。

从此后，吴氏的魂灵如影随形，始终追随着汤显祖的生活。他自责："余故穷，幸而薄仕，不能偕孺人以乐，病不能视其药，殁不能含莰迩园。二十二年，而仅克祔于祖姑魏夫人之迁日以葬，余其非夫也欤！"

他的内疚因为时间的流逝而逐渐转为刻骨的思念。万历三十三年（1605），在吴氏已逝世二十年之后，汤显祖写下了《清明悼亡五首》：

版屋如房闭玉真，新添一尺瓦鳞鳞。
不应廿载还轻浅，好在殷勤同穴人。

沓水青林断女萝，廿年松柏寄山阿。
南都不解成长别，才送卿卿出上河。

曾梦纱窗倚素琴，何知萎绝凤凰音。
春烟石阙题何事，寒夜乌衰一片心。

枕簟青林一到衙，相看几月病还家。
药成不得夫人用，肠断江东剪草花。

欲葬宫商买地迟，深深瓦屋覆寒姿。

秣陵旧恨年多少，梦断红桥送子时。

汤显祖边为夫人扫墓添草，边看着墓地周遭郁郁葱葱的松柏林，边想当年吴氏嫁到他家的喜庆日子，边忆当年的青春岁月、花好月圆……自己当时也曾为贤妻求医备药啊，只是药成不得夫人用，肠断江东剪草花！

最难舍红桥一梦，吴氏托孤心切。尽管吴氏于三十三岁仙逝，可是她曾先后为老汤家生下了三女二子啊。

都说残梦依稀难以稽考，不料魂梦成真已成永别，生死有命，天人永隔，再见面时都是亡魂一缕，即便成了亡魂，是否有知，是否能够重逢，亦未可知。

悠悠青天，此恨何及，此恨无涯！

第十二章 敬慕徐文长，扬弃『后七子』

　　与元代剧坛上诸家并立、各有千秋的创作局面不同，明代剧坛总体上呈现出一峰独秀、群山环拱的气象。汤显祖作为明代成就最高、影响最大的剧作家，其《临川四梦》达到了同时代剧作难以企及的艺术高度。这就使之与元代的关汉卿、王实甫，同时代的大文豪与杂剧家徐渭，乃至清代的洪昇、孔尚任等人交相辉映，共同呈现出中国戏剧史上的瑰丽景观。

　　但凡才子之间，必有其特殊的兴趣爱好、审美情趣和生命连接点。明代最好的杂剧家徐渭和最好的传奇家汤显祖，正是如此。

　　徐渭（1521—1593），绍兴府山阴（今浙江绍兴）人，字文长，号青藤老人、天池山人，明代著名文学家、戏曲家与书画家。

　　公安派著名领军人物袁宏道，曾经感叹明代缺少大家之好文章，于是遍访各地诗文。及至读到徐渭的诗文，不禁拍案叫绝，他在《袁中郎全集》卷四《徐文长传》中惊呼为"明代第一"，天下无双，非一般文人所能比拟者。

　　　　文长既已不得志于有司，遂乃放浪曲蘖，恣情山水……

其所见山奔海立……如寡妇之夜泣，羁人之寒起。当其放意，平畴千里；偶尔幽峭，鬼语秋愤。

古今文人，牢骚困苦，未有若先生者也。……先生诗文崛起，一扫近代芜秽之习，百世而下，自有定论，胡为不遇哉？

文长眼空千古，独立一时。当时所谓达官贵人、骚士墨客，文长皆叱而奴之，耻不与交，故其名不出于越。悲夫！

明代中期以来，在文学界风靡一时的复古思潮，与前七子息息相关。以李梦阳为领军人物，何景明、王九思、边贡、康海、徐祯卿、王廷相望风景从。李梦阳以为"诗至唐，古调亡矣，然自有唐调，可歌咏，高者犹足被管弦。宋人主理不主调，于是唐调亦亡"（《缶音序》）。由此出发，今人理趣太多，"主理"现象过于突出，而"真诗乃在民间"，文人诗作往往"出于情寡而工于词多"（《诗集自序》）。这些主张本来无可非议，但是他们过分强调"文必有法式，然后中谐音度"（《答周子书》）的形式感，这就未免"守古而尺尺寸寸之"，反而束缚了文学的灵气。

嘉靖中期，以李攀龙、王世贞、谢榛、吴国伦、宗臣、徐中行、梁有誉为首的后七子，重新标举复古的大旗。作为文坛宗主的王世贞影响很大，据《明史·王世贞传》称："世贞始与李攀龙狎，主文盟，攀龙殁，独操柄二十年。才最高，地望最显，声华意气，笼盖海内。一时士大夫及山人、词客、衲子、羽流，莫不奔走门下。"

特立独行、了无拘束的徐渭，这位在艺术天地中天马行空的大家，对享有盛名的前后七子，在理念上、于创作上过于拘谨的文风诗格，显然未能苟同。

但说来也怪，徐渭对年岁小他二十九岁的年轻人汤显祖的作品，却是厚爱有加，倍感亲切，反复提携。明代文坛两大巨子，杂剧传奇两大领袖，尽管素未谋面，但却惺惺相惜，彼此激励，这也真是士林佳话，盖世奇缘。

万历八年（1580），经历过牢狱之灾、死里逃生的境遇，深深体验到生存境遇之坎坷波折的徐渭，响应老友的召唤，前往北京投奔翰林侍读张元忭。

在北京的两年，徐渭阅读较繁，见多识广，居然极为偶然地读到汤显祖的《问棘邮草》诗集，而且不读则已，一读便为之击节，为之感动，随处批点。诸如"无句不妙，无字不妙""妙绝古今，摩诘敢望后尘耶"的话，随手批点。

汤显祖的诗歌，要与王维相比较，可能还隔着很遥远的距离，可是徐渭就是要做这样的惊人之语，不然不足以表达他的喜爱之情。至于"五言诗大约三谢二陆作也"的表扬，那就只能是酒后的批点了，不能当真。汤显祖的成就，主要在传奇戏曲上，绝不体现在诗歌创作方面。

可是徐渭就是看中汤显祖的诗歌，遂作《读〈问棘堂集〉拟寄汤君》。诗曰：

> 兰茗翡翠逐时鸣，谁解钧天响洞庭。
> 鼓瑟定应遭客骂，执鞭今始慰生平。
> 即收吕览千金市，直换咸阳许座城。
> 无限龙门蚕室泪，难偕书札报任卿。

推心置腹之意，披肝沥胆之情，跃然纸上。不仅于此，徐渭还要向后辈学习，仿其诗格作《渔乐图》。题目下原注："都不记创于谁。近见汤君显祖，慕而学之。"

后代诗人仿效前代大家，诗词唱和，古已有之。大唐刘禹锡《学阮（籍）公体三首》、白居易的《效陶潜体诗十六首》，便是先例。但徐渭却不耻下顾，向无名小辈汤显祖学习、模仿，这种提携后进的态度与践行，实在令人感动。

汤显祖的《芳树》一诗，在其比较中段的十二句诗中，"芳"字重复了二十三次：

也随芳树起芳思，也缘芳树流芳晒。

难将芳怨度芳辰，何处芳人启芳宴？

乍移芳趾就芳禽，却涴（浣）芳泥恼芳燕。

不嫌芳袖折芳蕤，还怜芳蝶萦芳扇。

惟将芳讯逐芳年，宁知芳草遗芳钿。

芳钿犹遗芳树边，芳树秋来复可怜。

徐渭见了，甚是可喜。你汤显祖在诗中用了那么多"芳"字，那我老徐就创作《渔乐图》，在中间的十二句中一口气用足了二十九处"新"字：

新丰新馆开新酒，新钵新姜捣新韭。

新归新雁断新声，新买新船系新柳。

新鲈持去换新钱，新米持归新竹燃。

新枫昨夜钻新火，新笛新声新暮烟。

新火新烟新月流，新歌新月破新愁。

新皮鱼鼓悲前代，新草王孙唱旧游。

在渔歌互答中感慨沧桑，在叠字成句中激扬文字，与后辈相比才情，学汤诗以为荣耀，没大没小，无老无少，这样的诗坛佳话，真是殊为难得。

徐渭还在《与汤义仍》书信中写道："某与客所读《问棘堂集》，自谓平生所未尝见，便作诗一首以道此怀，藏此久矣。项值客有道出尊乡者，遂托以尘。兼呈鄙刻二种，用替倾盖之谈。《问棘》之外，别构必多，遇便倘能寄教耶？湘管四支，将需洒藻。"

在书信之中，徐渭还附上了《读〈问棘堂集〉拟寄汤君》一诗，外加自己的已刻诗集二种，均呈送汤显祖指教。他还急切地希望看到汤显祖的其他文字，以图学习，以资惊艳。

这两位文坛巨子、剧坛大师真是缘分匪浅。徐渭先向汤显祖伸出了友谊之手，体现出敬佩之意。

信件辗转传送到汤显祖手中时，已经经年累月了。万历十六年（1588），在南京任从七品官的汤显祖有《秣陵寄徐天池渭》一诗回寄：

百渔咏罢首重回，小景西征次第开。

更乞天池半坳水，将公无死或能来。

至于汤显祖的回信是否及时送达徐渭，不得而知。四年之后，徐渭魂归道山，这场文豪之间的生死之约，从此便成为文坛的佳话、永远的遗恨。

且说徐渭逝世之后，汤显祖十分痛惜。他还专门修书一封，拜请山阴知县余懋孳，恳请地方官员在可能范围内，对徐渭先生的后人有所体恤、有所关照。

当然，明代两大文豪之间的隔空安慰与相互爱惜，也还有另外的版本可资参考。

沈德符在《万历野获编》中叙说道："文长自负高一世，少所许可。独注意汤义仍，寄诗与订交，推重甚至。汤时犹在公车也。余后遇汤，问文长文价何似，汤亦称赏，而口多微辞。盖义仍方欲扫空王、李，又何有于文长。"

从沈德符的记载来看，他对徐渭之于汤显祖的激赏并无异议，但他却认为汤显祖对于徐渭的诗文词曲评价并不太高，而且是以当面询问的口吻记录的，这不知是否合乎实际？至于汤显祖对前后七子特别是王世贞、李攀龙评价不高，意欲鼎新文风，再造文坛，这倒是符合历史真相的实情。

徐渭在书画方面独树一帜，开创中国"泼墨大写意画派"，成为"青藤画派"之鼻祖，意趣神似之大师，其《墨葡萄图》轴、《山水人物花鸟》册（均藏故宫博物院）、《牡丹蕉石图》轴，以及《墨花》九段卷（现藏故宫博物院）、《青藤书屋图》、《骑驴图》等，成为后世画坛上不可超越的范本。如八大山人、石涛、扬州八怪等书画家对他推崇备至。

郑板桥为之专刻一印，自称"青藤门下走狗"。

现代大画家齐白石有云："青藤（徐渭）、雪个（八大山人）、大涤子（石涛）之画，能横涂纵抹，余心极服之，恨不生前三百年，或为诸君磨墨理纸。诸君不纳，余于门之外，饿而不去，亦快事也。"

徐渭在书画艺术上所取得的这些巨大成就，那岂是汤显祖所能比肩的。

作为戏曲理论家，徐渭所著《南词叙录》，是我国第一部关于南戏的理论专著，著录了宋元南戏六十种、明初戏文四十七种，这对南戏与杂剧的分庭抗礼、南北争胜，在史料和理论上都作出了较大贡献。

作为杂剧家，徐渭创作有杂剧《四声猿》《歌代啸》及文集传世。杂剧集《四声猿》包括《狂鼓史渔阳三弄》《玉禅师翠乡一梦》《雌木兰替父从军》《女状元辞凰得凤》四个独立的小戏。《狂鼓史渔阳三弄》演叙祢衡在阴间击鼓骂曹之境，应该是有感于严嵩杀害沈炼之事。

《玉禅师》写玉通和尚因为不敬本城新官，便被临安府尹柳宣教设计报复，派遣妓女红莲破了色戒。后转世投胎为柳家女儿，成为少女之后败坏柳氏门风，后经师兄月明和尚指引，再度皈依佛门。这出戏写政府长官与佛教首领之间的相互斗法，前者破了老和尚的色戒，后者投胎到长官之家，长大之后成为令其蒙羞的妓女，在荒诞不经中显示出时代的荒谬与权威的难堪。

后两个戏《雌木兰替父从军》《女状元辞凰得凤》，都是为女儿家大唱赞歌。前者褒扬花木兰的孝心与爱国之情，后者赞美五代时的才女黄崇嘏假扮男子，应科举、中状元。一武一文，彼此映照，充分表明女扮男装照样可以建功立业，顶天立地说什么男子汉，剧情词曲都体现出女子不输于男士的气概，在风格上健朗向上，给人以大气磅礴之感。

汤显祖对徐渭的戏剧成就特别佩服，他曾极其形象地说："《四声猿》乃词坛飞将，辄为之演唱数通，安得生致文长，自拔其舌！"

正是因为徐渭、汤显祖这两位文学与戏剧大师的崛起，正是他们与同道们自觉地一致努力，这才推动了文学潮流的革故鼎新，新的文学潮流更加关注人情物理的宣泄，更加重视社会批评的现实介入，更加体现出戏剧小说在文学板块当中的原创意识和精品建设。

故此，张廷玉在《明史·文苑传》中，曾经开宗明义地说："归有光颇后出，以司马、欧阳自命，力排李、何、王、李，而徐渭、汤显祖、袁宏道、钟惺之属，亦各争鸣一时，于是宗李、何、王、李者稍衰。"

虞淳熙在《徐文长集序》中，明确提到在王世贞、李攀龙风头正劲的时期，所不能包者两人："顾伟之徐文长、小锐之汤若士也。"

正是徐渭和汤显祖这素未谋面的一老一少，以其别具一格的天才创作成就，将前后七子守旧模仿的创作格局，予以了整体的覆盖和全面的超越。

当王世贞的弟弟王世懋担任南京太常寺少卿的职位时，作为直接下属的汤显祖，始终不卑不亢，对其兄弟两人的唱和之作，从不去赶凑热闹，附庸风雅。

更有甚者，汤显祖其至还敢于桀骜不驯地与主潮流叫板。他与三五好友，将李梦阳、王世贞和李攀龙等文学复古派的诗作予以剖析，把其中过度移用古文、唐诗的地方，一一涂抹出来，表示失望。

文坛领袖王世贞知道此事之后，也还从历史发展的眼光出发，不失大将风度地说："汤显祖标涂吾文，他日有涂汤文者！"

著名的文学家和戏曲家、汤显祖的好朋友屠隆（1541—1605）闻听此事，认为汤显祖的态度太强势、做人太过分了，便赶紧来劝和。屠隆来做和事佬，最合适。他一直追随王世贞的"文须秦汉，诗必盛唐"的主张，因此成为"明末五子"之一。《明史·文苑·王世贞传》有云："末五子则京山李维桢、鄞屠隆、南乐魏允中、兰溪胡应麟，而用贤复与焉。"

作为汤显祖的老朋友，"末五子"之中的主将，屠隆不愿意汤显祖与王世贞兄弟的关系搞得太僵，便在万历十六年（1588）驰书相劝云：

两贤同栖政，不妨朝夕把臂。四海名不易得，若元美（王世贞）者，词林宿将，皮骨即差老弱，犹堪开五石弓，先登陷阵。愿足下无易廉将军。

（《与汤义仍奉常》）

先是劝汤显祖与王氏二公交好把臂，又是感叹江湖大名得之不易，三是说王世贞老而弥坚，不可小觑。作为万历五年（1577）的进士和官员，屠隆的资格比汤显祖老得多，这番劝说完全是出于对汤显祖的无比关爱。

好心当作驴肝肺。汤显祖对屠隆的劝告只当成是不大好听的耳旁风。他居然十分倨傲无礼地用区区八字，简慢至极地打发了屠隆的千字长书："长相思，加餐饭，足矣！"

长相思是客气，加餐饭等语，是说你吃饱了饭多管闲事，就此打住吧。

总的来看，汤显祖与后七子之间的分歧，还在于文章事业上形似与神似、拘泥古典与灵气飞动之间的区别。他在《合奇序》中说："予谓文章之妙不在步趋形似之间，自然灵气，恍惚而来，不思而至，怪怪奇奇，莫可名状……"这种灵感的获得，与人格状态的建树相为表里，所以他又说：

> 天下文章所以有生气者，全在奇士。士奇则心灵，心灵则能飞动，能飞动则上下天地，来去古今，可以屈伸长短、生灭如意，如意则可以无所不如。

（《序丘毛伯稿》）

这种自由的人格、浪漫的情怀、抒写的境界、生命的高扬，绝不仅仅是对于王世贞等人的不满，而是其魔幻浪漫主义创作理念的整体发抒。

从此意义上言，也许前后七子包括末五子在内，都从另外一个侧面甚至是反面，为汤显祖的主情论魔幻浪漫主义创作倾向，做出了不同程度上的铺垫。

万历二十三年（1595），汤显祖在帝都叙职期间，与湖北公安的袁宏道三兄弟会面。这次会面，促使毛头小伙子袁宏道在很大程度上接受了汤显祖的主情论世界观与魔幻浪漫主义主张，并在此基础上张扬出"独抒性灵，不拘格套"的文学主张。

不同代际的文学天才们，就这样彼此扭结起来，相互发现，彼此抬爱，聚合起来成为中国文化史上激动人心但又各有千秋的高峰之巅。

第十三章 《紫箫》吹断 觅《紫钗》

早在第四次落第之后，南京国子监里的留级生汤显祖，就百无聊赖地与朋友们在南京晃荡。在朋友们的激励之下，他创作出了长达三十四出的半部《紫箫记》。辍演之后，这部署名为"临川红泉馆编"的剧作，由金陵富春堂刊刻出版。

因为与王世贞的文学主张不合，王世贞之弟、汤显祖的顶头上司王世懋，对这个顶着太常寺博士的下级，感觉不大美妙。《紫箫记》刊刻已久，朋友们原先怂恿汤显祖重印一版，但是王世懋觉得可以不再刊行了，那该书也就再难以刊行了。

作为一位郁郁不得志的闲官，汤显祖在南京这个戏曲窝子里整日赋闲，也就多了好多闲情逸致。有的时候到花街柳巷走走，也觉无聊；常常参加一些无聊的宴会，他也不与人家说话；半夜醒来，哭笑无常，睡中若醒，醒中若醉，生活状态极其不正常。

这种有些颓废潦倒的生活状态，就是他在《京察后小述》诗中所描述的情景："文章好惊俗，曲度自教作。贪看绣夹舞，惯踏花枝卧。对人时欠伸，说事偶涕唾。眠睡忽起笑，宴集常背坐。敢有轻薄情，只缘迂僻过……"

及至看到一些参差不齐、优劣参半的传奇之后，又勾起了他写作剧本的瘾头。敝帚自珍，他本想把《紫箫记》依照原样，增删写完就成。

万历十五年（1587）八月，安徽宣城的嘉靖进士梅禹金，特意把他的《玉合记》剧本送来，请汤显祖为之作序。该剧同样也是根据唐传奇改编，是根据许尧佐《柳氏传》（《章台柳传》）改编而成。全剧的家门大意是：

【玉楼春】〔末上〕画堂春色浓于酒，花插盈头杯到手。百年三万六千场，人世难逢开笑口。青天高朗闲搔首，眼底英雄谁更有？试歌垂柳觅章台，昔日青青今在否？

【满庭芳】才子韩翃，名姬柳氏，多情打得成双。参军出塞，鼙鼓起渔阳。暂向禅林寄迹，遭番将强逼专房。还朝后，香车绮陌，邂逅各沾裳。雄威看许俊，立时飞马，夺取孤凰。把当年玉合，再整新装。为问王孙侍女，重相会下界仙乡。章台咏，风流节侠，千古播词场。

该剧是明代骈俪派戏曲的代表作之一，辞藻过于华丽。但是其戏剧结构非常紧凑，故事能够抓住人心，这令汤显祖十分在意。相比之下，自己的戏曲处女作《紫箫记》，就显得散漫无当，不够严谨了。

怎么办？小修小改倒是省事。可是老友姜耀先，非常真诚地建议他在原本的基础上，再做脱胎换骨的大改动，甚至在一定意义上可以看成是折断紫箫，另起炉灶，严肃认真地来重新结撰《紫钗记》，有头有尾，不要再作半部戏文。《紫钗记题词》说："南都多暇，更为删润，讫，名《紫钗》。"作者此论，实乃殊为难得的谦虚之语也。

因此，汤显祖竭力打造的第一本完整的传奇是《紫钗记》。但严格来讲，他的处女作应该是半部《紫箫记》。在三十四出《紫箫记》中辍了八年之后，汤显祖又将《紫箫记》删削润色，改弦易辙，将紫钗作为贯穿全剧的中心事件，易名为《紫钗记》，于万历十五年将全剧初稿写成。

《紫钗记》全剧一共写了五十三出。该剧主要以唐传奇《霍小玉传》为本事，也借鉴了《大宋宣和遗事》中的部分情节。演述唐代诗人李益在长安流寓之时，于元宵夜赏灯之时，拾得霍小玉所误挂在梅树梢上的紫玉钗，以此作为结缘的起点乃至信物。李益在还钗时得遇佳人，遂以钗为聘礼，托媒求婚，花好月圆，鱼水和谐。

成婚之后，李益赴洛阳，一鼓作气，考中状元。卢太尉因为李益没有参拜敬畏做他门生，便将其派至玉门关，担任参军之职，以示惩戒。后来，卢太尉又将其转派到孟门担任参军。

为了爱女之归宿，太尉再三要将新科状元李益招为娇婿，被李益所婉拒。于是，一方面反复笼络并软禁李益，另一方面又派人到霍小玉处，讹传李益已被卢府招赘。

小玉惊闻变故，痛恨负心郎之薄情，乃相思成疾。她在万般无奈中典卖紫玉钗，却又为卢太尉所购得。太尉以钗为凭，向李益说明，小玉已然改嫁。

在剧情陷入绝境，李益与霍小玉见面的时机还不够充沛、可能性还不够充分之时，柳暗花明的传奇之举居然就瞬间出现。豪杰之士黄衫客路见不平，出手相助，他毅然将李益挟持到染病已久的小玉处，令其当面沟通。真相一旦大白，夫妻遂得重圆。

这就是汤显祖自己归纳的四句结语：

> 黄衣客强合鞋儿梦，霍玉姐穷卖燕花钗。
> 卢太尉枉筑招贤馆，李参军重会望夫台。

整个剧情用"家门大义"的韵文表达出来，就是【沁园春】中所逐一描述的基本剧情：

> 李子君虞，霍家小玉，才貌双奇。凑元夕相逢，堕钗留意。鲍娘媒妁，盟誓结佳期。为登科抗壮，参军远去。三载幽闺怨别离。卢太尉设谋招赘，移镇孟门西。还朝别馆禁持，

苦书信因循未得归。致玉人猜虑，访寻赀费，卖钗卢府，消息李郎疑。故友崔韦，赏花讥讽，才觉风闻事两非。黄衣客回生起死，钗玉永重晖。

迄今为止，本剧还有好几出折子戏，在舞台上还在被经常搬演，成为经典之作。例如李益被强派至玉门关，临行之时，与霍小玉灞桥相别，依依不舍、千回百转的场面，总是令人为之动容。这就是至今昆曲舞台上盛宴不衰的折子戏《折柳阳关》。

人物表：旦：霍小玉。生：李益。浣：浣纱，丫鬟。

【金珑璁】〔旦、浣上〕春纤余几许，绣征衫亲付与男儿。河桥外香车驻，看紫骝开道路。拥头踏鸣笳芳树，都不是秦箫曲。

【好事近】〔旦〕腕枕怯征魂，断雨停云时节。

〔浣〕忍听御沟残漏，迸一声凄咽。

〔旦〕不堪西望卓香车，相看去难说。〔合〕何日子规花下，觑旧痕啼血。

〔旦〕浣纱，这灞桥是销魂桥也。

〔众拥生上〕北【点绛唇】逞军容出塞荣华，这其间有喝不倒的灞陵桥接着阳关路。后拥前呼，百忙里陡的个雕鞍住。旌旗日暖散春寒，酒湿胡沙泪不干。花里端详人一刻，明朝相忆路漫漫。左右，头踏停灞陵桥外，待夫人话别也。〔见介〕〔生〕出门何意向边州？

〔旦〕夫，你匹马今朝不少留。

〔生〕极目关山何日尽？

〔旦〕断肠丝竹为君愁。李郎，今日虽然壮行，难教妾不悲怨。前面灞陵桥也，妾待折柳尊前，一写阳关之思。看酒过来。北【寄生草】怕奏阳关曲，生寒渭水都。是江干桃叶凌波渡，汀洲草碧黏云渍，这河桥柳色迎风诉。〔折柳介〕柳呵！纤腰倩作绾人丝，可笑他自家飞絮浑难住。

〔生〕想昨夜欢娱也。【前腔】倒凤心无阻，交鸳画不如。衾窝宛转春无数，花心历乱魂难驻。阳台半霎云何处，起来鸾袖欲分飞。问芳卿为谁断送春归去？

〔旦〕有泪珠千点沾君袖也。【前腔】这泪呵！慢颊垂红缕，娇啼走碧珠。冰壶迸裂蔷薇露，阑干碎滴梨花雨。珠盘溅湿红销雾，怕层波溜折海云枯。这袖呵！潇湘染就斑文箸。

〔生〕只恁啼得苦也。【前腔】不语花含悴，长颦翠怯舒。你春纤乱点檀霞注，明眸谩瞍回波顾。长裙皱拂行云步，便千金一刻待何如。想今宵相思有梦欢难做。

〔旦〕夫，玉关向那头去。【前腔】路转横波处，尘飘泪点初。你去呵，则怕芙蓉帐额寒凝绿，茱萸带眼围宽素。菡荷烛影香销炷，看画屏山障彩云图，到大来蘼芜怕作相逢路。李郎，你可有甚嘱付？

〔生〕【前腔】和閜将闲度，留春伴影居。你通心纽扣蒸蒸束，连心腰彩柔柔护。惊心的衬褥微微絮，分明残梦有些儿，睡醒时好生收拾疼人处。

〔旦〕听这话，想不是轻薄的，只是眼下呵。【解三酲】恨锁着满庭花雨，愁笼着蘸水烟芜。也不管鸳鸯隔南浦，花枝外影踟蹰。俺待把钗敲侧唤鹦哥语，被叠慵窥素女图。新人故，一霎时眼中人去，镜里鸾孤。

〔生〕俺怎生便去也。再看酒。【前腔】倚片玉生春乍熟，受多娇密宠难疏。正寒食泥香新燕乳。行不得话提壶，把骄骢系软相思树，乡泪回穿九曲珠。销魂处，多则是人归醉后，春老吟余。

〔旦〕你去，教人怎生消遣。【前腔】俺怎生有听娇莺情绪，全不着整花朵工夫。从今后怕愁来无着处，听郎马盼音书。想驻春楼畔花无主，落照关西妾有夫。河桥路，见了些无情画舸，有恨香车。

〔生〕妻，则怕塞上风沙，老却人也。【前腔】比王粲从军朔土，似小乔初嫁东吴。正才子佳人无限趣，怎弃掷在长途。三春别恨调琴语，一片年光揽镜嘘。心期负，问归来朱颜认否，旅鬓何如？

〔旦〕李郎，以君才貌名声，人家景慕，愿结婚媾，固亦众矣。离思萦怀，归期未卜。官身转徙，或就佳姻。盟约之言，恐成虚语。然妾有短愿，欲辄指陈。未委君心，复能听否？

〔生惊怪介〕有何罪过，忽发此辞。试说所言，必当敬奉。

〔旦〕妾年始十八，君才二十有二。逮君壮室之秋，犹有八岁。一生欢爱，愿毕此期。然后妙选高门，以求秦晋，亦未为晚。妾便舍弃人事，翦发披缁。凤昔之愿，于此足矣。【前腔】是水沉香烧得前生断续，灯花喜知他后夜有无，记一对儿守教三十许，盟和誓看成虚。李郎，他丝鞭陌上多奇女，你红粉楼中一念奴。关心事，省可的翠销封泪，锦字挑思。

〔生作涕介〕皎日之誓，死生以之。与卿偕老，犹恐未惬素志，岂敢辄有二三。固请不疑，端居相待。【前腔】咱夫人城倾城怎遇，便到女王国倾国也难模。拜辞你个画眉京兆府，那花没艳酒无娱。怎饶他真珠掌上能歌舞，忘不了你小玉窗前自叹吁。伤情处，看了你晕轻眉翠，香冷唇朱。

〔韦崔上〕【生查子】才子跨征鞍，思妇愁红玉。芳草送莺啼，落花催马足。早闻得李君虞起行，到日午还在红亭偃偬也。〔见介〕〔崔〕李君虞，军中箫鼓喧嗔，良时吉日，早行早行。

〔生〕实不相瞒，小玉姐话长，使人难别。

〔韦〕昔人云：仗剑对尊酒，耻为离别颜。李君虞，男儿意气，一何留恋如此。郡主，俺两人还送君虞数程，回来便有平安寄上。军行有程，未可滞他行色。正是：长旗掀落日，短剑割离情。

〔下〕〔内作箫鼓介〕〔生〕妻，你听笳鼓喧鸣，催我行色匆匆。密意非言所尽，只索拜别也。【鹧鸪天】掩残啼回送你上七香车，守着梦里夫妻碧玉居。

〔旦〕李郎，不索回送。但愿你封侯游昼锦，不妨我啼鸟落花初。〔众拥生下〕〔旦〕他千骑拥，万人扶，富贵英雄美丈夫。浣纱，送语参军：教他关河到处休离剑，驿路逢人数寄书。

一别人如隔彩云，断肠回首泣夫君。

玉关此去三千里，要寄音书那得闻。

这折戏写夫妻离别，缠绵婉转，是《紫钗记》中特别唯美的诗篇。霍小玉先是为夫君绣就贴身的衣衫，接下来折柳阳关，在敬酒过程中，二人回顾到妙处不可言的肌肤相亲和万千情愫。霍小玉最后只求趁着自己的青春年华，求八年之爱。至于八年之后李郎再娶高门，也在所不计。两人正在卿卿我我之时，被人催赶分离，全部美好的人生况味，就只能是生离死别般的各奔东西。

《紫钗记》着重塑造了霍小玉和黄衫客两位令人敬重的人物形象。正如汤显祖在本剧《题词》中所云："霍小玉能作有情痴，黄衫客能作无名豪，余人微各有致。第如李生者，何足道哉！"

霍小玉出身富贵人家的低微一脉，其母本为霍王麾下一名歌姬。但当她一旦与李益相遇，便为才所动、为情所耽、为甜蜜婚姻所陶醉，她便把全部生存价值和生命理想都拴系在爱情这叶小舟之上。自感卑贱的她在幸福之余，仍不忘为对方着想。

先是从时间上看，哪怕李益只爱她八年，她亦心满意足，无限欢悦地愿以二十六岁之身去披发为尼，安详地度过漫长的余生；次是从地位上看，即使李郎另娶了正妻，她小玉做偏房小妾亦心甘情愿，在所不惜。

可是她最低限度上的青春愿景与夫妻恩爱，却被气势汹汹的凄风苦雨，吹打下一树梨花。

一向不够耐烦的卢太尉，在孟门军中当场相逼倨傲不逊的李益：

〔合前〕〔卢〕参军,可有夫人在家?

〔生〕秀才时已赘霍王府中。

〔卢〕原来如此。古人贵易妻,参军如此人才,何不再结豪门?可为进身之路。

〔生〕已有盟言,不忍相负。【前腔】泪花弹袍袖香殷,数遍秋花人少年。

〔卢〕可有平安信?

〔生〕下官进辕门时,老太尉麾下一人,三年才传得一信。

〔卢〕受命在君,何恋恋儿女乎?

〔生〕晚风砧杵,夜月刀环。正寻常归燕,几行征雁,怎隔断关河别怨?

卢太尉哪里肯听李益黏黏糊糊的才子佳人之恋,他转过脸去就威吓下属:"众将官,查那一个传李参军家信?拿去绑下。〔哨乞饶介〕〔卢〕且记着,许你将功赎罪。差你京师庆贺刘节镇还朝,便到参军家,说他咱府招赘。好歹气死他前妻,是你功也。"

到了卢太尉这个身居要职的高位,他一事当前,都要为自己的女儿招赘娇客着想。管你李益结未结婚,都不重要。至于气死李益的前妻,就是为了替自己的女儿扫清必要的障碍。

当霍小玉最低限度的愿望都难于实现时,当她觉得感情无望、婚姻无望、生活无望之时,她就只能将无限绝望地卖掉紫玉钗所得的百万金钱抛撒于苍茫大地!

《怨撒金钱》在昆曲、赣剧等剧种中都是久演不衰的折子戏。特别是赣剧的演出,大起大合,加上长水袖的使用,连贯性大动作的身段,都令人感动不已。我们来看汤显祖笔下这段特别具备画面感和冲击力的戏剧场面:

〔旦作病上〕【行香子】去也春光,月地花天,相思影瘦的不成模样。为伊踪迹,费尽思量。

〔浣〕归来好。空迷恋，有何长。

〔旦〕〔集句〕蕙帐金炉冷篆烟，宝钗分股合无缘。菱花尘满慵将照，多病多愁损少年。浣纱，紫玉钗头，是咱心爱，几时卖去呵，好闷也！【玉山莺】玉钗抛漾。上头时紫红腻香，为冤家物在人亡。这几日意迷神怳，每早起呵，窥妆索向。还疑在枕边床上，又似在妆奁响。猛思量，原来卖了，空自搵啼妆。【前腔】如今可卖了也，卖钗停当。喜孜孜谁家艳阳，那插钗人温存的依前还价。遇着那一等呵。笑穷妇人无分承当，抬高价作他乔样。俺霍小玉一眼看上李十郎。今日卖了钗也，路傍喧讲。道当初坠钗情况，自把前程扬。为谁行，断簪残髻，留伴镜中霜。

〔侯景先上〕杜鹃花暖碧桃稀，两处红妆一处悲。个里囊中忒羞涩，他边头上有光辉。自家侯景先便是，替霍家郡主卖钗，得百万钱。在店中半年多月，没人取去，老子亲送来。内有人么。

〔浣〕老侯到了，待咱通报。〔见介〕〔旦〕卖钗得价了。

〔侯〕【桂花锁南枝】咱登时发付珠钗两股，旧时价不减些儿，任姹女把金钱细数。

〔浣数钱介〕是百万了。牙钱那家有？

〔旦〕问他卖在那家？

〔侯〕是当朝太尉姓卢。玉偻停上头须此。

〔旦惊介〕浣纱，问他到卢府里，可打听来？〔侯〕且喜且喜，有个李参军，你这里寻故夫，他那边衔新婿。

〔旦〕当真了？

〔侯〕府门外久踟蹰，是他堂侯官亲说与。

〔旦泣介〕天下宁有是事乎？霍小玉钗头，到去卢家插戴也。〔闷倒介〕

〔侯〕玉翦江鱼寻老手，钗分海燕泣春心。〔下〕

霍小玉的昏倒，这是最为沉痛的身心反应。卢府的公主，是霍小玉的情敌，她所卖的稀世珍宝紫玉钗，却要去为情敌打扮妆容，增添美丽。这卢府正是要强使他夫君李益作为入赘女婿的冤家对头，但是偏偏这宝贝又为冤家对头所得到。

究竟是冥冥之间的巧合，还是卢府处心积虑的设计？霍小玉已经难于分辨了，她只知道心爱之物没有了，这百万金钱也犹如脏污一般令人生厌，令自己痛楚。钱，买不来夫妻情缘，钱，反而断送了美好的青春与无尽的思念。

【小桃红】〔旦〕俺提起晓妆楼上玉纤闲，他斜倚妆奁盼，也则道镜台中长则是两相看。闲吟叹，把玉钗弹。人去后，香肩觯，画眉残。将他来斜拨炉香篆也，又谁知誓冷盟寒。空掷断钗头玉，双飞燕不上俺云鬟。

〔浣〕这钱爱杀俺也。

〔旦〕要钱何用？【下山虎】一条红线，几个"开元"，济不得俺闲贫贱，缀不得俺永团圆。他死图个子母连环，生买断俺夫妻分缘。你没耳的钱神听俺言：正道钱无眼，我为他叠尽同心把泪滴穿，觑不上青苔面。〔撒钱介〕俺把他乱洒东风一似榆荚钱。

〔浣〕怎生撒去？可是撒漫使钱哩。

〔旦〕【醉归迟】那其间成宅眷，俺不是见钱儿热卖图长便，谁承望这一对金钗胡串。青楼信远，知他向红妆啼笺。他虽然能掇绽，惯赔钱，你敢也承受俺贯熟的文鸳，又蘸上那现成钗燕。【五般宜】想着那初相见，长安少年，把俺似玉天仙花边笑嫣。满着他含笑拾花钿，终不然那一霎儿灯前几年。到如今那买钗人插妆鬟俨然，俺卖钗人照容颜惨然。知他是别样婵娟，也则是前生分缘。

为了一个虽不算负心，却也十分软弱的郎君，霍小玉赔着小心、受着委屈、降低名分，都只是要连缀一段情、再续一份缘。如此忠贞不贰、痴情到底的女子，在封建社会的底层之中显得多么善良、纯情、无私而伟大。

当霍小玉以为自己朝夕梦想的郎君，要与卢太尉的千金花好月圆、得成婚配时，当她确认自己的传家之宝、与李郎结缘的信物紫玉钗，居然到了冤家对头卢府手中之后，霍小玉便彻底崩溃了。生亦何益，死亦何惧，情都没有了，还要钱作甚？

不要钱了，那就扔掉。当着大市长街，管他芸芸众生，苍天作证，红尘为凭，伤透了心的霍小玉，开始抛撒金钱了。天可怜见，她所抛撒的哪里是一片钱雨，分明是揉碎了的寸寸肝肠。

黄衫客的豪侠仗义行为既玉成了情人的团圆，又对破坏李、霍婚姻的卢太尉的丑恶行径予以了警示。汤显祖通过一位幻想中的壮士既表达了对现实的失望，又殷切呼唤着社会的良知。

卢太尉在本剧中是位十分可恶的角色，他忌才又爱才，试图通过拉拢新状元的途径去实现家族的政治大联姻，使"卢杞丞相是我家兄，卢中贵公公是我舍弟。一门贵盛，霸掌朝纲"的局面不断延续下去。为此他不惜使用一切诈骗、虚报等下作的手法，长时期抓住李益"不上望京楼"的政治把柄来加以挟制。这哪里是一位太尉，分明是一位货真价实的政治大流氓。

从戏剧结构上看，《紫钗记》仍然有散漫拖延的倾向，像《折柳阳关》《冻卖珠钗》和《怨撒金钱》之类较为抒情的场面展现，还太少而缺乏规模。唱词与说白没有完全摆脱骈俪辞章的痕迹，本色晓畅的戏曲味道还不够醇厚。但是动情之处，令人为之唏嘘感叹；委曲之处，观众为之捶胸顿足。

人世间有此真挚的情意，哪怕欢悦时苦短，离分时辛酸，也应该心满意足，强胜于无了。

与蒋防的《霍小玉传》相比，传奇原作中的霍小玉的身份接近妓女暗娼之流。李益原本就在坊中"博求名妓，久而未谐"，原是青楼访翠必得绝色佳人之徒；说媒作伐者形容霍小玉时且称"有一仙人，谪在下界，不邀财货，但慕风流"，仙人往往是妓女流莺之美称，至于假托为"故霍王小女"，也是说说而已，即便是名门之后，因为命运的坎坷和生活的磨难，也难免堕入风尘之中。而且李益若与郡主富贵之女交好，双宿双眠，居然未曾正式举办像样的婚礼，这也未免太不够郑重其事了。

但在汤生的《紫钗记》中，霍小玉完全是一位家世显赫但又身世飘零的良家少女，这就洗清了妓女流莺的嫌疑。在上元节的溶溶夜月之下，火树银花之时，李生与小玉的相见、相知与相爱，与坠钗之机遇，拾钗、还钗之机缘息息相关，这就使得他们的结合具备自身的主体性和积极性。

唐传奇中的霍小玉作为悲剧的主角，其伤心至极的当面指斥和临终诅咒，都是掷地有声、震慑男界的誓言。且看长期盘桓于病榻之上的霍小玉：

> 忽闻生来，欻然自起，更衣而出，恍若有神。遂与生相见，含怒凝视，不复有言。羸质娇姿，如不胜致，时负掩袂，返顾李生。感物伤人，坐皆欷歔。顷之，有酒肴数十盘，自外而来。一坐惊视，遽问其故，悉是豪士之所致也。因遂陈设，相就而坐。玉乃侧身转面，斜视生良久遂举杯酒酬地曰："我为女子，薄命如斯！君是丈夫负心若此！韶颜稚齿，饮恨而终。慈母在堂，不能供养。绮罗弦管，从此永休。征痛黄泉，皆君所致。李君李君，今当永诀！我死之后，必为厉鬼，使君妻妾，终日不安！"乃引左手握生臂，掷杯于地，长恸号哭数声而绝……

小玉之亡故在气数已尽，但她那些刻骨铭心的诅咒，竟然在日后一一应验，致令李生情怀错乱，李家阖府不安！

《紫钗记》将唐传奇中的悲剧置换为喜剧，令霍小玉与李生恋情享受悲欢离合之后、苦尽甘来的美满人间。"离和合，叹此情，须问天。是多才，非薄幸，枉埋冤。须记取，花灯后，牡丹前，钗头燕，鞋儿梦，酒家钱，堪留恋。情世界，业姻缘，尽人间诸眷属，看到两团圆。"一派的重续鸳盟之态，花好月圆之境。汤显祖的爱情题材戏，由此发端，全都有了美好的结局和团圆的尾巴，这也表明汤剧对于美好生活的向往、夫妻团圆的憧憬。

更为重要的是关于李益形象的再塑造。唐传奇中的李益，道心不坚，先后娶妻纳妾连连；但是《紫钗记》中的李益，他的迟迟不归，完全是因为卢太尉的从中作梗，近乎软禁般的派遣。

而且面对咄咄逼人的卢太尉，面对其滔滔权势和泼天也似的富贵，李益从来就未曾隐瞒他已经结婚娶妻的历史，也从来没有挑明了答应或者暗地里默许他再娶卢小姐、转型为乘龙快婿。

这就是李益在温和中的坚定，被动中的主动。唯其如此，他才当得起霍小玉之爱，哪怕有那么多的误会和委屈，这种相向而行的对等挚爱，才能引起观众的感动，引发对其险恶环境的无奈忧伤。

汤显祖到底是写情的圣手。由此出发，《紫箫记》吹断之后，再度脱胎于《霍小玉传》的《紫钗记》已经跃然于纸上、盛演于台上。从插钗开始，坠钗引发突转，谋钗见出阴谋，卖钗道尽无奈，汤氏爱情戏的情感之浓烈、转折之合理，都围绕着紫钗这一关键性道具，有了精彩的呈现。

汤剧一旦出手，情圣便称无敌。

第十四章 曲家冶游、轻率议政与罗师棒喝

南京不仅仅是一座历史意义上的留都，更是风光绮丽的烟柳繁华之地，秦淮河桨声灯影的温柔锦绣之乡，国子监聚才的人文荟萃之城，鼓板清弦的戏曲编演之都。

苏州的昆山腔在明代异军突起，成为崛起于江南、盛行于南京、北上至帝都、流播于全国的重大戏曲声腔。据晚年旅居昆山的江西人、"昆曲之祖"魏良辅（1489—1566）《南词引正》云：

> 腔有数样，纷纭不类。各方风气所限，有昆山、海盐、余姚、杭州、弋阳。自徽州、江西、福建俱作弋阳腔；永乐（1403—1424）间，云贵二省皆作之；会唱者颇入耳。惟昆山为正声，乃唐玄宗时黄幡绰所传。元朝有顾坚者，虽离昆山三十里居千墩，精于南辞，善作古赋。扩廓帖木儿闻其善歌，屡招不屈。与杨铁笛、顾阿瑛、倪元镇为友。自号风月散人。其著有《陶真野集》十卷、《风月散人乐府》八卷行于世。善发南曲之奥，故国初有昆山腔之称。

汤显祖在南京做官的三年中，与苏州"三张"兄弟多有往来。

老大张凤翼，字伯起，嘉靖四十三年（1564）与老二张燕翼，同时考中举人。凤翼所著昆曲传奇有《红拂记》《祝发记》《窃符记》《灌园记》《㺄琇记》《虎符记》六种，合题为《阳春集》。

据沈瓒《近事丛残》记载："张孝廉伯起，文学品格，独迈时流，而以诗文字翰结交贵人为耻，乃榜其门曰：'本宅纸笔缺乏，凡有以扇其楷书满面者，银一钱；行书八句者三分；特撰寿诗寿文，每轴各若千。'人争求之。"

在一次酒宴歌会上，汤显祖送别张燕翼时，对会试未能考中，返乡写戏娱情、书画撰文养家的张老大也表示了深切慰问。《金陵歌送张幼于兼问伯起》："金陵花月蔽江空，可怜六代多离宫。潮去潮来都应月，花开花落等随风。"聚散皆有定数，朝代常有变迁，文人雅士更应看破世事，顺应潮流，随风逐月，不必要有太多的挂碍。

传说张凤翼能弹琵琶，曾与其子同演高明的《琵琶记》，一时间惹来许多看官。汤显祖后来"自掐檀痕教小伶"，也许受到过张燕翼的影响。

臧懋循（1550—1620），字晋叔，号顾渚山人。浙江长兴人。明万历八年（1580）进士，次年出任湖北荆州府学教授。万历十年（1582），任应天（今南京）乡试同考官，后改官夷陵（今湖北宜昌市）知县。十一年（1583），升任南京国子监博士，与汤显祖曾经做过同事。只因公然携带娈童，出城游乐，风流偶傥之际，被人告发，丢了官职。

万历十三年（1585），臧懋循罢官回乡之际，汤显祖作诗相赠，这就是著名的《送臧晋叔谪归湖上。时唐仁卿以谈道贬，同日出关》：

> 君门如水亦如市，直为风烟能满纸。
> 长卿曾误宋东邻，晋叔讵怜周小史。
> 自古飞簪说俊游，一官难道减风流。
> 深灯夜雨宜残局，浅草春风恣蹴球。
> 杨柳花飞还顾渚，箸酒苕鱼须判汝。

兴剧书成舞笑人，狂来画出挑心女。

仍闻宾从日纷纭，会自离披一送君。

却笑唐生同日贬，一时臧谷竟何云。

在这首诗当中，他还把屠隆（长卿）与西宁侯宋世恩"淫纵"兼与宋夫人的暧昧之事和盘托出。屠隆向来广"蓄声妓"，常在人家"男女杂坐，绝缨灭烛之语，喧传都下"，影响非常不好。在汤显祖南下任官之后，屠隆很快被革去北京礼部主事。

臧、谷用典，出于《庄子·骈拇》。话说臧、谷二人牧羊，臧挟策读书，谷博塞以游，俱各有其事，尽皆亡其羊。今昔相比，汤显祖信手拈来，连带写出今日之臧氏晋叔、屠门长卿等朋友们的风流雅事及其丢官之后的尴尬处境，这在明代也算是别一种情怀与人生追求吧。

有了汤显祖的好诗和朋友们的安慰，臧懋循想，罢官这也无妨，那就索性编书赚钱吧。他在编刻出版方面所取得的最大成绩，便是从山东王世贞、湖北刘延伯、福建杨氏所收藏的元杂剧中，编选出一百个作品，在其六十七岁时以《元曲选》的名称出版。

时光荏苒，岁月如梭。在汤显祖仙逝两年之际，臧懋循还曾改编出版过好友汤显祖的《玉茗堂四梦》。他在《玉茗堂传奇引》中写道："今临川（汤氏）生不踏吴门，学未窥音律，艳往哲之声名，逞汗漫之词藻，局故乡之闻见，按亡节之弦歌，几何不为元人所笑乎。"

这段话看似是对汤显祖的批评，实则一是为其元曲选本做广告，二是为汤显祖的汗漫之辞藻与浪漫之精神张目，还在让步的姿态下，同时为自己编选的两部集子做推广，也为自己在不同程度上的润色修改找出合理的理由来。

在明代皇家朝臣、高门大户腐朽堕落的生活情态影响下，在臧懋循、屠隆等朋友拈花惹草的现身说法下，这些朋友们一边文章事业、一边花酒生涯的生活场景，在很大程度上也是映照汤显祖颓唐生活的一面镜子。

但是一位真正的知识分子，还是有反思自警的充分自觉性的。眼见得到了万历十四年（1586），汤显祖在南京身居闲官已经三年，蓦然回首，触目惊心。乃作《三十七》一诗，自画肖像云：

> 我辰建辛酉，肃皇岁庚戌。
> 初生手有文，清羸故多疾。
> 自脱尊慈腹，展转大母膝。
> 剪角书上口，过目了可帙。
> 家君有明教，大父能阴骘。
> 童子诸生中，俊气万人一。
> 弱冠精华开，上路风云出。
> 留名佳丽城，希心游侠窟。
> 历落在世事，慷慨趋王术。
> 神州虽大局，数着亦可毕。
> 了此足高谢，别有烟霞质。
> 何悟星岁迟，去此春华疾。
> 陪畿非要津，奉常稍中秩。
> 几时六百石，吾生三十七。
> 壮心若流水，幽意似秋日。
> 兴至期上书，媒劳中阁笔。
> 常恐古人先，乃与今人匹。

在这首自传体的诗歌中，汤显祖写了自己的天生才华与家庭氛围，宏图远志与陪都郁闷。

至于"留名佳丽城，希心游侠窟"，就是秦楼楚馆的常客，寻花问柳的娇客，神仙眷侣的清客，美人佳女的访客。秦淮河上，杨柳依依，歌女娇娥，美目盼兮，这让从小就清瘦多病的汤生如何消受得起。

汤显祖早年落第，几次在南京国子监课读。岁月空度，闲极无聊，未免少年轻狂、不能自持。知子莫如父，老父亲从不同途径知晓之后，就专门作赋一篇，对儿子予以严肃批评："营载不密，驰觞乐女。迷惑两竖，丑不可语！"

一方面沉湎于声色之间不能自拔，另一方面是逞才使气，妄议朝政，"兴至期上书，媒劳中阁笔"，哪怕他一次次抑制了上疏进言的冲动，但也还要在醉酒之后，故作激愤惊人之言，以一个超级愤青的姿态，引得朋友们的瞩目。要不是写作传奇剧本的浓厚兴趣和悲欢过程救了他，他在风月场中和政治批评场合，哪一边都讨不了好，都是在以毁伤自己作为代价的孟浪行为。

在汤显祖交游的圈子当中，兵部主事邹元标曾经上疏指斥张居正"夺情"，被贬到南京；御史魏允贞弹劾申时行"重蹈故相张居正之覆辙"，当然也遭逢了同样的命运。礼部郎中李三才居然喜欢出头，敢为贬官魏允贞说话撑腰，那就也一同到留都做伴说话吧。

这些贬官们在一起议论朝政，发泄不平，当然也深刻地影响了与他们打成一片、常结"永夕之好"的汤显祖。身居官场之卑位的汤显祖也因此愤愤不平，常与兄弟哥们儿议论朝政，表达想法，发泄不满。

天下哪有不透风的墙？汤显祖的激烈言论，早被人们关注并传开了。刑部尚书舒化是临川老乡，为了爱惜和挽救同乡人，他特意从北京驰书过来，奉劝汤显祖远离"恶少"，接近"老成人"，人之患在多言，贤者之风，戒之在斗！

汤显祖血气方刚，毕竟缺乏政治经验。他非但不领乡贤的好意，不屑于朝官的提醒，反而在《答舒司寇》书信中言道：

> 人各有心，名公以诸言事者多恶少，正恐诸言事者闻之，又未肯以诸大臣为善老耳！

这样的语气，分明是对乡贤大臣的反唇相讥，实在未能感激并体恤舒化先生的一番美意。

还好，罗汝芳老师适时赶到南京来了。这是万历十四年（1586），罗先生从杭州来到南京讲学，但是其重要的使命是与汤生说事。

师徒相见，分外亲切。可是老师明显知道了汤显祖的诸多孟浪之举，除了对他花天酒地的孟浪生活不满之外，尤其对他不择贤士而交游、不知天高地厚的胡言乱语分外不悦。老先生叹而问曰：

> 子与天下士日泮涣悲歌，意何为者，究竟于性命何如，何时可了？

泮涣一词，出于《艺文类聚》卷三所引晋王廙的《春可乐》：

> 春可乐兮，乐孟月之初阳，冰泮涣以微流，土冒橛而解刚。

从春日冰雪的融解到涣散流淌开始，泮涣又被引申成对于人的评价，指为人的自由放纵，无所拘束，花天酒地，行为不检。所谓悲歌，是指汤显祖与一伙愤青每天在不切实际地忧国忧民，指天骂地。泮涣悲歌，是对汤生的严肃训导。换言之，罗汝芳认为汤显祖如此无休止的胡乱折腾，简直是在找死！

老师丝毫不留情面的严厉批评，犹如当头棒喝一般，使得自视过高、言行骀荡、癫狂有加的汤显祖，这回终于听进去了。痛定思痛，他回顾与反思，自己确实太为过分了。食色性也，这是低级的感官享乐。而真正的生命追求，应是一种道德的修为：

> 十三岁时从明德罗先生游。血气未定，读非圣之书。所游四方，辄交其气义之士，蹈历靡衍，几失其性。夜思此言，不能安枕。久之有省。知生之为性是也，非食色性也之生；豪杰之士是也，非迂视圣贤之豪。如世所豪，其豪不才；如世所才，其才不秀。

与老师见面之后，汤显祖夤夜惊醒，反思再三，惊心动魄，再难安枕。

此后不久便是师生永别。当罗汝芳师魂归天府之后，老师的批评遂成绝响。他给管东溟书信中深情言道，作为精神的引领者："如明德先生者，时在吾心眼中矣。"

他在《答张了心往寻达公吊明德师处》凭吊道：

> 可到姑山一了心，罗公踪迹在禅林。
> 门前便有西来意，紫柏香销涕泪深。

万历二十五年（1597），汤显祖作《明德罗先生诗集序》云：

> 夫子在而世若忻生，夫子亡而世若焦没。吾观今天下之善士，不知吾师，其为古之人远矣。

万历二十七年（1599），汤显祖与达观法师和临川知县吴用，在凛冽的寒风中，前往盱江边上之从姑山，凭吊先师罗汝芳。他悲伤地写下《己亥春送达公访白云石门，过盱吊明德夫子》：

> 残雪疏山发暝烟，卷帆春度石门前。
> 空宵为梦罗夫子，明月姑峰一线天。
> 小住袈裟白云地，更过石门文字禅。
> 平远空高一回首，清浅麻姑谁泊船。

此后，他在《李超无问剑集序》中言道：

> 一日，问余，何师何友，更阅天下几何人。余曰："无也。吾师明德夫子而友达观。其人皆已朽矣。达观以侠故，不可以竟行于世。天下悠悠，令人转思明德耳。"遂去之盱，拜明德夫子像。而复过我。

棍棒出孝子，苛责出大家。有了明德夫子罗汝芳老师的当头棒喝，汤显祖才得以有所反省，有所沉潜，有所痛苦，有所追求。追求之后才能有成功，才能实现崇高理想，才能创造出高峰之作。

常言道：名师出高徒，此言真不虚也。

第十五章

从詹事府主簿、礼部主事到徐闻典史

紧跟上级、谨慎为官，或者反其道而行之，奢论朝政、妄议朝廷，其效果或者后果，都很快就会直观地体现在官职级别的升迁或者停滞、降级乃至不同程度的处分上。

早在洪武二十六年（1393），开国皇帝朱元璋就定下规矩，每隔六年，逢巳、亥年的当口，对所有官吏实行全覆盖的整体考核。

考核分成两个层面：一是考满，也就是对每位已经到任职规定年限的官员予以总的评价，升官、留任和降级，都是从此发端；二是考察，其要点在于将被考察官员的错误、过失归纳起来，举凡"贪腐、严酷、浮躁浅露、才力不及、年老、有病、罢软、素行不谨"者，下一步好根据其不同程度的毛病，予以相应的惩处。贪腐、严酷者削职为民；罢软或素行不谨者剥夺品级，冠带闲住；浮躁浅露、才力不及者降级调任；年老、有病者致仕退休。

汤显祖性情耿直，平常生活尚且出言不逊，酒宴之中更是口出狂语，一向为同僚所嫉恨，被上级所诟病。到了京察的时候，酒肉朋友们纷纷向上级检举告密，说他言行不检；其顶头上司之"长者"王世懋，在考察评语中每多责难之言。汤显祖为此以诗记之：

> 邑子久崖柴，长者亦摇籤。
>
> 含沙吹几度，鬼弹落一个。
>
> 大有拊心叹，不浅知音和。
>
> 参差反舌流，倏忽箕星过。
>
> 幸免青蝇吊，厌听迁莺贺。
>
> 贱子亦如人，壮心委豪惰。
>
> 文章好惊俗，曲度自教作。
>
> 贪看绣夹舞，贯沓花枝卧。
>
> 对人时欠伸，说事偶涕唾。
>
> 眠睡忽起笑，宴集常背坐。
>
> 敢有轻薄情，只缘迂僻过。
>
> 一命淹陵署，六岁逢都课。
>
> 浮噪今已免，不谨前当坐。
>
> 有口视三缄，无心嗔八座。
>
> 骨相会偏奇，生辰或孤破。
>
> 吾心少曲折，古人多顿挫。
>
> 脱落慕仙才，点掇希王佐。
>
> 咄咄竟何成，冉冉谁能那！

（《京察后小述》）

在同僚与上级中，含沙射影者有之，无聊中伤者有之，汤显祖只能自认倒霉。写文章、谱曲词，秦楼楚馆、佳人歌舞，都成为其忘却郁闷的场所。再与人酒宴之时，他也只能是向隅而默，打不起精神来，现在他总算知道处处是陷阱，酒肉丛中的危险更多。归隐登仙之意，也就成为心中的理想和官场的安慰了。

与汤显祖的估计完全一致，京察的结果，他非但升迁无望，还从太常博士的正七品位置，改调到詹事府主簿的从七品位置上。

　　万历十六年（1588），詹事府主簿汤显祖添丁加口。赵氏为他生下了女儿，起名詹秀；傅氏为他生下儿子，起名开远。

　　也就在这一年，全国性的大规模灾荒四处蔓延，人吃人的惨象随处可见。"西北久食人，千里绝烟影"，到了春夏时分，就连南京城内也被广泛流行的瘟疫所波及：

> 钟陵今若何，帝都非可问。
> 白骨蔽江下，赤疫骈门进。

　　　　　　　　　　　　　（《寄问三吴长吏》）

　　在《疫》诗中，汤显祖同样充满无奈地描摹了瘟疫流行的惨境：

> 西河尸若鱼，东岳鬼全瘦。
> 江淮西米绝，流饿死无覆。
> 炎朔递烟煜，生死一气候。
> 金陵佳丽门，辒席无夜昼。
> 脑发真渠薄，天地日熏臭。
> 山陵余王气，户口入鬼宿。
> 犹闻吴越间，叠骨与城厚。

　　从山东山西到江淮吴越，从苍茫大地到巍巍帝都，都是鬼哭狼嚎，尸首遍野，叠骨与城厚，天地皆一臭。汤显祖在撰写戏剧作品时，不惜极尽锦词艳语之能事，但在描摹生活的真实面貌时，他把最为真实的画面，用最为朴实的语言白描出来，令人为之深深叹息。

　　这一年多来，汤显祖再不敢口出狂言，再不敢指天骂地，言语品行显得较为谨慎而端正。他也不敢多往外面跑，万一沾染了瘟疫那就全家都要玩完了。

　　正在国家黎民遭受天灾与瘟疫的时候，汤显祖居然时来运转，被吏部提拔为正六品的礼部主事。他在感激涕零之余，喝水不忘掘井人，乃在任命之后的次日一早，便前往紫金山朝拜开国皇帝朱元璋的陵寝。有诗赞曰：

> 寝署三年外，祠郎初报闻。
> 臣心似江水，长绕孝陵云。

（《迁祠部拜孝陵》）

感恩戴德，一派忠臣之感。义同重生，百般崇拜之情。作为大明的臣子，汤显祖就是要忠君爱国，做一番经天纬地的大事业来。

头脑一发热，人就要膨胀，清平世界，朗朗乾坤，舍我其谁也！

热血喷涌的六品官员汤显祖，于是要时不我待地上疏说事。以前咱太笨，经常把好些智慧的点子，在酒席宴会上说给旁人听，非但没有捞到好处，反而落下了好多话柄。如今咱就要直接向皇上上疏，借以表达我的一片忠心，传递我那位卑不敢忘国、忧国忧民的情怀。

万历十八年（1590）六月，虏酋与火落赤部起兵攻打西北边防洮州，炮火响处，李联芳副总兵阵亡。北京城中大为震撼，万历皇帝与辅臣们紧急商议应对政策，兵部官员皆义愤填膺，主战歼敌，只有申时行坚决主和谈判，而皇上最终采用了主和政策。

朝野知情之后，愤愤不平者居多。兵部张贞观很快就请求圣上强硬战守，不必笼络求和。山西道御史万国钦弹劾申时行私通外敌，贪污受贿，这是十足的欺君误国之举。

可是万国钦的弹劾非但没有被采用，反而引起了朝廷的不悦。上头立马将其降级使用，调任剑州判官。寒冬腊月，在万国钦前往剑州，经过南京时，汤显祖对这位江西老乡、同年举人十分敬重。他请客相送，赋诗相赠云：

> 紫气通华岳，黄图辟草莱。
> 地遥金柱接，天广玉门开。
> 雪岭燕支逼，湟池曳落回。

安攘余上策，驾御失雄猜。

世数鸣沙积，风烟垒壁摧。

奸阑嫌说剑，断道怯行枚。

倍有金缯去，毫无善马来。

市和虚内帑，买爵富中台。

醉吏囊谁问，疲儒毂浪推。

虏王迎后佛，胡妇戏前媒。

席暖戈犹枕，盟寒堑欲灰。

饮河清渭赤，食月白星灾。

万里城危甃，三公网数恢。

借筹沉汉幄，折槛起云台。

字挟披肝苦，章飞战血哀。

叫阍心展转，卧阁语徘徊。

鬼谒能炀日，神奸不畏雷。

绣衣翻远影，封事委浮埃。

墉隼掀难下，台乌落未回。

敌人乘障舞，壮士隔河哈。

……

（《万侍御赴判剑州，过金陵有赠》）

汤显祖早在《寄万二愚》信中，盛赞"读兄大疏，甚善。一不负江西，二不负友，三不负髯！"这首长诗更是极大地声援了万国钦的大义与正义之举，对权相申时行卖官鬻爵、勾结边敌的种种勾当予以了声讨。

尽管"神奸不畏雷"，但是老天爷的报应还是即刻到来了。万历十九年（1591）闰三月初四，代州地区彗星陨落，天雷如鼓。三月初九，大星流火，自东南而逝于西北。

天怒人怨之际，古之贤君往往心存敬畏，下罪己之诏。但是万历皇帝却在权相辅臣们的挑唆之下，在闰三月十四日的邸报上刊发圣谕，恼羞成怒地认为这都是言官们惹出来的大祸：

天垂星示，群奸不道。汝等职司言责，何无一喙之忠，以免辱旷之罪？汝等于常时每每归过于上，市恩取誉，辄屡借风闻之语，讪上要直，鬻货欺君，嗜利不轨。汝等何独无言，好生可恶！且汝等岂不闻宫府中事皆一体之语乎？何每每以搜扬君恶，沽名速迁为？汝等之职，受何人之爵，食何人之禄？至于长奸酿乱，而旁观避祸，无斥奸去逆之忠，职任何在？本都该拿问重治，姑且从轻各罚俸一年。吏部知道，钦此。

（《明实录》卷二三四）

皇上一发怒，言官都颤抖。薪水停一年，人人皆无有。

在官场上人人自危、噤若寒蝉之时，汤显祖却偏偏逆流而上，他天真地以为自己发声的时候到了，建功立业，在此一时。经过深思熟虑之后，汤显祖一挥而就，精心炮制出了两千余言的《论辅臣科臣疏》，上书皇上，指斥奸臣：

夫臣子本心，自有衷赤；权利蒙之，其心始黑。非必六科（即吏、户、礼、兵、刑、工六科给事中）十三道（明朝分全国为十三道）尽然，特一二都给事等，有势利小人，相与颠倒煽弄其间耳……言官中贿嘱附势，盛作不忠之事。蹿窃富贵者，往往而是。年升闰升以为例，固然矣。故此辈不知上恩，专感辅臣。其所得爵禄，若辅臣与之者。虽他日有败，今日固已富贵矣。

上疏中直接点了辅臣申时行的名字，认为"陛下威福之柄，潜为辅臣申时行所移，故言官向背之情，为时行所得耳"。都是申时行在欺上瞒下，误导乾坤。

此外，他还将申时行的门生、科臣杨文举予以检举揭发，对胡汝宁予以了无情之嘲弄。

最终，汤显祖胆大包天地对万历皇帝的二十年朝政予以了整体上的否定："陛下经营天下二十年于兹矣。前十年之政，张居正刚而有欲，以群私人嚣然坏之；后十年之政，时行柔而有欲，又以群私人靡然坏之！"

无论是张居正也好，还是申时行也好，不管或刚或柔，都是私心太重，结党营私，所以朝廷这才积弊太多，无法振兴。

一道《论辅臣科臣疏》上奏朝廷之后，汤显祖天下驰名。可是等着他的，非但不是赏赐嘉许，而是训斥贬职。

五月初三,万历皇帝下诏定论：

> 汤显祖以南都为散局，不遂己志，敢假借国事攻击元辅。本当重究，姑从轻处了。卿等说与元辅，不必以浮言介意。卿等俱安心供职。

> （《明实录》卷三九五）

五月十六日，御旨再下，将汤显祖贬到雷州半岛上的徐闻县担任典史。

身为六品礼部官员的汤显祖，只因为仗义执言，得罪了权臣，惹恼了皇上，一下子又坠落云端，被发配到天涯海角去也。

第十六章 南下徐闻之路

　　如前所述，五月十六日御旨下达后，汤显祖要先回临川安排家事。邹元标、沈瓒等几位朋友将他送上船，各自挥泪而别。

　　沿途经过宣城、芜湖，汤显祖又上岸回访了开元寺和敬亭山。昔日里朋友们青春作伴，诗酒相乐，何等令人眷念。可是现如今龙宗武早被革职为民，沈懋学更是早赴阴曹地府了，只有姜奇方在杭州担任通判，梅禹金在北京国子监悟道，自己也成为遭到贬谪的小小典史。要不是未过门的儿女亲家刘应秋为自己多方周旋，也许自己还有削职为民的遭遇。

　　思想到此，汤显祖不免凄然泪下，伤心至极。

　　伤心过度之人，心情郁闷之感，郁积在心，难于排遣。正值暑热的天道，出汗吹风，毛孔紧闭，使得汤显祖一回到老家就再也支持不住，患上了重度疟疾。

　　四个月来，忽冷忽热，有时高烧阵阵，如入火山，有时寒战频频，如堕冰库之中。醒时睡，睡时醒，忽而噩梦沉沉，痛不欲生，忽而四体疼痛，头痛欲裂。有次他做梦，梦见自己在斑驳的月色之中，忽然变成了才一尺高的侏儒，怎么也叩不开门环。正在万般无奈之际，幸亏父亲过来帮他解了围。

百多天来的折腾，汤显祖心神恍惚、万念皆灰，有时候连想死的心都有了。可是随着天气的转凉，福大命大的汤显祖又逐渐缓过劲儿来。缓过劲儿来就得要作为贬官上任去，再行拖延可就又要受到朝廷的惩处了。

九月初汤显祖离开老家，从抚河登船起行。先后赶过来送他的老友中，帅机与他相看黯然，杨柳依依，别情依依。

周宗镐已是花甲之人，终生都没有中举，这次也在别人的搀扶之下，颤颤巍巍地过来相送。尽管汤显祖被贬南方，毕竟还是朝廷命官，而周宗镐的仕途之路，真个是"他生未卜此生休"，日暮途穷，生离死别，尽在深深的作揖之中！

船至广溪，汤显祖上岸拜祭外祖父，并与舅舅和表弟们一一话别。人生艰难，珍惜血缘，此行岭南，生死未卜，真的是与亲戚们泪眼相看，看一次少一次。

经过南城的从姑山，这是汤显祖十七岁时到罗汝芳的"从姑山房"求学的地方。一线天的景观还在，步天桥的豪情全无，只因三年前罗师去世，便应了物是人非事事休之说。抬望眼，罗师当年所题写的"飞鳌峰"三字仍在，但是独占鳌头、一飞冲天的豪情却灰飞烟灭也。

当年的同学们，如今韶华不再，秋光蔓延，于是汤显祖在《入粤过别从姑诸友》一诗中黯然感叹："世上浮沉何足问，座中生死一长嗟！"人生天地之间，只有生死方是大事，其他，何足道哉？

船至广昌，陆行宁都，再经水路到赣州，最终抵达章水之源的南安府大庾岭。

南安府的设立，源自元顺帝至正二十五年（1365），朝廷改南安路为南安府，府治大庾（今江西大余县），领大庾、南康（今江西赣州市南康区）、上犹（今江西上犹县）三县。明武宗正德十二年（1517），又将上犹县的崇义、上堡、雁湖，南康县的隆平、尚德，还有大庾县的义安、聂都、铅厂等地归拢起来，建置崇义县，皆属南安府管制。

中国版图的南北分界线是以秦岭作为"北岭"的标志，而由大庾岭、骑田岭、都庞岭、萌渚岭、越城岭"五岭"集结而成的"南岭"，则是跨越赣粤两省的标志。以此往南，便是人们所习称的岭南。

早在秦王朝时期，便在"五岭"开山筑"三关"（横浦关、阳山关、湟鸡谷关），大庾岭的横浦关便成为"南扼交广，西拒湖湘，处江西上游，拊岭南之项背"的军事隘口，也是历代中原百姓躲避战难、一路南迁的重要通道。"以庾胜戍守"名为大庾岭，"以梅锅得名"便称梅岭。

大唐开元四年（716），广东韶关人张九龄上书奏请打通大庾岭皇家驿道，并在圣旨批复后用了一年多的时间，将大庾岭全线贯通，大庾岭驿道成为我国南方现存最长的古驿道，如果把它比成是后世的"京广线"，也毫无夸张之处。张九龄《开凿大庾岭路序》中所演的"坦坦而方五轨，阗阗而走四通。转输以之化劳，高深为之失险"，皆是实际情况的描摹。"南来车马北来船"，从南安府到赣州，便一跃而成为长江、珠江、闽江三大流域的交通枢纽。

同时，大庾岭也是前往岭南流放官员的必经之地。从张九龄、宋之问、刘长卿、韩愈、苏轼、黄庭坚、文天祥到汤显祖，人人都有一笔贬谪的血泪账。

宋代元符三年（1100），宋徽宗赵佶嗣位之后便大赦天下，六十五岁的苏轼从岭南前往廉州安置，在大庾岭客栈与店主重逢，悲喜交集地写下了《赠岭上老人》："鹤骨霜髯心已灰，青松合抱手亲栽。问翁大庾岭头住，曾见南迁几个回？"

如今，汤显祖又走上了经过大庾岭贬往岭南的路程。明月在天，贬客在山，他在《秋发庾岭》的五言律诗中写道：

枫叶沾秋影，凉蝉隐夕晖。
梧云初暗霭，花露欲霏微。
岭色随行棹，江光满客衣。
徘徊今夜月，孤鹊正南飞。

愁肠百转之际，人道南安府后花园景致甚好。汤显祖乘兴而访，但见府衙后院，又是一番风光。信步游来，只见牡丹亭、芍药栏、梅花观掩映在亭台水榭、丛林绿荫之间，风景俨然，颇为好看。一时间陶醉于其间，恍然不知所在。

正忘情流连之间，忽然有数位伙计过来。不一会儿，伙计们用斧子、锯子、绳子等物，竟然将东墙角落长得好好的一棵大梅树砍伐在地。绿树荫中毁绿树，风景之地煞风景，使得汤显祖深觉无趣。一时间好奇心起，便过去询问缘由。

世间万物，俱是机缘巧合。汤显祖不问则已，一问便由此发端，创作出了人类文化史上的经典之作，成就了其"玉茗堂四梦"中的皇皇大作《牡丹亭》。

原来偌大的一座南安府衙后花园，却是一处经常闹鬼之地。话说前任杜太守单生一女，百般娇宠。小姐长大成人，情窦初开之后，便与其心上人在后花园幽会，卿卿我我，须臾难分。

此事一旦被老父亲发现，便怒火中烧，大发雷霆，棒打鸳鸯两离分。小姐自此为情所困，相思成疾，乃将自己的美好春容画成肖像，藏于紫檀盒中，埋在梅树之下。不多久，小姐抑郁而亡，香消玉殒，也葬于梅树之下。但其怨气所在，浓情未泯，一缕香魂非但未曾飞逝，反而每逢月黑风高夜，黄梅风雨天，便依附在这梅树之上，树叶沙沙响，花枝可劲摇，仿佛在不停地惨叫"魂兮归来""还我魂来"……

现任太守原本睡眠尚好，但在听到这一故事之后，从此也就时常黄夜惊醒，不得安眠。万般无奈之下，他也只得雇请伙计们前来，将这棵梅子累累但却惹是生非的硕大梅树，索性一举砍断，以绝后患，冀得安心也。

联想到也曾在赣州做过官的南宋著名学者洪迈（著名戏曲大家洪昇的先祖）的《夷坚志》，其中也记载过南安府官宦人家小姐与情人幽会的故事。古有书籍记载，今有传说可证，汤显祖从此便对南安府衙后花园中所发生的故事深信不疑。此情此景牢记在心，便是今后创作《牡丹亭还魂记》的最初契机。

告别了触目惊心、不可或忘的南安府衙，怅然若失的汤显祖继续赶路。他翻越小梅关，在广东南雄县乘船，到了韶关境内的曲江县驿站小驻，又去拜谒了面向曹溪、背靠象岭的南华寺。

相传早在南朝梁武帝天监元年（502），天竺梵僧智药三藏前往五台山礼拜文殊菩萨时途经此地，在曹溪口掬水解渴，深感其水无比甘美，乃溯源而上，来到曹溪。但见山川奇秀中有庄严气象，流水潺潺乃佛山气象，于是谓徒曰：

> 此山可建梵刹，吾去后凡一百七十年，将有无上法宝于此弘化。

因缘一起，口碑流传。韶州牧侯敬中，乃将此事奏于朝廷，请建佛寺。朝廷准其所请，敕额"宝林寺"。南朝梁武帝天监三年（505），宝林寺首度建成。

唐太宗贞观十二年（638），慧能出世，长大后靠打柴为生。后来他投身于五祖弘忍门下，因其慧根聪明，禅宗五祖弘忍便将衣钵传承给他。在南华寺，六祖慧能不仅使得禅宗更加贴近中国化的日常生活，而且在圆寂之后真身不腐，其肉身被称之为除了木乃伊之外，在世界上存在时间最长的人体法相。

汤显祖作为深有佛缘的朝拜者，在此题写《南华寺二首》，诗中云："西天宝林只如此，上有菩提树一株。"面对禅宗祖庭，他"惭愧浮生是宰官"，深感自己蹉跎日月，抱负未展。

别过南华寺之后，汤显祖顺着北江之水，南下英德飞来峡，在一连串险峻非常的峡谷滩头上艰难行船。到了弹子矶、凭头滩一带，他在《凭头滩》中写道："南飞此孤影，箐峭行人稀。鸟口滩边立，前头弹子矶。"人生的险恶和地理位置的险恶，就这样奇妙地融合在一起。

过于紧张之后便颓然入梦，他又梦见了两位发小饶仑和周宗镐。饶仑就是与汤显祖三年同窗同舍、混穿衣服的同学，恰又是同年得中进士，先任广东省顺德知县，后升为御史大人，已不幸身故。汤显祖在南京得知饶仑过世的凶信时，悲痛至极，以至于昏倒在地。他还曾经为其素服素斋，长达半年之久。

至于在老家送他上船的周宗镐，更是一位潦倒失意之人，他怎生也来梦中与他诀别？

一梦醒来，汤显祖便写了《哀伟朋赋》，回忆昔日往事，寄托其哀思与忧思。

过了清远便是广州。汤显祖对广州的都市气象大为感佩，有诗赞曰：

> 临江喧万井，立地涌千艘。
> 气脉雄如此，由来是广州。
>
> 书题小雪后，人在广州回。
> 不道雷阳信，真成寄落梅。

（《广城二首》）

汤显祖既笃信佛教，同时又迷恋道教。离开广州之后，他又到罗浮山访道写赋。

对于大名鼎鼎的罗浮山，汤显祖早有所闻。他的岭南好友祁衍曾是东莞人，读书甚晚，游历心重，尝欲纵观四方名胜山水，任意所之。曾在游武夷山、白鹿洞后，困于南昌，作乞食文，汤显祖见而奇之，遂与订交。这种青年时期的好友，那是可以相托终生的真情厚谊。早在万历五年（1577），汤显祖便作有《红泉卧病怀罗浮祁衍曾》："卧病红泉石，梦寐朱明山。……知子住罗浮，四百几峰峦。……相期在友道，控鹤且停鸾。倘便梅花使，行寄玉箱丸。"

可是，相托终生又谈何容易。就在汤显祖贬官南行之时，这对本可以在岭南相会、罗浮山携手的朋友，却又永世不得相见了。因为母亲过世，祁衍曾伤心过度，也跟随母亲，一命归天了。汤显祖此行，还特意找到祁家，对其遗孤表达抚恤。他又在《惜东莞祁生》中哀悼道：

> 谁能意气浅，偶尔烟花深。
> 今日罗浮子，来伤江海心。

没有祁衍曾的游历还得进行，因为祁衍曾多次对罗浮山作过热情洋溢的介绍，这令汤显祖一直以来心驰神往，恨不得肋生双翅早日飞来。据说蓬莱的仙山，从会稽一代漂浮过海，到了此地雄踞矗立，是为罗浮山的来历。

还好有南海知县崔子玉和东莞的翟从先一路同行，登山的事也才显得热闹。第一天，他们在道家第七洞天朱明曜真馆歇脚。次日冒雨来到玉女峰下的冲虚观，寻访苏轼题过字的"稚川丹灶"，这里正是葛洪炼丹的遗址。

罗浮山山高景多，鸟道难行，第二天崔子玉就不克陪同了；第三天翟从先跟不上汤显祖的步伐，也中途下山了。

汤显祖只得在道士的引领下，到黄龙讲堂和湛公楼凭吊思想家湛若水（1466—1560）的遗迹，到罗浮山的顶峰飞云顶去拜祭罗浮君。在《游罗浮山赋》中，汤显祖自道"从数羽衣人芰蕴而上，鸟道二十余里，回翔眩视，草树飞走，光气有异，非所经识，意谓灵境""罗山上直百粤之精，旁罗赤溟之气。轩辕以降，隆为粤岳矣"。他对仙山灵境罗浮山的顶礼膜拜，可以说到了极致。

下山之后，汤显祖又兴致盎然地去了南海、香山和澳门。

澳门的风土人情，与大陆颇多不同。他先是看到了葡萄牙商人的生活状态、着装打扮和航海贸易的特点，《香澳逢贾胡》中说："不住田园不树桑，珴珂衣锦下云墙。明珠海上传星气，白玉河边看月光。"

对于豆蔻年华、柳眉花面的葡萄牙少女，汤显祖审美的新异感觉更为奇妙。他在《听香山译者》之二中描述道："花面蛮姬十五强，蔷薇露水拂朝装。尽头西海新生月，口出东林倒挂香。"

有论者说"尽头西海"是说葡萄牙地处欧洲最西端，此语与葡萄牙文学之父贾梅士的《葡国魂》诗作之"陆终于此，海始于斯"表述相互参照，至少也是异曲同工。

澳门之行，给汤显祖留下了深刻的印象。在《牡丹亭》中，便出现了大三巴多宝寺住持如此这般的台词：

一领破袈裟，香山墺里巴。多生多宝多菩萨，多多照证光光乍。小僧广州府香山墺多宝寺一个住持。这寺原是番鬼们建造，以便迎接收宝官员。兹有钦差苗爷任满，祭宝于多宝寺菩萨前，不免迎接。

澳门行之后，汤显祖又去游览了涠洲岛。他在《阳江避热入海，至涠洲，夜看珠池作，寄郭廉州》中云：

春县城犹热，高州海似凉。
地倾雷转侧，天入斗微茫。
薄梦游空影，浮生出太荒。
乌艚藏黑鬼，竹节向龙王。
日射涠洲郭，风斜别岛洋。
交池悬宝藏，长夜发珠光。
闪闪星河白，盈盈烟雾黄。
气如虹玉迥，影似烛银长。
为映吴梅福，回看汉孟尝。
弄鮹殊有泣，盘露滴君裳。

世人皆知珍珠之美，佩戴在身上珠光宝气何等高贵，可是汤显祖一句"盘露滴君裳"的描摹，便将珍珠之美乃是点点珠泪汇聚的真相，袒示在世人面前，足以令人心生怜悯。

在周边游历许久之后，汤显祖这才到了此行的终点站——徐闻县。

第十七章 移风易俗办书院，亦步亦趋看海南

徐闻县地处中国大陆最南端的天之涯，碧绿的海涛由东、西、南三面怀抱着徐闻，是特别典型的海之角。东面临南海，西濒北部湾，南隔琼州海峡，与海南岛一衣带水，隔洋相望。

此地在虞舜时属扬州徽外，夏禹时为荆扬南裔，周武王时属扬越，春秋战国时属楚国百越，秦时归象郡，西汉初年属南越。最早在汉武帝元鼎六年（前111），由伏波将军路博德平定南越，始设徐闻县。

本县的知县熊敏也是江西老乡，他对远道而来、文名颇大、才情颇高、敢上书向首辅叫板的汤显祖自然十分客气。徐闻县的典史，对您汤显祖而言，也就是一个闲职，您先熟悉情况，想看什么就看什么，该干什么就干什么去吧。

话说岭南地大物博，陆海咬合，山水耸峙，白浪滔天。作为旅游胜地，可以见识许多天涯海角一般的奇观；但是作为久居之地，就外来人口而言，那就较难服水土、应气候。也是因为天之南的地理位置，此地热带传染病较多，瘴疠之地，蚊叮虫咬，人也不堪其扰，病也不绝于缕。

邹迪光在《临川汤先生传》中说："徐闻吞吐大海，白日不朗，红雾四障。猩猩狒狒，短狐暴鳄，啼烟啸雨，跳波弄涨。人尽危公，而公

夷然不屑，曰：'吾平生梦浮丘、罗浮、擎雷、大蓬、葛洪丹井、马伏波铜柱而不可得，得假一尉，了此夙愿，何必减陆贾使南粤哉！'"①

分明是地势险恶之地，汤显祖却淡然处之，非但不存惧怕之心，反而颇多仙风道骨之思。既来之则安之，那就体察民情吧。

此地多台风、地震、雷鸣、海啸。隋唐以前是土著民居多，宋元以来逃避战乱，外迁过来的人也不少。面临相对恶劣的自然环境，大家看透了生死，却重视荣辱，故此民风彪悍，勇武善战，轻生好斗，不怕死亡。有人笑称徐闻乃雷公的发源地，当地的民风也裹挟着风雨雷电，暴烈激越。至于读书之人，礼仪之教，一向与此地关联不大。

了然于此之后，汤显祖深知，严重的问题是要教化百姓，普度众生。正好熊知县在县衙之外，给汤显祖安排了一间房子，汤显祖便在寓所接纳弟子，讲授学问，并将讲堂称之为贵生书院。

一时间，汤显祖旨在培养青年才俊的愿望，在徐闻半岛上流传开来，于是一人传十，十人传百，来此学习新知识新文化的人越来越多，眼见得小小的寓所就接纳不下了。

还好此时汤显祖接到了一笔生活补贴，还好老乡熊知县那么支持汤显祖。京官刘应秋也曾写信给熊知县，让他关照同乡之人。从县衙管理的角度看，当地要是多一些知书达理的人，地方上便更加太平。于是熊县官便与汤显祖捐资办学，正式建立了"贵生书院"。

所谓"贵生"，便是肯定人的生命价值，倡导诗书礼仪的人生。以"其地人轻生，不知礼义"，据"天下之生皆当贵重"的观点，为书院取名"贵生"。

汤显祖在《与汪云阳》信里说："其地人轻生，不知礼义，弟故以贵生名之。"他还专门撰写了《贵生书院说》和《明复说》，强调"天地之性，人为贵"，意图继承并且发挥老师罗汝芳的"赤子之知"。

汤显祖在徐闻任典史时，还专门撰写了《为士大夫喻东粤守令文》和《为守令喻东粤士大夫子弟文》，将"清吏"与"浊吏"予以了不同

---

① 引自徐朔方编《汤显祖诗文集》，上海古籍出版 1982 年版，第 1512 页。

的划分，以"爱人"和"自爱"作为为官的根本，强调为官之人的自律和清正，"其身不正，如正人何？"这也是明代廉吏"以不贪为宝"的著名论文。

在徐闻期间，汤显祖还与当地的资深举人陈文彬一起，前往琼州海南岛去考察。

如前所述，汤显祖在南京国子监的上司之一，是先后担任翰林院编修、国子监祭酒、南京吏部右侍郎的王弘海。王弘海是海南定安龙梅乡人，对家乡的五指山、文笔峰、金鸡岭、马鞍岭和桥头泉等名胜梦魂相思，即使外出为官，依然"每绘图悬小斋中，以当少文卧游"，把家乡的"五胜"景观用青白丝绢绘制出来，并题写了相应的歌咏诗词。

汤显祖在王弘海的书房，看到海南风景画图之后，感叹人世间竟有这美好的山海，便"颇存咏思"，欣然命笔，这才写下了《定安五胜诗》：

> 遥遥五指峰，崭绝珠崖右。
> 纤耸佛轮光，嵌空巨灵手。
> 迭嶂开辰巳，修峦露申酉。
> 天霄烟雾中，海气晴明后。
> 一峰时出云，四州纷娇首。
> 主人毓灵秀，面峰凿虚牖。
> 岚翠古森萧，挥弄亦已久。
> 时从吴会间，离离望北斗。

万历十九年（1591）冬，汤显祖"浮槎"跨海，登上了梦寐以求的海南琼州。他在临高、儋州、崖州（三亚）和万州（万宁）等地都作了考察，并在《徐闻泛海归百尺楼示张明威》诗中歌咏道：

> 沓磊风烟腊月秋，参天五指见琼州。
> 旌旗直下波千顷，海气能高百尺楼。

　　从海口贯通临高、儋州、三亚的古驿道上，古来就有个买愁村（今临高美巢村）。南宋时期的名臣胡铨流放崖州，在此村头留下了"南来怕入买愁村"之语。

　　同临此村，汤显祖却志气高远、情怀博大地在《徐闻送越客临高，寄家雷水二绝》其一中题诗有曰：

> 珠崖如困气朝昏，杳磊歌残一断魂。
> 但载绿珠吹笛去，买愁村是莫愁村。

　　此诗中最精彩处是在末句，他把宋诗中的"买愁"，毅然改为"莫愁"。一字之差，却足以宽慰自己，祛除忧烦，想象着更加美好的人生。

　　在海南考察过程中，汤显祖听到李德裕死后，皇帝曾授命画了一幅遗像，流落在黎人（也可能就是李德裕的子孙）手中，每年还要拿出来晒一次。唐武宗时的贤相李德裕因牛、李党争中受到牵连，先后谪贬为潮州司马和崖州司户参军，最终在海南归天。汤显祖在《琼人说生黎中先时尚有李赞皇诰轴遗像在，岁一曝之》中，感同身受地叹息道："英风名阀冠朝参，麻诰丹青委瘴岚。解得鬼门关外客，千秋还唱《梦江南》。"

　　经过黎族聚居地，汤显祖兴致盎然地写下了风俗长调《黎女歌》，对黎家男女文身、织锦、装扮、对歌和婚嫁等民俗风情多所领略，在仔细描摹之中多有讴歌：

> 黎女豪家笋有岁，如期置酒属亲至。
> 自持针笔向肌理，刺涅分明极微细。
> 点侧虫蛾折花卉，淡粟青纹绕余地。
> 便坐纺织黎锦单，拆杂吴人采丝缴。
> 珠崖嫁娶须八月，黎人春作踏歌戏。
> 女儿竞戴小花笠，簪两银篦加雉翠。
> 半锦短衫花襆裙，白足女奴绛包髻。

少年男子竹弓弦，花幔缠头束腰际。

藤帽斜珠双耳环，缬锦垂裙赤文臂。

文臂郎君绣面女，并上秋千两摇曳。

分头携手簇遨游，殷山沓地蛮声气。

歌中答意自心知，但许昏家箭为誓。

椎牛击鼓会金钗，为欢那复知年岁。

海南岛的标志性树木之一是常绿乔木槟榔，槟榔果不仅是一味重要的中药材，也是广泛流行的咀嚼嗜好品。海南、湖南、台湾、昆明等地的百姓，常常咀嚼槟榔，作为提神防困的寻常果品。汤显祖也曾好奇地品尝过槟榔，自觉清新去热，回味无穷。他在《闻拾之渡琼寄胡宪伯瑞芝》诗中云：

自然琼树不妨琼，能使炎风海外清。

但得槟榔一千口，与君相对卧红笙。

喜爱之情，难以言表；上瘾之感，跃然纸上。咀嚼槟榔之时，看起来口中一片黑红，但其实生津解渴，提神醒脑，妙处无限。

此后，汤显祖在撰写《牡丹亭·圆驾》一出时，还对此物念念不忘：

〔外〕正理，正理！花你那蛮儿一点红嘴哩！

〔生〕老平章，你骂俺岭南人吃槟榔，其实柳梦梅唇红齿白。

汤作《邯郸记》，本事源于唐人沈既济的传奇《枕中记》。传奇原本是叙卢生为相时被同僚所害，皇帝要将其贬"投驩州"（今越南河静省与义安省南部）。汤显祖于彼地不熟，对海南亲切，便轻松改为"远窜广南崖州鬼门关安置"。

打从该剧第二十出的《死窜》，一直到第二十五出《召还》，其剧情发生之处也全放置在海南这块似祸实福之地。也只有从海南触底反弹，卢生才能绝地翻身，得以腾身跳出鬼门关，重新回到金銮殿，一人之下万人之上，丞相之尊诸官伏拜。

《死窜》中有关海南名胜天涯海角的台词有："〔生〕去去去去那无雁处，海天涯。"

第二十一出《谗快》中宇文融言道："崔氏奏免其死。窜居海南烟瘴地方。那里有个鬼门关。"

第二十二出《备苦》卢生与樵夫的对话云："呀，卢生到了鬼门关，眼见无活的也。〔樵〕你是何等人，自来送死。〔卢生〕我是大唐功臣，流配来此。〔樵〕州里多见人说：有大官宦赶来，不许他官房住坐，连民房也不许借他。"

第二十五出《召还》，一度倒霉的卢生，终于等到了沉冤昭雪、钦取还朝之日，他还与本地小吏和土著百姓依依惜别：

〔生〕君命召，就此起行了。

〔黑鬼三人生〕黑鬼们来送老爷。

〔生〕劳苦你三年了。〔会河阳〕地折底走过，琼、崖、万、儋。谢你鬼门关口来，相探。

〔丑〕地方要起老爷生祠，千年万载。

〔生〕要立生祠。立在他狗排栏之上，生受他留我住站。我魂梦游海南，把名字他碉房嵌。

凡此种种，都是汤显祖离别岭南时，那种绝处逢生但又颇感依恋的真实心境之生动写照。他认为自己在海南还是做了些功德，留了些念想的。

从海南返回徐闻，汤显祖对白沙海口记忆犹新。他在《白沙海口出沓磊》诗说："东望何须万里沙，南溟初此泛灵槎。不堪衣带飞寒色，蹴浪兼天吐石花。"

如何评价汤显祖在徐闻的半年业绩呢？

探花刘应秋在《贵生书院记》碑刻中，高度赞扬汤显祖的功德与业

绩云:

余同年祠部汤君义仍，以言事谪尉徐闻。徐闻之士知海以内有义仍，才名久至，则蹑衣冠请谒者趾相错也。一聆馨欬，辄传以为闻所未闻。乃又知义仍所繇重海内，不独以才，于是学宫诸弟子争先北面承学焉。

义仍为之抉理谈修开发欬繁日，津津不厌。诸弟子执经问难靡虚日，户履常满至廨舍隘不能容。会有当道劳饷，可值缗钱若干。义仍谋于邑令熊君，择地之爽闿者构堂一区，书其匾曰贵生书院。义仍自为说训诸弟子。无几，以书来告成事，属余记之。余读其说，穆然有深思焉。即余言何以加于义仍，独概夫所称贵者盖难言之矣。

今夫人有爱倕之指而不自爱，其已灾分数不审而轻重之衡失也。生宁渠一指一隋珠之重哉，非至愚悖谁不知爱，则奈何不明于其所以生而自失其所为贵。是故耳目之于声色，鼻之于芳味，肢体之于安逸，其情一也。然而一之以生一之以死，故凡有生之欲，皆害弥厚，其贵弥薄。子不云乎，人也生也直。孟氏亦曰至大至刚以直养而无害，无害焉之为贵，此所谓生非六尺之躯之谓也，此所谓贵亦非独六欲各得其有宜之谓也。乾父坤母人生貌焉，处忝而为三，岂其血气形骸块然一物便可以忝天地夫？

乾也动直，坤也内直，吾人受寂于坤，效感于乾，质任自然，无有间爽，是谓直养，是之谓知生真性，一凿百欲粉如生乃适以为害。譬之水然，天一之所钟也，万流之所出也，本自洁直无有奰湛之久则不能无易，方员曲折湛于所遇而形易，青黄赤白湛于所受而色易，咸淡芳臭湛于所染而味易。易非性也，易而不能反其本初，则还复疑于自性，人生亦由是也。故善观水者，从其无以易水者而已矣；善养生者，去其所以害生而已矣。心之所欲，如目之有眯，弗袚弗静；如耳之有楔，弗被弗除；学也者，所以被眯被楔而复其聪明之常性者也。是故学不可以已，由盖自学性湮晦道衡割裂，功利之毒渐渍日深，世间薰天塞地无非欲诲吾人，举心动念无非欲根势已极矣。

学者思一起沉痼之积习，反而偕之大道，自非廓然自信其所以生，而奋然有必为此不为。彼之志欲以回狂澜而清浊源此，必不几之数也。诸弟子业闻义仍贵生之说，有如寤者顾恍然觉悟，可不谓旦夕遇之乎？觉矣犹复淫于衷行，浸寻于歧路，而失其所以贵不可谓夫。孟子曰：豪杰望弟子，岂其诸弟子之自待甘于凡民下乎？必不然矣。

义仍文章气节嘀矣一时，兹且以学术为海隅多士矕宗，则书院之与颓吾道明蚀之一关也。是不可无记。

（《徐闻县志·艺文篇》）

关于贵生书院，关于教育宗旨，关于圣人之教化与土著之风俗，关于教育之过程与教化之效果，刘应秋到底不愧为一朝探花，阐述得分外明晰。这篇文章以及汤显祖作为中国著名教育家的贡献和意义，在我们习见的《中国教育史》上尚没有得到充分的认定与比照，这也是今后当可以浓墨重彩地予以增补的重要事件与经典文献。

汤显祖调任浙江遂昌知县，离开徐闻时，他还依依惜别地撰写了《徐闻留别贵生书院》一诗：

天地孰为贵，乾坤只此生。
海波终日鼓，谁悉贵生情。

哪怕汤显祖在离开徐闻之后，也还一直关心着贵生书院的延续与发展，他还致书给徐闻的乡绅父老，拜托他们为子孙桑梓计，继续办好书院。

嗣后，明、清以来的官员父老，皆对贵生书院有所修葺。到了清道光年间，书院已经扩展成为前、中、后三厅，左右廊分设博学、审问、慎思、明辨、笃行、格物、致知、诚意、正心、修身、齐家、治国为匾额。在楼堂馆舍等硬件之外，书院又订立了《贵生书院规条》，就择师、选士、考试、膏火、赏钱等建立制度，作育人才。

自从汤显祖在万历十九年（1591）创建贵生书院后，徐闻学子发奋攻书、科考中举的耕读习惯从逐渐养成到蔚然成风，形成了极为良好的文明态势。书院内《五夫子宾兴》碑云："自明汤义仍先生来徐建书院，而徐益知向学。"

李海珍先生曾经特别有心地根据《徐闻县志》记载予以统计，说自从明洪武元年（1368）至万历十九年的二百二十三年，徐闻考中的举人一共十四人，平均一百年才考上六到七人。

从"贵生书院"创办一直延续到崇祯末年（1644）的五十三年间，徐闻便文运大震，在半个世纪先后涌现出十三名举人。一个轻生打斗的蛮夷之地，居然变成人文荟萃之所，这说明汤显祖的贵生书院，在当时发挥了较大的人才养成与榜样激励作用。

一九六二年，中国戏剧家协会主席、中国戏曲学院首任院长田汉先生，专程到徐闻拜访贵生书院遗址，作诗以纪念汤显祖兴学重教之功云：

> 万里投荒一邑丞，孱躯哪耐瘴云蒸。
>
> 忧时亦有江南梦，讲学如传海上灯。
>
> 应见缅茄初长日，曾登唐塔最高层。
>
> 贵生书院遗碑在，百代徐闻感义仍。

做官不爽，日渐沉沦；改办教育，有口皆碑，这也是人生得失何所在、无心插柳柳成荫的又一段佳话。

第十八章 漫卷诗书，教化黎民

人生如戏，戏如人生。就在汤显祖沉醉于岭南风光、寄情于贵生书院时，朝廷中来了个地覆天翻的大反转，汤显祖也迎来了时来运转的青云梯。

原本曾遭到汤显祖弹劾未成、一向在朝中炙手可热的申时行，如今还是被言官告倒，罢官去也。

在刘应秋等人的斡旋下，贬到徐闻的汤显祖，被改派到浙江遂昌当知县。

汤显祖在《寄傅太常》信中说：

> 委清署而游瘴海，秋去春归，有似旧巢之燕；六月一息，无异垂天之云也。……正弟闲居不如人耳，乃如来教，又忽不自知其不如人也。

据刘世杰考证，这位傅太常就是在万历二十二年（1594）三月十六日担任南京太常寺卿的傅作雨。

汤显祖任遂昌令后，写给《谢陈玉垒相公》说："阁下会昌启运，大录凝祥。……三年待罪，尔庭身素食之惭；一念好贤，王室世衮衣之敬。"这里的"三年待罪"，就是汤显祖自己在徐闻任典史将近三年的又一铁证。从汤显祖万历十九年（1591）五月被贬徐闻典史，到万历二十二年（1594）三月任遂昌令止，汤显祖任徐闻典史的时间就接近三年，精确地说是两年零十个月。[①]

返程途中，汤显祖在经过端州（今肇庆）的时候，还在仙花寺碰到过两位西方传教士，并且与他们进行过交谈。有诗为证，诗题曰《端州逢西域两生破佛立意》：

> 画屏天主绛纱笼，碧眼愁胡译字通。
> 正似瑞龙看甲错，香膏原在木心中。
>
> 二子西来迹已奇，黄金作使更何疑。
> 自言天竺原无佛，说与莲花教主知。

关于这两位西域传道士，徐朔方先生认为是意大利神父利玛窦和石方西（特·彼得利斯），龚重谟先生认为是葡萄牙传教士苏如汉、罗如望（《汤显祖大传》第115—116页）。通过彼此之间的沟通，汤显祖认定他们是官方派来的宗教使节，也与他们对于印度佛教的存亡问题予以了讨论。

在其"北返重越大庾岭"时，汤显祖又曾与大庾本地人、当年一起赴京会试的好友谭一召相遇。他们都有着"上疏得罪权臣，被贬"的历史，他们又来到南安府后花园畅谈"梅树成精、牡丹还魂"的故事。汤显祖创作《牡丹亭还魂记》的情结已经铸成，何时动笔，那只是时间问题。

从典史到县令，从海南到江南，汤显祖还是具备白日放歌须纵酒、漫卷诗书喜欲狂的美好感觉。他在《新归偶兴》诗中写道：

---

① 刘世杰《汤显祖被贬徐闻典史时间考略》，《中国社会科学报》2014年11月6日。

越江初服映春丝，深院炉香隐几时。

雨气夜薰青菌出，烟波晴浣白鸥知。

逍遥正自投穷发，混沌何须与画眉。

最好东陂事田作，农歌幽谷远相宜。

　　遂昌是地处浙西南地区的县治。此地夏、商、西周时属越，春秋属姑蔑，战国越亡属楚；秦一统天下之后属会稽郡太末县；东汉献帝建安二十三年（218）孙权分太末县南部地始置遂昌县。

　　该县风景优美，地势高耸，素有"世外桃源数谪仙，九山半水半分田"之称，全部山地都属于仙霞岭脉的一部分，西南高峻险要，东北略显低下。九龙山、南尖岩、白马山、牛头山、风门山等五座山体构成了基本的地貌格局，是个特别典型的山地县。九龙山主峰海拔最高为一千七百二十四点二米，黄基坪尖海拔为一千七百一十九米。超过一千五百米的山峰共计三十九座，超过一千米的峰峦计七百零三座。海拔最低的龙鼻头水口为一百五十三米。

　　说来也巧，汤显祖早在少年时代，就跟着徐良傅先生研习周易，用的就是宋代龚原先生的《周易新讲义》教材。

　　龚原（约1043—1110），字深之，一作深父，号武陵，遂昌本县马头庄（今云峰镇）人。宋嘉祐八年（1063）中进士。元丰年间（1078—1085）任国子直讲，被虞蕃诬控失官。哲宗即位后官复国子监丞，迁太常博士。绍圣（1094—1098）初，召拜国子司业，旋兼侍讲，迁秘书少监、起居舍人，擢工部侍郎。御史中丞安惇论其直讲时事，委以集贤殿修撰，知润州（今江苏镇江）。徽宗时任秘书监、给事中。因对哲宗丧服事持异议遭贬，出知南康军，改寿州。三年后复任修撰、知扬州，历兵、工二部侍郎，授宝文阁待制，知庐州（今安徽合肥）。后又因谏官陈瓘抨击蔡京事牵累，落职和州（今安徽和县）。后起任亳州（今安徽亳州市），卒于任，终年约六十七岁。

　　龚原年轻时曾师从王安石，后来是王安石变法的积极参与者。作为一代大儒，先后著有《易讲义》《续解易义》《周易图》《春秋解》《论语解》《孟子解》《文集》《颍川唱和集》等。

风水轮回，流年暗转，换了人间。如今汤显祖有幸在龚原先生的故乡担任父母官，也真是师承渊源、衣钵学缘的最好体现。

深山老林中的县治，尽管风景如画，可是偏僻莫名，人丁也十分稀少。举县人口，不过两万余众。文庙讲堂，荒废日久。

严重的问题是教育百姓，于是汤显祖开始抓书院工程。他在与同仁巡回查访之后，又征求了苏老秀才等地方贤达的意见，查看风水，找寻文脉，几番斟酌，终于选址在瑞牛山麓侧的秀美之地建设书院。

工匠乡亲们人多势众，大家伙齐心合力，好事就办得快。书院从春夏之交开始营建，到了夏秋之际便正式竣工。从大门进来，经过小桥流水，便是书院二门，登堂入室，可以为学也。于是，可以供老师从容教学、六十多位学生安心寄宿的官办"相圃书院"，就这样体面地矗立起来。

考虑到书院还要有比较稳定的收益来支撑，师生们也要减少经济上的后顾之忧，汤显祖还将城隍庙和寿光寺的二十五亩租地，划拨给相圃书院使用。其《给相圃租石移文》云："为育养学校以垂文化事，万历二十二年八月十八日，据本县儒学廪增附生员徐荣、李春芬、华牧良等呈称，'台下创建射圃，陶镕士类，千载奇遇。复蒙发租资给修葺，已经学师会议：递年诸生在圃肄业，轮推一人管收前租。除葺屋宇外，余租照数分给诸生膏火之助'等情到县。"

营建这一体面书院的经费从哪里来？首先是汤显祖又把自己俸禄的一部分捐献出来，其次是从诉讼处罚的罚款中拨钱过来，最后是"学租三千钱"加以补足。

书院从《千家诗》启蒙教起，再引上四书五经的正道。汤显祖得闲时，甚至还为学员们批改文章。

为了学员们和老百姓作息有常，汤显祖还在城东报愿寺重修钟楼，甚至还曾亲自敲钟，督促大家早睡早起，耕读有节。

遂昌县的学统文脉，就这样有效地延续起来。读诗书而知礼仪，文化氛围就这样通过书院的兴办而渗透到百姓的生活习俗和价值取向中去了。

书院学堂的教育，只是社会教育的一个方面。作为堂堂县令，除了日常审案之外，还要随着季节促进生产，确保老百姓的生活需求。

一年之计在于春。每逢春耕时节，时间不等人，汤显祖就停止了日常诉讼、停止了徭役税务，一心一意扑在农耕生产上。在代表县衙门颁发农耕令的同时，汤显祖还会在立春之前的一天，带着一干人等，到田间地头去送米酒、打春鞭、赠花枝，激励大家从事生产活动。

遂昌民俗"打春鞭"，是将五谷盛于口袋之内，并用纸糊成春牛形状，再由一干人等装扮成象征丰收的"勾芒神"。县官大人先用春鞭示范性地抽打春牛，勾芒神和大家也随后一拥而上，将纸糊的春牛打破，露出肚子里头五谷丰登的丰收景象。有的地方，来不及糊纸牛，那就鞭打象征意义上的"土牛"。此后，县官带来赶牛的春鞭，也会一一发给大家，激励大家加紧生产，莫负大好春光。

田间劝农，虽然辛苦，却也官民一心，兴致盎然。汤显祖在《班春二首》中歌咏道：

今日班春也不迟，瑞牛山色雨晴时。
迎门竞带春鞭去，更与春花插两枝。

家家官里给春鞭，要尔鞭牛学种田。
盛与花枝各留赏，迎头喜胜在新年。

《牡丹亭·劝农》的民俗背景也取材于遂昌，整出戏都是汤显祖当年劝农情形的诗画之写照：

【夜游朝】〔外引净扮皂隶，贴扮门子同上〕何处行春开五马？采邪风物候秾华。竹宇闻鸠，朱辔引鹿。且留憩甘棠之下。【古调笑】"时节时节，过了春三二月。乍晴膏雨烟浓，太守春深劝农。农重农重，缓理征徭词讼。"俺南安府在江广之间，春事颇早。想俺为太守的，深居府堂，那远乡僻坞，有抛荒游懒的，何由得知？昨已分付该县置买花酒，待本府亲自劝农。想已齐备……【长相思】你看山也清，水也清，人在山阴道上行，春云处处生。〔生、末〕正是。官也清，吏也清，村民无事到公庭，农歌三两声。〔外〕父老，知我春游之意乎？

【八声甘州】平原麦酒，翠波摇蘴蘴，绿畴如画。如酥嫩雨，绕塍春色菰苴。趁江南土疏田脉佳。怕人户们抛荒力不加。还怕，有那无头官事，误了你好生涯。领了酒，插花去。〔老旦、丑插花，饮酒介〕〔合〕官里醉流霞，风前笑插花，采茶人俊煞。〔下〕〔生、末跪介〕禀老爷，众父老茶饭伺候。〔外〕不消。余花余酒，父老们领去，给散小乡村，也见官府劝农之意。

送去花酒，鞭打春牛，赠送春鞭，都是为了促进大家的生产效率，唯恐土地闲置抛荒，误了一年之大计。哪怕父老乡亲呈上饭菜，官府也坚决推辞不吃。清正廉洁、行政高效，这正是汤显祖的自我要求。

对于社会底层特别是对于狱中犯人的感化和教育，也是汤显祖做得格外成功的地方。他常常给囚犯解除脚镣手铐，给伤者治伤吃药，劝善惩恶，该打者打，打伤者治，两不耽误，大家莫不心服口服，感激涕零。

纵囚元宵观灯，遣犯除夕度岁，这是遂昌县令汤显祖影响较大、口碑极好的两大佳话。

汤显祖博览群书，对唐太宗李世民感化死囚犯的功德记忆犹新。

那是大唐贞观六年（632），都城长安的死刑犯累计共有二百九十人之众。当年岁末，李世民慈悲为怀，恩准这些囚犯各回其家，告别家人，办理后事，且待来年秋天行刑季节，再回监狱执行死刑。这些囚犯感恩戴德、千恩万谢地回家之后，次年秋天尽数回来，心满意足地情愿受刑。别有史书记载，李世民又发善心，不杀这些言而有信的死囚犯，令他们各自回家，改过自新去了。

从唐太宗的"缓死之约"出发，遂昌县令汤显祖，在春节期间视察本县监狱时发现，年关时刻，正值万家欢庆之时，无论监狱提供的饭菜有多好，囚犯们总是唉声叹气，打不起精神来。

万历二十二年（1594）元宵之夜，天上一轮满月，人间灯火辉煌，遂昌城里一派歌舞升平的气象。县令汤显祖在观灯赏月之余，忽发恻隐之心，乃命狱中犯人梳洗干净，换上衣服，前往平昌河桥（济州桥）上观看花灯，同享升平之乐、节日之喜。汤显祖眼看人犯们兴高采烈的样子，即刻赋诗一首，是为《平昌河桥纵囚观灯》：

> 绕县笙歌一省图，寂无灯火照园扃。
> 中宵撤断星桥锁，贯索从教漏几星。

有了这次皆大欢喜、绝无闪失的经验，汤显祖在次年除夕，又开始了仁心善举的第二部曲。他让牢狱里头的所有囚犯，在除夕之夜都归家过年，直到三天之后，再重新归监收押。

汤显祖自己又有诗《除夕遣囚》诗证曰：

> 除夜星灰气烛天，酴酥销恨狱神前。
> 须归拜朔迟三日，滥见阳春又一年。

作为一介县令，除夕期间公然违反《大明律》，纵囚归家，这其中的风险太大了。万一这些囚犯当中，有一人不回来收监，那么县令汤显祖自己，也就面临着收监的风险了。

少年时代的朋友姜耀先，在得知汤显祖的这些危险之举时，曾经善意地提醒他，要当心意外，免人物议，一有闪失，非同儿戏。

就拿唐太宗的"缓死之约"来说，后世也有不少非议。宋代的江西老乡欧阳修就认为唐太宗此举违反法度，不乏沽名钓誉之心。贵为皇上，尚有人有所微词，你一个小小的七品芝麻官，不是在拿自己的前程开玩笑吗？何况遂昌山深林密，峰高路险，一旦囚犯遁入山林，你官兵捉强盗，就是再有能耐也找寻不到啊！

还好汤显祖纵囚的善意和义举，感动了众囚犯，也感动了囚犯的家人。初四一到，所有囚犯尽数回归监狱。人心都是肉长的，好县令这样优待他们，他们再糊涂再无情也不能辜负了县令的好意，更不能亏待了汤先生的一片仁爱之心。汤显祖的"有情之世界"，正是在此基础上构建起来的理想王国。

作为一位不按照常理出牌、常怀仁爱之心、构建有情人生的县令，新官上任三把火，汤显祖还有多少妙招要出、多少要事要理呢？

第十九章

严打双虎的艰难之举

做官不易，在任上，面对公众做好人不容易，面对坏人做恶人更不容易。

兴办书院、大兴教育，这样的好事确实好做，但是汤显祖也要自己拿出俸禄来支持，亲力亲为、劳神费力，一路做来，又谈何容易？

纵囚观灯、放囚过年，尽管风险极大，若能没有半点闪失，总还是会博得大多数人的钦佩的。这不仅是魄力的体现，也是爱心的呈现，更是社会教育的理念与实践的双重成果。

遂昌地界，峰峦叠翠，山深林密。各种飞禽走兽形成了完整的生态群落，其中处于生态链中最高地位的凶猛动物——占山为王的老虎也应运而生，蔚为大观。

春温夏育，秋收冬藏。等到冬季，大雪皑皑，严冰封山，众多的小动物冬眠的冬眠、穴居的穴居，都不出来与严寒抗争。于是，老虎家族的口粮危机就凸显出来。作为食肉动物，漫山遍野，四顾茫茫，到哪里去找新鲜的活体动物？

找不到动物，那就冒险到深山老林边缘的村庄去寻访，占山为王的老虎也只得铤而走险，去搏杀作为万物之灵的人类。

作为当地的最高行政长官，汤显祖在《遂昌县灭虎祠记》生动地记述道：

> 癸巳冬十月，虎从东北来，甚张。

万历二十一年（1593）初冬，大家都在疯传，说有老虎从东北的山林中窜到村落附近，气势汹汹，不可一世，甚是张狂。

"忽梦指有二碎迹，登堂，有言虎啮其乡西牧竖子。"是夜，汤显祖梦到某处有轰然破碎之遗迹，欲去查看，又不得分明。次日上堂问事，才知道确实有老虎，吃掉了西边乡村的两位牧童。

"予叹曰：'予德不纯，气之不淑耶？予刑不清，威之不震耶？何以忝气如是！'"作为县令，汤显祖为此深深地自责："难道是我的品德不够纯粹，官气不够淑美吗？难道是我断案用刑不够清明，导致官威不振万物不惧吗？却为何导致猛兽咆哮，山林震撼呢？"

"下令将以十月望吉告城隍之神。文曰：'吾与神共典斯土，人之食人者吾能定之，而不能于止虎。民曰有神。夫虎亦天生，贵不如人，神无纵虎，吾将杀之。'"十月初冬，选定了良辰吉日，汤显祖写就祭文，呈献给城隍庙的老爷。文章说："城隍老爷啊，咱俩共同掌管着这片土地，人间那些吃人的老虎，我可以收拾平定。但是山林间的老虎，我就管制不了。有人说老虎是您掌管的，老虎也是天生之物。可是老虎还是没有人珍贵，只要尊神不去保护纵容老虎，我就该向老虎大开杀戒了。"

"呼吾民任兵者，简其锐以从，搜之叶坞。"打过招呼，告知之后，我就把猎户精锐组织起来，带领他们来到县城以西十多公里之外，那里就是虎患最为严重的叶坞。

"是夜，见有一冠幞袍靴白须团颐长者见梦，若予与同为法官治狱者，持一文书示予。"当天晚上，夜梦有一白发老者衣冠俨然，好像是与我共同掌管本地刑狱之人。相见之余，长者将一纸文书提交给我。

"予曰：'必杀此二渠以偿。'"我不为所动，坚持说："两只老虎伤我二牧童，必得杀之。"

"长者微笑，指文书中一处示予，若前所云'虎亦天生'之句，意望予宽之。予正色争不可。"长者微笑着指点文书上的一处文字，表明老虎也是天生之物，还是宽恕为好。我严肃地表明了自己的态度，可不能宽恕和放过食人之虎。

"长者知不能夺，复微笑曰：'徐之，观枢密公意何如耳。'"长者知道已经没有办法改变我的意志，就微笑着说："慢慢来吧，我也是来看看枢密公的态度，究竟是如何。"

"予觉，知神有意乎咻然者，然已戒不可止。"一梦醒来，我知道本地的城隍老爷对打虎之事特别在意，枢密公的态度尤其值得重视。但是我命令一出，岂可终止？

"之叶坞，午至昏，见虎。虎奔，一虎倨高峒，薄不可近。"于是率队来到叶坞。猎虎队从中午到黄昏，果然搜寻到一只硕大的老虎。老虎见到人群之后，奔至在高高的山岭之上，实在难以逼近。

"予曰：'知之矣。'句余斋居，夜念枢密公，兵象也，有得虎者欤？当祠之。"我暗自点头，明白了其中的原委。半月来吃素端居，夜里对枢密公念念不忘，这是兵象获虎的征兆啊。应该尽快建立祠堂，应该找时间祭祀礼拜了。

"是夜不能寐，觉外汹汹有声。问之，获巨虎，雄也。虎首广尺余，长几二尺，身七尺。"当天晚上又是一个不眠之夜。忽然听闻到室外嘈杂之声，这才知道已经抓捕到一只硕大的雄虎，虎头就有一尺多大，身高近两尺，身长七尺，端的是一只伟岸的大虫。

"惊其雌，三日绕而号其山，中伏矢，走死松阳界中。"雄虎虽亡，雌虎犹存。母老虎接连三天都在山上哀嚎不已，最终被猎虎队铺设的暗箭所伤，带箭逃窜到松阳地界，因为失血过多而亡。

"东北抵万山，忽夜震如裂。民晓视之，得巨虎首二，八股，草血洙渍。"猎虎队士气大振，乘胜而前，扩大战果。后来又在遂昌东北的万山丛中，埋伏箭弩。一天夜里又闻听到声震如雷，等到天亮之后前往观看，又射杀了两只大头虎，还有八只中小老虎。一众老虎的鲜血，染红了草地山道。

"县人欢，异甚。然以公出郡中，月余归，忘立祠也。复报有虎。予叹曰：'神其罪予。'"于是遂昌百姓，人人欢欣鼓舞，虎患消除，共庆太平。可是等我一月后归来，忘记了立祠堂、敬神明的事。于是百姓又说，还是有老虎出没。我于是叹气说道："是我食言，神在警示我啊！"

"老氏曰：'佳兵不祥。'莫如以慈卫之。遂就报愿佛寺旁大村下祠为灭虎祠，祠枢密公。非真能灭虎也，虎灭无迹，则亦灭之乎尔。"老子在《道德经》第三十一章中说："夫佳兵者，不祥之器。"不能一直以杀威行世。还是要恩威并用，以慈爱之心作为最大的护卫。于是我在报愿寺附近的村庄，专门建起了灭虎祠，专门用来祭祀枢密公。难道灭虎祠真的能够剿灭老虎吗？老虎被剿灭得没有踪迹了，那就真灭了，还是要纪念啊。

"祠以后，获虎三五。向后虎闻遂稀。"灭虎祠建立之后，猎虎队又先后抓捕了三五只老虎。从此之后，遂昌关于老虎伤人的传闻，便成为了历史上的旧闻。

如前所述，追剿抓捕山林间的大虫，尽管十分凶险，却也颇有成效。可是世间之虎，人群中的害群大虫，处处都有。要想将那些人间的老虎，像周处除三害那样尽数剿除，谈何容易。考验一个地方官的最大难题，就是如何将那些欺压百姓、各有来头的地方豪绅及其子弟予以管束乃至惩处。

遂昌当地考到中央政府的人历来较少，当时担任朝廷吏部给事中的项应祥（1554—1614）却有一定的名气。他是明万历八年（1580）考中的进士，比汤显祖还要早三年。此公初任福建建阳知县，在任上清正严明，昭雪冤狱，当地多有"抱案吏从冰上立，诉冤人向镜中来"之赞誉。之后又调任华亭（今上海市松江区）知县，口碑也不错。做过两任知县之后，他又被朝廷召回，擢升为司谏，其秉性"正直不畏强御，凡险妄妖魅之徒多忌惮之"。万历二十年（1592）升户科给事中，继任礼科、工科左右给事中、吏科都给事中、太常寺少卿、通政司右通政。最后还做到都察院右佥都御史和应天巡抚。

在任吏科都给事中官职期间，项应祥的主要职能是"稽查百官之失"，有点类似于现在的纪检委干部中的一员。他又是前任首辅王锡爵的门生，所以在朝中说话做事，还是有诸多话语权的。一般大小官员，逢迎尚且来不及，岂敢明目张胆地与之作对？

可是汤显祖就是不一样。作为当地的父母官，就是要一碗水端平，就是要抑制豪强，为老百姓说话撑腰。他在《复项谏议征赋书》中，把项应祥及家人、亲戚所欠下的租赋清单，一五一十地标明出来。

项应祥到底是位明白事理的官员。在接到地方官的书信之后，他马上在《柬汤明府》回信中指出，"不佞离家日久，所有门户一应事宜，俱失料理"，表示族弟家门，应该听从汤显祖的管束，该交的赋税还是要按照规矩一概交齐。

还有更加戏剧性的一说，直指项应祥的第四个儿子。这一恶少依仗着父辈的权力，横行四乡八里，打杀佃户百姓，奸淫良家女子，甚至还每每霸占新娘子的初夜权。

朝中有人，乡里有害，怎样才能万无一失地为民除害呢？

冷静地等待，伺机而动，也许是最为聪明的做法。汤显祖趁着项应祥返乡休养的时机，请他来县衙摆宴叙话。酒过三巡，眼花耳热，正是畅谈国家大事、朝政得失、地方琐事、今后发展的好时候。

事先安排好的百姓，凑巧但又集中地赶在此时，纷纷击鼓鸣冤，请求老爷升堂议事。汤显祖佯装不理，告状的人就在外面闹腾得更厉害。

项应祥深知本乡刁民的脾气。在不胜其烦之后，便力劝其应承官司，正好把案子问个水落石出。汤显祖顺势而为，水到渠成地邀请项应祥到大堂，一起联合审案，共理冤情。

当大家把恶少杀人强奸等一应罪名的状子鱼贯呈上之后，项应祥才知道大事不妙，眼见得四子罪大恶极，无可饶恕，群情激愤，势不可挡。奈何奈何？

在汤显祖和众百姓的重重压力之下，在当官理政以来一贯依法办事的惯性之下，项应祥作为一位本质尚好的清官，不得不痛下决心，大义灭亲。就在当晚，他下令将四子沉于石灰水中，以其性命平复民愤，以其壮举严正纲纪。

在此之前，项应祥与汤显祖作为朝廷命官，一直还相处得不错。他对汤显祖的打虎、建阁等举措颇为赞许。在他特意为之撰写的《平昌汤侯新建尊经阁记》中，说汤显祖文才过人，声驰宇内；说他口才好，滔滔若长江大河，一泻千里；说他品格高，抗疏大廷，权贵避易三舍……

在此之后，项应祥不得不心有戚戚焉。同为朝廷命官，你打虎我赞颂，你建阁我表彰，你做我家乡的父母官我再三讴歌，到了后来你却翻脸不认朋友，打人间的老虎打灭我的威风，借我之手来灭我子嗣，这样的血海深仇如何能够忍得下去？

据说在朝廷考察地方官的政绩时，有人征求项应祥对这位家乡知县的看法。项应祥千言万语汇成一句话："子不言母丑。"也就是说汤显祖实在做得不怎么样，只是我作为遂昌人，不愿意谈及所谓父母官的不是而已。这句看起来无懈可击的话，实际上是在表明，当任知县汤显祖委实有着诸多的不是。您若不信，查查便知。

汤显祖官运的终结，在一定程度上，可能与项应祥结下的梁子有关，与这位老到而不动声色的官吏之温柔一刀大有关系。

话说项应祥晚年多病，返乡休养，也曾置养士田三百石，奉于学宫。作为建阳"名宦"与遂昌"乡贤"，他先后著有《醯鸡斋稿》《国策脍》《问夜草》《忧危竑议》《续忧危竑议》等著作文章，其政绩口碑和文章才情，都还是一时之选。作为一位学者和审时度势、大义灭亲的官员，他成为当地的乡贤当之无愧。

但是这些一般化的成绩，早都被历史的潮流所淹没了。因为与汤显祖的关联，他才被人们一再记起，反复调说。汤显祖一边打山中的老虎，一边打人间的老虎，两手都很硬，都有较大的绩效，都为百姓的生存与安危、公义与法制，一以贯之地实现了基本的保障。

从古至今，打虎不易，唯其艰难，所以崇高。

第二十章

迎进送出，不负才华

　　文人考中进士，做了朝廷命官，朋友圈便自然而然地画得更加大。早在南京时期，汤显祖的文友、酒友、曲友和一干同仁们，就有着较为可观的规模。

　　富在深山有远亲，何况贵为知县？远在徐闻时尚且有几许知己，如今当了江南遂昌的最高行政领导，尽管山深林密、人烟不密，也算是一方诸侯，所以迎进送出，也是常有之事。

　　有些"长官重客"，一向具备到下面县衙门捞取些好处的习惯。每当他们到遂昌来玩耍的时候，汤显祖便十分客气地请他们共坐公堂，"即与冠带并坐堂上，所受词不二三纸"（《答吴四明》）。公堂之上的冷冷清清，一是说明本地词讼稀少，没有油水可捞；二也说明在汤显祖的管理之下，本地民风醇厚，冤屈甚少。

　　县官审理的案子不多，当然进账就几近于无。上面前来视察陪审的官员也只得看看美丽的山林，呼吸点纯净无比的空气，品尝点靠山吃山的奇珍野味，就讪讪然早点开溜了。

　　闻名前来蹭饭吃的朋友们也是有的。王伯皋与汤显祖曾经有过一面之交，便想山遥路远地过来打秋风。汤显祖急忙在《答王伯皋》书信中说："遂昌斗大县，赋寡民稀。……今岁讼裁五十余，而三食故人，食者踵至，何以待王先生？"

这封很客气的书信，同时也很决绝：因为经济原因也因为食客太多，我这里并不欢迎您，您就别来这里捣乱啦。方寸尺牍之间，拒人于千里之外。

遂昌的日子很安闲，"一水三餐两放衙"，天高皇帝远，帝力于我何有哉？

可是人毕竟是社会动物，官是权力的节点，文人更要有相互交流的空间。因此，该拒绝的要拒绝，该接纳还是要接纳的。

在到遂昌做官的那年，其少年时代的好友姜耀先便过来拜望。

姜耀先名鸿绪，青春岁月便与帅惟审、汤显祖结社里中，从罗汝芳老师治学。著有《大学古义》《中庸抉微》等书，人称鲲溟先生（《抚州府志·卷五》）。

想当年，汤显祖在送别书社好友姜耀先时，浮想联翩，想起了河东乡的周孔教，乃赋《送姜耀先寄怀周临海》诗，云："偶尔封书去海涯，烟霜长是惜容华。即知张绪当年柳，正作河阳一县花。堂上琴声凄绿水，楼前巾帻起朝霞。思君欲似西园语，相送河桥日未斜。"

张绪本是南朝的大臣，因其谈吐风流，听者皆忘饥疲，宋武帝曾说他有若杨柳一般可人。孔教赋诗作文，每多佳句。隆庆四年（1570）中举，万历八年（1580）进士及第，历任福建省福清县知县，浙江省临海县知县，浙江道御史，河北、河南巡按，直隶（今北京、天津一带）学政，太仆寺少卿，以右佥都御史巡抚应天（今苏州）等职，累官至总督河道右副都御史。也曾受到万历皇帝的嘉奖。

在南京，大约在万历十五年（1587），汤显祖在挥毫题曲之后，与朋友们商讨《紫箫记》的前景。他在《紫钗记题词》说："记初名《紫箫》，实未成，亦不意其行如是。帅惟审云：'此案头之书，非台上之曲也。'姜耀先云：'不若遂成之。'"

按照帅机的说法，既非台上之曲，便可以收手了。但是姜耀先不然，他坚定地支持汤显祖把该剧订正写完，这才有了从《紫箫记》到

《紫钗记》的嬗变。朋友们对汤显祖写戏，从正反两方面加以鞭策和鼓励，都使得汤显祖砥砺前行，继续度曲，这才有了东方莎士比亚的逐步养成与不断造就。

万历十九年（1591）九月初，汤显祖大病痊愈，前往徐闻出任典史。在抚河瑶湖岸边前来送行，依依惜别的人群之中，便有帅机、姜耀先和周宗镐等一干亲友们。

抚今追昔，汤显祖不胜感慨。"堂上琴声凄绿水，楼前巾帻起朝霞。"如今老友驰驱前来，弹琴者难以寻觅，他就陪着姜耀先一起，到遂昌兑谷包山下，环境清幽的绿漪园听箫。昨日琴声，今日箫声，都是流年转换、情谊不变的心声。

第二位来访的老友是吴拾芝。此时的相圃书院已经落成，汤显祖正好可以带着客人走动走动。

吴拾芝是汤显祖的亲戚。汤显祖的外祖父家、岳父家俱是吴姓，都是延陵世家之后。可以参见《吴拾芝访星子吴句容并招谢子山广陵四首》等诗。

汤显祖、谢廷谅（九紫）、吴拾芝（玉云生）、曾粤祥（如海、灵昌子）这四位同乡号称"临川四俊"，他们都受到汤显祖伯父汤尚质热爱戏曲的影响。在南京，由汤显祖主笔，他们一起创作《紫箫记》。吴拾芝一得新词，便连夜排练，及时演出，所以《玉合记题词》云："莫不言好，观者万人。"

汤显祖在《紫钗记题词》开篇说："往余所游谢九紫、吴拾芝、曾粤祥诸君，度新词与戏，未成，而是非蜂起，讹言四方。"亲戚、同乡、曲友和创作上的患难之交，怎不令汤显祖感慨万千！

弦歌声里合宫商。金嗓子吴拾芝，迄今为止与科场无缘，只能陪着汤显祖先后在南京、遂昌唱曲。他的演唱活动，对汤显祖的戏曲创作从案头到舞台起到了极为重要的推动作用。除了《紫钗记题词》之外，《汤显祖诗文集》中还有六篇诗文提及吴拾芝，《闻拾芝远信惨然二首》中说"新词还得个人怜"，两人的知音之情，总难割舍。

修葺打理好竹林寺，洒扫庭除以备下榻，诸事皆备之后，汤显祖便一再邀请下野之后的浙江籍好友屠隆过来做客。一请不至，汤显祖便在《柬长卿》信中遗憾地说："弟洗竹林寺以待足下，竟成子虚。羊沟蚪谷，何得游赤水之珠？"

万历二十三年（1595）阳春三月，屠隆终于如约来访。

屠隆，字长卿，浙江宁波鄞县人，万历五年（1577）进士，官至礼部主事、郎中。《明史》称他"生有异才"，"诗有天造之极，文尤瑰奇横逸"，乃"中兴五子"之一。在戏曲创作上，其《昙花记》《修文记》《采毫记》都一度"大行于世"，声名远震。关于戏曲创作，屠隆提倡的"针线连络，血脉贯通""不用隐僻学问，艰深字眼"（《昙花记凡例》）颇有道理。他家里设有戏班，自己也能登场，是一位特别全面的戏曲行家。

十一年前，刑部主事俞显卿上疏万历皇帝，说礼部主事屠隆与西宁侯宋世恩行为不检，流连于勾栏花草，"翠馆侯门，青楼郎署"，既是过分的男女双性恋，还曾牵扯到侯爵夫人，令万历皇帝大怒，先将屠隆革职，又将多事上疏的俞显卿贬职。汤显祖在南京太常博士任上《答屠纬真》劝勉屠隆："我辈终当醉以桑椹，噤其饥啸耳。宁人负我，无我负人。江海萧条，大是群鸥之致。"又在《怀戴四明先生并问屠长卿》中写道："赤水之珠屠长卿，风波宕跌还乡里。岂有妖姬解写姿？岂有狡童解咏诗？机边折齿宁妨秽，画里挑心是绝痴。古来才子多娇纵，直取歌篇足弹诵。"字里行间，颇有欣赏支持之意。

岁月流转，且说今日。尽管是浙江人，屠隆却是首次来到遂昌。"邑在万山中，人境僻绝，土风淳美"，颇有些叹为观止的感觉。汤显祖与屠隆喝酒、放歌、读曲、研讨。共同欣赏董解元《西厢记》之后，颇有感慨。这对如何写好霍小玉的故事，也提供了诸多参照：

> 令平昌，邑在万山中，人境僻绝，空厅无诉，衙退，疏帘，捉笔了霍小玉公案。时取参观，更觉会心。辄泚笔淋漓，快叫欲绝。何物董郎，传神写照，如人意中事若是。适屠长卿访余署中，遂出相质。……乙未上巳日清远道人纂。

最要紧的是两位大侠心领神会地彼此切磋。董解元《西厢记》写"情"细致入微,汤显祖便对"董西厢"予以批点订正。一旦顿悟到情被"理"抑制太深太久,于是便要讴歌情的无限生机,关于《牡丹亭》的记载与传说,也在汤县令的心底不断发酵、渐次萌发。

还有第三位大侠周宗邠的出现。近邻的松阳知县周宗邠,江苏武进人,也是一位性情中人。他听说屠隆前来遂昌,便及时赶过来。周县令会弹琴唱曲,三人便在酒酣耳热之后谈词论曲,好不快哉。

当夜周县令所弹的曲目是:《潇湘水云》《天风环佩》《汉宫秋》与《梅花弄》。据说现在去遂昌,如果心诚志坚,说不定还能在潇潇夜雨中,听到当年琴曲的回响之声。

汤显祖还在遂昌和松阳交界处的万寿山,写下《遂昌松阳界万岁山口号》:"来去山前朝暮霞,金光片片石莲花。如今万岁山朝北,不似南巡望翠华。"

春游遂昌山水,畅谈古往今来,切磋戏曲艺术,纵论人生情趣,本是一桩美事。周县令更是盛情邀请汤显祖与屠隆二位,到松阳境内再行踏勘。

计划都定好了,但是屠隆在春景无限当中忽然想起事亲尽孝,也很重要。"谁言寸草心,报得三春晖",心中"忽念太夫人",那就只得告别汤显祖,先回宁波再说。

春去秋又来,在汤县令的再次邀请下,屠隆于当年秋天再到遂昌,两位文友先后看遍了本地的青城山、白马山、妙高山和三台寺,在相互激发的过程中写下了诸多绝妙好词。这次玩得很尽兴,屠隆在此淹留了十余天后,才在绵绵秋雨中作揖相别。

在秋雨中依依惜别,也有诸多的诗意。《秋雨九华馆送别屠长卿,便入会城课满》《平昌送屠长卿归省》,便是汤显祖与文友割舍不开的绵绵情思。

十年之后,仕途极其不顺但又多才多情的屠隆心情不爽,放浪形骸,患了花柳之病,号称"情寄之疡"。汤显祖便写下《长卿苦情寄之疡，筋骨段坏，号痛不可忍。教令阖舍念观世音稍定，戏寄十绝》，借以安慰辗转于病榻之上的老朋友。

汤显祖《为屠长卿有赠》："望若朝云见若神，一时含笑一时嗔。不应至死缘消渴，放诞风流是可人。"也对屠隆拼死爱仙女的生活状态和享乐心境有所描绘，且把屠隆的风流之病与司马相如、苏轼等大文豪相提并论，半是欣赏半是怜惜地描摹其爱美到底、不应至死的生活状态。

次年，屠隆还应约为汤显祖的《玉茗堂文集》作序："乃近者义仍《玉茗堂集》出，余一见心折。世果无若人，无若诗，多所睥睨，非过也。义仍才高学博，气猛思沉。""其格有似凡而实奇，调有甚新而不诡。语有老苍而不乏于恣，态有纤秾而不伤其骨。"

因为行仁政、打老虎、建学堂、公平审案，所以汤县令成为迄今为止，遂昌人公认的建县以来三百多位县令中政声最大的一位。

词讼渐少，时间偏多，汤县令正好"借俸著书"，静心写作，施展文才。在遂昌的五年生涯中，汤县令一共写了诗文二百四十五篇，更为重要的是在万历二十三年（1595）"捉笔了霍小玉公案"，完成了《紫钗记》的写作与刊行。与此同时，他也开始在构思其余的"三梦"。

写作是一种十分奇妙的状态，可以看成是天赐之作，可以看成是灵感的喷发。此时的作家，有点像神灵附体一样，疯癫痴狂，在所有之。

清人查继佐《罪惟录》卷十八《汤显祖传》云："相传谱'四剧'时，坐舆中谒客。得一奇句，辄下舆索市廛秃笔，书片楮，粘舆顶。盖数步一书，不自知其劳也。"

这种行径，有点像贾岛等人的苦吟派。一有佳句，便写下来粘贴在车舆之上。难怪汤剧中的那么多绝妙好词，都是天才、灵感加苦吟的结晶体。

《紫钗记》刊行之后，汤显祖想起当年的好友帅机，是他及一众好友的支持与推重，才使得这个剧本最终得以呱呱坠地。事有不巧，正当他想将剧本呈给好友们的时候，帅机归天的噩耗传来了。知音又失一人，令汤显祖怅然若失。他在《与帅公子从升、从龙》中说：

谒上官不得志，忽忽思归，辄思惟审。或舟车中念及半生游迹，论心恸世，未尝不一呼惟审也。惟审仙去，里中谁与晤言，浪迹迟归，殆亦以此……《紫钗记》改本寄送惟审總帐前，曼声歌之，知其幽赏耳。

世间万物皆可通灵，人神两道，自可交通。汤显祖吩咐帅机的两个儿子，在他们老爸灵前高声诵读《紫钗记》，也让他能够含笑于九泉，翱翔在天际。有朝一日魂兮归来，来到遂昌与汤显祖魂梦相接，共论好戏，亦未可知啊。

第四位来访遂昌的名宿大家，那是汤显祖的佛师好友达观大和尚。

达观和尚与汤显祖结下佛缘甚早，关注其人甚多。早在汤显祖贬往徐闻的当口，他就有心去看望但终未去成。现在终于盼来了到遂昌相会的机遇。

机遇还是因为佛缘所致。晚明四大高僧中不仅有达观和尚，还有憨山大师。憨山为了供奉《大藏经》而修建海印寺，这遭到了一批道士的攻讦。他们直接托人上本神宗皇帝，说憨山抢夺道士之产业，私创佛家之寺院。神宗甚是不悦，乃将憨山下狱，之后又将其流放到雷州半岛去。

憨山出发之前，达观从庐山赶到南京的下关，不仅发愿为之念诵《法华经》，还想设法去营救。憨山怕连累了好友，反而一口拒绝，谓之"君父之命，臣子之事，无异也"，情愿远徙到天涯海角去。

抱憾送别了憨山之后，达观便舟车劳顿，先到钱塘，再转龙游，前往遂昌。当他到达附近的赤津岭之后，即兴作歌一首云：

汤遂昌，汤遂昌，不住平川住山乡。
赚我千岩万壑来，几回热汗沾衣裳。

（《题留汤临川谣》）

有朋自远方来，不亦乐乎？而且这位达观大和尚与汤县令佛缘久结，两心相通。汤县令便带着亦师亦友的大和尚，前往城北的唐山寺拜谒。

唐山寺原本是唐五代画僧贯休十四年修行之处，其画罗汉之生猛古野，乃是一绝。妙就妙在贯休俗姓汤，所以又叫汤休。这一巧合，足以勾起达观劝度寸虚（汤显祖佛名）的夙愿，几次说法，牵线搭桥，无奈汤显祖俗缘未了，未能承命。

达观离开遂昌之后，对于劝汤学佛，仍未灰心。他在《与汤义仍书》中劝导说：

> 浮生几何？而新故代谢，年齿兼往，那堪踟蹰？……
>
> 野人追维往游西山云峰寺，得寸虚于壁上（见汤显祖题壁诗）。此初遇也。
>
> 至石头晤于南皋斋中。此二遇也。
>
> 辱寸虚冒风雨而枉顾栖霞。此三遇也。
>
> 及寸虚上疏后，客瘴海。野人每有徐闻（时寸虚方谪徐闻尉）之心，然有心而未遂。至买舟绝钱塘、道龙游访寸虚于遂昌。遂昌唐山寺，冠世绝境。泉洁峰头，月印波心。红鱼误认为饵，虚白吐吞。吐吞既久，化而为丹，众鱼得以龙焉。故曰："龙乃鱼中之仙。"唐山禅月旧宅，微寸虚方便接引，则达道人此生几不知有唐山矣。然此遇，四遇也。
>
> 今临川之遇，大出意外。何殊云水相逢，两皆无心，清旷自足。此五遇也。
>
> ……年来世缘，逆多顺少。此造物不忍精奇之物，沉霾欲海，暗相接引，必欲接引寸虚了此大事。野人二遇于石头时，曾与寸虚约曰："十年后，定当打破寸虚馆也。"《楞严》曰："空生大觉中，如海一沤发。"即此观之，有形最大者天地，无形最大者虚空。天地生于空中，如片云点太清。虚空生于大觉中，如一沤生大海。往以寸虚号足下者，……广虚当以此书附达之。如是则不惟野人不负五遇之缘，亦广虚不负五遇之缘也。

达观此信苦口婆心，引人入胜。历数与汤氏寸虚的五次偶遇，纵论人情物理、佛法哲学，有情有义、有源有流，有莫名的激动和漫长的等待，有顿悟的机关和严谨的逻辑。比如天风海雨一般，密密实实地整体裹挟而来，具备极大的说服力。

可是汤显祖毕竟尘缘未了，情海浮沉，家事堪哀，四梦未成，因此思前想后，颇难应承。他在回信中说：

> 屡承公不见则已，见则必劝仆，须披发入山始妙。
>
> 仆虽感公教爱，然谓公知仆，则似未尽也。大抵仆辈，披发入山易，与世浮沉难。公以易者爱仆，不以难者爱仆，此公以姑息爱我，不以大德爱我。
>
> 昔二祖与世浮沉，或有嘲之者。祖曰："我自调心，非关汝事。"此等境界，卒难与世法中人道者，惟公体之。幸甚。
>
> 又年来有等阐提，忌仆眼明多知。凡所作为，彼谓终瞒仆不得。殊不知，仆眼亦不甚明，智亦不甚深。此辈窥仆不破，徒横生疑忌耳。如其一窥破之，纵使有人教其疑忌仆，彼亦自然不生疑忌矣。但彼以未窥破，浪作此伎俩也。
>
> 且仆一祝发后，断发如断头，岂有断头之人，怕人疑忌耶。

这里的要点是：断发做和尚容易，要与红尘世界割断联系，不与世浮沉，千难万难。与其做了和尚却不能断绝尘根，莫若在家修行，这比做一位六根永不清净的假和尚更好。

汤显祖尽管不能出家当和尚，但却在剧作当中尤其是在此后的《南柯梦》中，极为深刻地演绎了佛门教义。幸亏他没有跟随达观上山，不然佛门多了一位高僧，而人间则少了一位杰出的戏剧大师，而戏剧妙演佛法，则更能够影响大众，一洗尘心。

善哉！

第二十一章

归去来兮，田园将芜胡不归？

在看似世外桃源但却风起云涌的遂昌，汤显祖以其仁心大才，把山林之虎和人间之虎相应剪除，把读书之风和向善之德加以引导，经过几年精心的打理与有效的整治，诉讼日稀，官司渐少，官民生活安宁，百姓安居乐业。因此，汤显祖在政务之余，开始过着优哉游哉的"仙令"——一种神仙般管治遂昌的县令生活。

正是因为时间和精力上的相对充裕，使得汤显祖有更多的时间关心朋友、反思世界和拷问内心。

汤显祖之于屠隆，两人心心相印，颇为相得。其《柬长卿》云：

> 弟洗竹林寺以待足下，竟成子虚。羊沟蚪谷，何得游赤水之珠？

挚友之情，溢于言表。期待之意，系于胸怀。

浙江右参政丁此吕的遭遇，使得屠隆与汤显祖再次聚首。

丁此吕，字右武，江西新建人。万历五年（1577）进士。

由漳州推官征授御史……谪潞安推官，寻迁太仆丞，历浙江右参政。考察论黜，复遣官逮之。大学士赵志皋等再疏乞宥，且言此吕有气节，未必果贪污。丕扬亦言此吕无逮问条，乞免送诏狱。帝皆不从，逮下镇抚，谪戍边。

（《明史》卷二百二十九）

听闻丁此吕在南昌被逮捕后，屠隆即刻要赶去送别。经过兰溪时，县令赵符卿告知，丁此吕已经在押解北上的路途中了。

屠隆无奈之下，只得转到遂昌，与汤显祖商量如何营救这位江西朋友。

汤显祖马上派亲随去南昌打听。亲随来回兼程，人是没有见到，但好歹抄录带回了丁此吕被捕时的诀绝词。

一人有难，兔死狐悲，两人泪眼相望，难以卒读。

为了有效地营救丁此吕，汤显祖即刻写诗，向老师张位求救：

哀响秋江回雁声，雨霜红叶泪山城。
年来汉网人难侠，老去商歌客易惊。
贝锦动迎中使语，衣冠谁送御囚行。
长平坂狱冲星起，可是张华气不平？
（《平昌得右武家绝诀词，示长卿，各哽泣不能读。

起罢去，便寄张师相，感怀成韵》）

张华（232—300），字茂先，范阳方城（今河北固安）人。西晋时期著名的政治家与文学家。他是西汉留侯张良的十六世孙、唐朝名相张九龄的十四世祖。这样一位忠良之臣，却被晋宣帝司马懿第九子、一度篡位的赵王司马伦（？—301）所冤杀。汤显祖以张华比丁此吕，明显是要引起师相的高度重视。

汤显祖的师相张位（1538—1605），字明成，号洪阳，也是江西南昌人。隆庆二年（1568）进士，改庶吉士，授翰林院编修。万历初年（1573），因与首辅张居正相左，被贬为徐州同知。后历迁南京尚宝丞、国子监祭酒、礼部尚书、文渊阁大学士，加封太子太保。此后又被弹劾，停职闲居。又因妖书《忧危竑议》事件，神宗遂下诏革职为民，隐居南昌南湖中之湖心亭，筑闲云馆藏书万卷。其人贯通经史，工诗善文，著有《闲云馆集钞》《丛桂山房汇稿》《词林典故》等书。

张师相的学问当然不错，但是个性也强，在政治上一度要与铁血宰相张居正扳手腕，那当然远不是对手。几度闲居归隐，那已经是他最好的结局了。他当然也想任用人才、培植党羽、关注老乡，有时候帮人帮成功了，有时候却爱莫能助。

想当年，汤显祖从广东徐闻转徙到浙江遂昌，一般认为是刘应秋的动议，吏部主事陆光祖的运作，当然还得要有张位老师的认可和提携。

刘应秋（1547—1620），字士和，江西吉水人。明万历十一年（1583）朱国祚榜进士第三人，授翰林院编修，迁南京国子监司业。他疏论首辅申时行"不能抒诚谋国，专事蒙蔽"。不久，召为中允，官至国子监祭酒。刘应秋素负才气，唯好讥评时事，以此招致忌妒。有人撰写《忧危竑议》，在京城散布。御史赵之翰认为是大学士张位主谋，刘应秋等为预谋，遂将他调出京城。刘应秋遂以病辞官归乡，卒谥文节。著有《刘大司文集》等书。其子刘同升为崇祯十年（1637）状元。在刘应秋的一生中，可以大书特书的事，是对汤显祖的声援和支持。

陆光祖（1521—1597），字与绳，号五台，浙江平湖人。他们家是平湖的大家族，曾祖陆铳曾任广东程乡知县，祖父陆淞，官至南京光禄寺卿。父陆杲乃嘉靖二十年（1541）进士，曾任刑部主事。陆光祖四岁便能背诵《诗经》，十七岁时与父亲同时考中举人，成为一段佳话。嘉靖二十六年（1547），陆光祖中进士。历任北直隶浚县知县、礼部主事、郎中，吏部郎中，南京太常寺少卿、太仆寺少卿，南京大理寺卿，工部右侍郎，南京兵部右侍郎，吏部侍郎，南京工部尚书、刑部尚书、吏部尚书。

陆光祖最为后人所赞赏的是将被贬降为兴国县知县的海瑞，调任为户部云南司主事。当然他对汤显祖的调动，也令人感动。大学士张位称陆光祖作为吏部尚书："权贵挟竿牍徘徊不敢入，而引拔遗贤连茹而起，或以藩臬内转，或以归田召起，中外彬彬得人，海内弹冠而庆。"（明天启《平湖县志》卷五）

说到底，丁此吕之难，还是政治上选边站位所惹起的灾祸。靠屠隆、汤显祖这些朋友来营救，显然档次不够。当然即使后来的朝官们想救他，也没有成功，还是被皇上贬谪到边关去了。

城门失火，殃及池鱼。屠隆迅速被人归到丁党之列。母亲得知之后大为担心，忙派家人前往遂昌，接屠隆回家。在雨中，汤显祖备酒饯行，执手相送，流泪眼观流泪眼，断肠人送断肠人，"杯残忽不欢，空堂灯影寒"。

作为遂昌知县，照例要进京参加吏部对地方官员的考核。考核的结果将决定被考察者升迁、惩戒或者留任。

万历二十二年（1594）冬，汤显祖赴京参加考核。

在途中，他特意到山东滕县拜访了知县赵邦清，对他管理县政的成效深为佩服。

进京之后，汤显祖当然也要例行述职，也要拜望师相，但他没有把主要的精力放在与达官贵人的交际之上，却与一干久违念念、温馨灿灿的同僚们相处甚欢。比方湖北公安的袁宗道、袁宏道和袁中道三兄弟，宗道是翰林院编修，宏道是吴县知县，中道当时还不是举人。年资较深的汤显祖与他们切磋学问，对文坛上复古派多有不屑，对李贽的言论较为佩服。龚重谟先生甚至还如此认为：

> 在汤显祖的影响与启发下，袁宗道于万历二十三年（1595）发表了他的重要作品《论文》，猛烈抨击了前后七子违反文学发展规律，倡导句拟字摹、食古不化的倾向，批评了"剽窃成风，众口一响"的现象，指出了复古的病源"不在

模拟，而在无识"……袁宏道在吴县知县任上为其弟中道的诗集作序时，正式打出"独抒性灵、不拘格套"的口号，令一批持有相同主张的文人会聚在一起作文赋诗，交流经验，文学上的公安派才正式形成。

（龚重谟《汤显祖大传》）

龚先生认为汤显祖开启了公安派的思路，影响启发了"三袁"文学主张的确立，可备一说。

此次进京述职的结果，只是顺利通过考评而已，没有任何官职晋升或者希望增长的开拓空间。哪里来哪里去，原封不动地继续在遂昌做七品芝麻官吧。

原地不动，还是要理政。现在需要到绍兴府去结算遂昌的钱粮，那就到绍兴去公干。还是老样子，公干之余，汤显祖还是与一批文友曲家紧密来往，颇为相得。

先是拜望同年的进士孙如法。孙如法早年做过刑部主事，后来得罪了朝廷被贬到广东潮阳，因为身体原因索性回到绍兴隐居。于是汤孙二人，在兰亭等名胜所在，饮酒赋诗，好不惬意。

孙如法还向汤显祖推荐过王骥德，还提到过王骥德对《紫箫记》的一些建议。汤显祖对毫无功名的平头百姓王骥德也很尊重："良然。吾兹以报满抵会城，当邀此君共削正之。"

可当汤显祖到绍兴的时候，王骥德却有事外出。倘若两人见面，那又是曲坛上的一段佳话。

主政遂昌五年了，按照惯例，汤显祖年底又要前往北京述职。忽然便有传说蜂起，说汤显祖得朝中贵人相助，将要奉调到温州担任通判。

温州知府刘芳誉闻言之后也信以为真，便为老友修建好了五间书楼，以便汤显祖看书作文。

知遇之恩，人生几何？汤显祖十分感激，便前往温州，向刘知府表示诚挚的感谢。

从刘伯温故里青田到雁荡山，从剪刀峰到大龙湫，汤显祖都躬逢其盛，叹为观止。石门飞瀑等一应景观，都令其感叹不已：

> 春虚寒雨石门泉，远似虹霓近若烟。
> 独洗苍苔注云壑，悬飞白鹤绕青田。

（《石门泉》）

这首诗写得好，属于汤显祖游记诗中的上品之作。有寒雨温度的体验，有蜿蜒而下的动感，有远近观赏产生的若虹霓、若烟云的不同画面，还有洗完苍苔之后注入云壑之中的空旷无极，更有引发仙人之思的高洁白鹤在盘旋。

返回遂昌之后，汤显祖又要准备述职考察了。上半年先到省府杭州接受上司考评，年底进京再接受吏部的复核与终评。

考评之前的船行旅程中，汤显祖没有找到《高士传》，却找到了一部《宦林全籍》，后者是一部记录全国官员简历的内部官员簿。汤显祖翻阅过后，感慨丛生，爰作《感宦籍赋》云：

> 今上丁酉三月，予以平昌令上四年计，如钱塘，荡舟长日。箧中故有《高士传》，慨然寻览之，无存也。童子故以《宦林全籍》进。予览其书，书官，书名，书地，书号。大若麟角，细若牛毛，晰矣备矣。反复循玩，亦可以奋孤宦之沉心，窥时贤之能事。感而赋之。
>
> ……
>
> 嗟夫，天下亦大矣，仕人亦夥矣。有凤凰之官，则必有蚁虱之使。有金玉之英，则必有粪土之士。巨海葺龙蚌以铺文，太华总松榛而扰翠。散之人有十等，合之天无二日。天其平也不平，人则不一也而一。
>
> 不平谓何，有一有多。有终身于帝所，有绝望于廊阿；有十年而不调，有一月而累加；有微敏而辄振，有一蹶而永蹉；有弱冠而峥嵘，有白首而婆娑；有受万金而无讥，有拾片羽而

为瑕；有拥旃于华羡，有投牒于荒厓；有提醍而拟方伯，有守郡而无建牙；有赡僮客而鸣豫，有绝父母而劳歌；有长孙曾而袭珪，有鬻子女而还家；有上寿而赐尊，有自经于幽遐；丽风者衍言笑而加翼，绝津者罄号咷而靡槎；得时者随俯仰而皆妙，失志者任语嘿以无佳。徒使墨守者视此书而失据，捷斗者指是刻以严夸。智愚勇怯，于斯乎尽锐；贫富侈啬，于是乎交赊。细则钻如蚊蚋，大则据若蛟鼍；缓则穆如埙箎，急则惨若铦邪。亲属之荣悴以此，人身之轩轾匪他。何必耆旧传而特笔，人物志以编摩。第登名于仕版，若陟巘以盈科。有规有矩，如琢如磨。谅有朝其必市，想无臣而不波。乃有扬休山立，镵戚驼驼。姓名舛诡，爵地参差。鸢视虫其一粒，豹觉貙以随窠。苟有怀而未暝，总奔命于旁罗。是故谒选则咳成雷雨，议汰则委若泥沙。地贵则联之以云锦，命贱则等之以风花。至消详于品列，益抚卷而增嗟。名理畸而赝售，功勤埒而盗夸。等奇节而抑真，并文林而采华。然则兹籍也，盖有朱紫异质，淄渑同和者矣。

迨其甚也，且有人焉，巧若穷奇，昧若浑敦，名可以冠楚《杌》，貌足以铸神奸，物论之所必去，兹籍之所独存。方灾木而未已，或阅季而弥尊。亦有行若处子，智若耆旧，望足以压折非是，才足以替献可否。谓周行其必先，视百尔而岂后。比索名于右方，复展转而乌有。或置无人之境，或寄冗从之薮。冷之以所必灰，瘅之惟恐不走。彼拙效其常然，岂削籍之所朽。徒使顽弱之人，览兹籍也，耀其贵如得如惊，黯其贱如失如玷。惩死灰之不然，慕积薪之所占。名已没其焉如，贵及生而可艳。损亢壮以和颜，算幽忧而委念。然则兹籍也，能使人采色飞举，道心沉乱。可触手而偶观，难淹神而久玩。忽掩卷而罔然，吾亦多言之为幻矣。

这是古往今来，对于官场情形概况得最为全面、总结得最为深刻的一篇文赋。穷极官场之态，比尽了仕宦的悲欢。同样属于吏部，有凤凰之官，则必有虮虱之使。有金玉之英，则必有粪土之士。两者相差天壤，岂可言哉？

官场上没有任何可比性。有弱冠而峥嵘，少年得志；有白首而婆娑，终无所获；有受万金而无讥，窃国者为王侯；有拾片羽而为瑕，小贪则为人犯。

做官之道，有长孙曾而袭珪，那是世袭的荣禄；有鬻子女而还家，那是飞来的横祸；有上寿而赐尊的阁老，有自经于幽遐的无奈官员……

那么多年的科考，这些年官场上的颠簸，一般人都被磨平了棱角、丧失了斗志、泯灭了思想，变得平庸起来、油腻起来、因循守旧起来，只有汤显祖始终以思想家的深邃、哲学家的推理、文学家的文笔，把官场上是非美丑、光明与黑暗写得如此辩证周延。

想通了、悟透了，官场上的诱惑便减少了，接下来的辞官并在戏曲中对官场予以深刻地反映和批判，便是题中应有之义了。

万历二十五年（1597）岁末，汤显祖进京参加吏部的考核。

路途之上，他还是要经过山东滕县，还是要感叹滕县知县赵邦清的政绩；哪怕赵知县此时无暇见他，他也要将其簿籍带到北京，要把这样的人才首先向张位老师予以推荐。

这真是特别奇怪的事情，汤显祖自己的升迁问题都还没有谱，却要替他人说话求情，为其他知县的升迁打点人情。各种原因，一是汤显祖真的认可赵邦清，他将滕县从穷县治理成富县，又敢于为老百姓的利益着想，"常以死为百姓争九则之命"，为国家选人才；另外一方面汤显祖也是借此看看老师的能耐，看他是否能纵横捭阖，提携后进。

张位老师也确实接受了汤显祖的推荐，后来将赵邦清勉力提拔为位置尚可的吏部稽勋司郎中。

可是汤显祖也在北京的政治风云中，深深地感到张位老师岌岌可危的状况。半年之后，老师就因为"炮制妖书"等一系列指控，被神宗皇帝革去了功名。

朝中无人，还能够在基层翻起多高的波浪？于是，关于汤显祖升迁包括改调温州的种种美妙的传说和梦想，都止于黄粱一梦而已。

安徽梅禹金在《与汤义仍》的信中，以文人一厢情愿的想象，说汤显祖此次进京一定能够得到重用，据说连神宗皇帝的屏风上，都有着汤显祖其人的大名，如此等等，此时不升，更待何时？

朋友们的美好祝愿固然要表示感谢，但是汤显祖在京深入了解和思考后，觉得情况并不美妙。张位已经是泥菩萨过江——自身难保，怎能再去保举他人呢？再说，当年汤显祖在南京上《论辅臣科臣疏》，先后炮轰并且得罪了前任首辅申时行、后任首辅王锡爵。诚然，这两位首辅都先后退位了，但是其虎威还在、党羽还存，要拍死汤显祖这一只小小的蚊子，犹如空中挥拍、探囊取物一样方便呢。

怪不得刘应秋曾经托付其好友、浙江巡抚王汝训关照汤显祖，还在《与汤若士》书中预判道："到任后数月，即有揭赴部，欲兄早脱苦海。"可是当王汝训推荐汤显祖担任南京刑部主事时，上面的回答是婉言谢绝："下次再说，等待时机吧。"

怪不得当吏部文选司郎中顾宪成举荐汤显祖担任南京礼部主事时，"留中不报"，文书被扣压延迟，何年何日才可能往上送呢？

遥遥无期便是不送，便是被高官打了招呼、下了禁令。

还有朝廷派来的搜山大使。搜山之后，便要来挖金山、掘银山，破坏风水，欺压百姓。

在遂昌的丛山峻岭之间，包孕着浙江的富矿区，此地物华天宝、金藏玉润，这是上天的赐予、造化的馈赠。在唐代金窟对面的山峰，人称"金婆婆"，传说就是看护守卫这些金山银山的金菩萨。

可是相比人类的贪婪和逐利的本性而言，就连山林富矿的卫护神金婆婆也徒叹奈何，实在是照看不住啊。

任是深山更深处，也应无计避征徭。皇上要钱，地方遭殃，生态受损，百姓受难。遂昌这里的征徭方式之一，就是无休无止地开采金银富矿，吃祖宗饭，断子孙粮。

大唐王朝的繁华，少不了遂昌矿山的托底。唐代的开采掘进，所留下的金窟尚在，一向负有盛名。迄今为止，当年烟熏火爆、艰难开掘的洞窟还在，曲曲弯弯，深深浅浅，令人感慨。

北宋元丰年间之后，官方开采的进度加快，遂昌的主矿区号称"永丰银场"。元代也相继有一些开采活动，不绝于缕。

大山虽然是难得挖平，但是可以挖伤挖丑，这就极大地破坏了风水景致。到了明代，由于山表富矿的减少和技术条件的限制，矿井时开时废，在绿水青山上留下一个又一个伤疤一般的坑坑洼洼，严重破坏了自然生态。隧道事故甚多，民工死伤不少。所以诸多有识之士，包括汤显祖的老师相张位、本地的京官项应祥在内，一向对各地盲目挖掘、破坏山体、影响风水的开采活动极力反对。

但是神宗皇帝朱翊钧对首辅、大臣们那些堪称迂腐的想法和一再的劝阻，深不以为然，对老百姓的死活更不放在心中。为了金银珠宝的摄取，朝廷直接派出诸多中使，四面八方到处找寻矿山，督促当地加快挖坑开矿，上缴金银珠宝。

像黄蜂一般到处嗡嗡的太监们，哪可能都是开矿的专家。他们所到之处，要么寻找旧矿，要么道听途说，只要觉得地下有矿苗，那就拆房毁屋、烧杀抢掠，无恶不作，以至于"鞭挞官吏，剽窃行旅"，商民恨之入骨。于是民愤四起，传言也有上达天听者，但是"帝不问"，因为这都是他的爪牙，他纵容他们，同时也自毁了朝政。

万历二十一年（1593）三月十八日，汤显祖到达遂昌主政。打虎、兴学，纵囚观灯，作为父母官爱民如子，诸多工作皆有声有色。由此日常诉讼日稀，人文情怀日隆。可是，就连他常常夸耀的遂昌之绿水青山，也受到了严重的毁坏。

万历二十四年（1596）十二月，太监曹金任江浙矿使。他还亲自到达浙江矿产的主产区遂昌，督办采矿事宜，为了皇上的喜好和个人的政绩，曹金还虚报了可以开采的矿坑七十三处。

朝廷闻报，甚是欢喜。于是曹金严令勒逼，让遂昌县令汤显祖复开矿区较大的黄岩坑铜矿、银坑山金银矿。

面对朝廷命官，汤显祖岂敢违抗？他令人"先用辇水役徒数百人，增车至一百三十五辆"，试图排除矿坑内的常年积水。可是矿坑颇深，水量极大，"车戽三年，杳无底绩"（项应祥《醯鸡斋稿》）。当地有人还说，这是挖通了地泉，通了龙宫，再挖下去会有祸殃。

汤显祖在《戏答无怀周翁宗镐十首》之四中，对朝廷的矿政深为不满："平昌金矿浸河车，曾道飞烧入用佳。中使只今堆白雪，衰翁几日试黄芽。"

说到底，这些中使都是在执行皇上的旨意。于是汤显祖在《感事》一诗中，对朝廷予以了直接讽刺和尖锐抨击：

> 中涓凿空山河尽，圣主求金日夜劳。
> 赖是年来稀骏骨，黄金应与筑台高。

这里的典故出自于《战国策·燕策一》。原文如下：

> 昭王曰："寡人将谁朝而可？"郭隗先生曰："臣闻古之君人有以千金求千里马者，三年不能得。涓人言于君曰：'请求之。'君遣之，三月得千里马，马已死，买其首五百金，反以报君。君大怒曰：'所求者生马，安事死马而捐五百金？'涓人对曰：'死马且买之五百金，况生马乎？天下必以王为能市马，马今至矣！'于是不能期年，千里之马至者三。今王诚欲致士，先从隗始。隗且见事，况贤于隗者乎？岂远千里哉！"于是昭王为隗筑宫，而师之。乐毅自魏往，邹衍自齐往，剧辛自赵往，士争凑燕。

战国时期的燕昭王求才，如今的皇上求财，品格的高下不一样啊。汤显祖此诗的怨气之深、胆子之大，极为罕见。

要开掘金银，谈何容易，到哪里去找开矿工人呢？当年的遂昌县，总共仅一万三千余人口，刨除老弱病残，真正可以上阵的青壮年不足五千人。可是仅仅排除黄岩坑一处的积水，就需几百人白天黑夜连轴运转，日复一日年复一年，也看不到明显的成效。任何矿区都一样，常年的开采必然导致矿体的品位下降，蕴藏的深度增加，采矿的难度增大，安全系数也必将大幅度降低。

做七品芝麻官，服江浙矿使管束，可面对抽不干的水，汤显祖深表担忧。面对这些皇家监工和顶头上司，他无比郁闷地在《寄吴汝则郡丞》中说："搜山使者如何，地无一以宁，将恐裂。"再闹腾下去，山崩地裂，坑洞塌陷，那该如何是好呢？

汤显祖的预感是对的。他出于无奈挂冠归去之后，黄岩坑就因为不停地开掘排水，造成了重大塌方，工人们被山石盖顶，造成了重大伤亡。

诸多人生命的无端遭难，引起了大家的一致抗议。本县出去的京官，那位正四品官太常少卿项应祥等诸多士大夫纷纷反对开矿，大家都觉得劳民伤财，竭泽而渔，伤亡太多，未必合适。神宗皇帝有鉴于此，才不得不勉强同意让黄岩坑"报罢"，但其他没有出过事故的地方，开矿活动则照常进行。

万历二十五年（1597）底，汤显祖到京述职，但审时度势，从各个方面传来的消息，似乎都不怎么美好。这个知县还要做下去吗？

经过思想上痛苦的挣扎之后，汤显祖终于在万历二十六年（1598）春，向吏部请了长假，表示了挂冠隐居的意思。吏部照例表示挽留，但是那些官场上的虚情假意，对汤显祖而言已经没有任何意义了。

他在《答山阴王遂东》的书信中说："世路良艰，吏道殊迫"，"乡心早已到柴桑"，仿效乡贤陶渊明归隐，势在必行，不可阻挡。

在写给《答郭明龙》的书信中说："上有疾雷，下有崩湍，即不此去，能留几余？"

于是，汤显祖毅然决然地挂职归去，从此中国多了一位享誉世界的大戏剧家，少了一位虽不至于庸俗无聊，但却也志不获展、郁郁寡欢的七品县令。

人生而有情。当汤显祖弃官的消息传到遂昌之后，整个县城都为之震惊、为之叹息。由县衙官吏和父老乡亲派出的代表，沿着艰难崎岖的山道、蜿蜒曲折的水道，前往汤显祖返乡的必经之地——扬州，想到那里去找寻他、拦截他、说服他，劝他收回成命。

扬州钞关，正是大运河和长江的交汇之地，汤显祖返回临川，当从此地溯江而归。

真是人有善愿天必从之。遂昌的士绅百姓们千追百寻，在没有任何即时的通讯工具可以凭借的情况下，终于望穿秋水，众里寻他千百度，在江边的钞关码头，找到了汤显祖的泊船之处。

难道这就是天意，老天又给了遂昌百姓劝回好县令的一线生机？既然见了面，相向痛哭不说，他们有的晓之以情、动之以理，有的愁云密布，哀求声声；其中还有几位千辛万苦地赶过来的男孩子，干脆拉住船头，希望能够将这位好县令劝回遂昌，再理县政。

自古以来，做官能够做到这样，可真是百姓之真爱、官吏所敬仰，这是拿多少金银珠宝也买不来的百姓之口碑。汤显祖为之深深感动，感慨万千，不能自已。有诗为证：

富贵年华逝不还，吏民何用泣江关。

清朝拂绶看行李，稚子牵船云水间。

（《戊戌上巳扬州钞关别平昌吏民》）

这是一幅鱼水情深的官民辞别图，也是千百年来难得一见的县官与百姓依依惜别的感人场面。三年清知府，十万雪花银。哪一位官员在离任时不赚得盆满钵满的？老百姓恨都来不及，驱赶瘟神都来不及，哪里有驱驰数百里前往挽留之理？

鉴于遂昌士绅乡亲们的深情厚谊，汤显祖前往南京拜谒过南京通政参议李三才之后，还是折返到遂昌县城，有始有终地与各路朋友们泪眼相向，执手相别。

南宋时的遂昌，有一位著名的爱国诗人王镃，曾在汤显祖的家乡金溪（今江西抚州）担任县尉。宋亡之后，王镃从仕途上迷途知返，销声遁迹为道士，隐居大湖深山之间，与志同道合的遗民尹绿坡等人结社唱酬，人称"月洞先生"。其诗集由其族孙养端于明嘉靖三十七年（1558）刊为《月洞吟》一卷。

王养端为其诗集作序曰：

> 端族……有介翁讳镒者，文章尔雅，造履峻洁。仕宋，官县尉。当帝昺播迁，势入夷元，即幡然弃印绶，归隐湖山，与尹绿坡、叶柘山诸人结社赋诗，扁所居曰月洞，意以孤炯绝尘，颛顼自抗，庶几乎有桃源栗里之致焉。每对时愤懑辄形于诗，所谓"山河隔古今，天地老英雄。局败棋难着，愁多酒易中"之句，往往闻者恨不得见其人，与之言衣冠礼乐之盛，声明文物之华，有如今日者。呜呼！冯道五朝，管仲再霸，后世羞之。若介翁不亦超然隐君子哉！

汤显祖对这一位前代的先生极为敬重，亦为其诗集作序云："宋月洞先生诗殆宛然出晚唐人手，宋之季犹唐之季也。"

得知汤显祖要挂冠归去，王镒后人王养端急忙过来看望。汤显祖想起宋末月洞先生从官场上下野，毅然作湖山游的骨气，不免引为同类，为其题词曰"林下一人"。

"林下一人"，语出唐代容州刺史韦丹，有诗作奉寄僧灵澈诗，诗中颇见归隐之意。灵澈观后，颇不以为然，便随机和诗一首道：

> 年老心闲无外事，麻衣草座亦容身。
> 相逢尽道休官去，林下何曾见一人？
>
> （《东林寺酬韦丹刺史》）

文人官僚，大多数都有归隐之思，但大都是说说而已，当不得真的，他们很难放弃这在朝为官、过期作废、一旦归隐、难以再逢的种种既得利益。只有王镒在宋室板荡、神州陆沉之际，以其弃官归隐的实际行动，表达了爱国之情和孤高之意，成为真正的林下一人。

因此，汤显祖为王镒的题词，借古喻今，基本上是对自己去意已决、不可反悔的个人意志之表达，也借此肯定了王镒的选择，称赞他避世归隐，保持了良好的道德情操。

归去来兮，田园将芜胡不归？汤显祖小住几日之后，还是留恋不舍地离开了遂昌，回到了老家临川。

即便回到老家临川之后，每当遂昌的士绅父老有文相求，汤显祖势必欣然命笔。后任知县与百姓修好了土城，求文于他，他便作《遂昌新作土城碑》，表达了自己对这片第二故土的诚挚感情。

遂昌的读书人到临川来访学求知，汤显祖也真诚相待，传道授业解惑，款待年轻的士子。叶干从遂昌到北京国子监读书，总要绕道前往临川去看望恩师；其兄叶梧从岭南回来，也同样要到临川去探望这位名师。

遂昌人是那么热爱这位父母官，可是汤显祖总是觉得自己做得太一般。如果说还有自己认可的方面，那就是他在《与门人叶时阳》的信中津津乐道的两道底线：

一是保护并尊重女性，"在平昌（遂昌）四年，未尝拘一妇人"。

二是除了办学、修城等公益大事之外，坚决不向百姓乱收费："非有学舍城垣公费，未尝取一赎金。"

一般来讲，退职的官员不值钱，可是在遂昌父老的心目中，汤显祖的地位却至高无上。哪怕回到临川两年了，当汤显祖长子英年早逝之后，遂昌立即派人去临川参与吊唁，极尽慰问之情。

即便在汤显祖挂冠归去十年之后，遂昌士民还在念他的好、感他的恩，乃于万历三十六年（1608），在遂昌城内为其建造生祠。为此，还专门委派画家徐氏，前往临川为汤显祖画像。

作为一身正气、两袖清风的好县令，汤显祖还一直以"四不四香"作为自爱、自尊和自警的镜鉴——不乱财，手香；不淫色，体香；不诳讼，口香；不嫉害，心香。

所以张石泉先生于《汤显祖在遂昌》一文中说："从隋到清历1300多年，有姓名可考的遂昌县官共有315人，而能受到人们如此怀念的，尚无第二人。"

第二十二章

生生不已玉茗堂

万历二十六年（1598）四月，汤显祖如释重负般回到故乡。

这一年，汤显祖虚岁五十，既然升迁无望，情知官场险恶，是该返归自然，怡情养性，跳脱樊笼，叶落归根了。

树有根，鸟有窝，人有居。田园将芜，归来也早。可是汤显祖生身之地的老屋旧居，早就已经为烛龙光顾，不复存在了。

早在隆庆六年（1572）除夕之夜，隔壁邻居因为爆竹所引起的一场大火，因风连横，殃及汤家，于是玉石俱焚，老屋尽毁。

实在出于无奈，老父汤尚贤便改在香楠峰下，在汤显祖曾经就读过的家塾一侧，营建了小筑几间，聊以自住。

现在汤显祖回家乡了，带着家眷孩子一批人，老父的房子就显得捉襟见肘，无法舒展开来。

诗意的归隐，必须要有赏心悦目的宅院。汤显祖只好买下隔壁高家的废宅与土地，在此营建了玉茗堂和金柅阁两处园林式的宅院。玉茗堂是主建筑，起居会客和写作都在这里，演戏的小舞台也搭建在这里；金柅园中的金柅阁，则是游园休闲、感受自然的好所在。

"废里千金买宅虚"。以玉茗堂为中心加以扩展，汤显祖先后营建了

"省兰堂""寒光堂""清远楼""芙蓉馆""四梦台"等建筑，总占地面积为一千平方米。

金栀园作为园林部分，一共有二千多平方米。

光绪三十二年（1906）重修的《文昌汤氏宗谱》，从方位格局上描摹了玉茗堂、金栀园的基本地貌：

> 北后东址尧墙，至西址汤邓共墙五丈九尺；南到前东址尧墙，至西址汤邓共墙六丈五尺；北至南公路十四丈，连门首塘一口；塘西金栀阁地基，靠陈墙北，直至郑横墙五丈五尺；东址公路，至西址陈墙十一；中横东址公路，靠郑横墙牵至陈墙十一丈；南上东路井下，至西李墙五丈五尺；东边公路北，至南井下二十丈零五尺，西边靠李郑两姓墙角，北至南十四丈五尺。

金栀园玉茗堂的一应主体建筑落成之后，汤显祖十分欣慰。文章有题目，庭院有名头，楼阁有寓意。因此，各处的题词楹联，原本都是题中应有之义。

在寒光堂，汤显祖自题的楹联是：

> 身心外别无道理，静中最好寻思；
> 天地间都是文章，妙处还须自得。

这是值得人们深思的警句。一切道理都与身心同在，身心若不在，道理何处存身，如何讲究？这也是对程朱理学所谓天不变道亦不变的刻板科条的反驳，也带有客观唯物主义的一些感觉。至于下联，便明白清楚地告诉才子们，文章之道，天地间处处皆是，绝妙好处，还是在于您自己是否能够领悟得到、表达得出、歌咏得好。

汤翁未来的女婿、江西吉水状元刘同升撰写的楹联是：

门满三千徒四海，斗山玉茗；

家传六七作万年，堂构金汤。

上一联说的是汤显祖在华南、江南兴学的事迹，其实也在不经意中预示了汤显祖的学生与观众之多，何止孔子的三千门徒之众；斗，还是泰山北斗的意思。香楠峰未必最高，可是玉茗堂所建之处，当为泰山北斗之胜景；下联的六七作，有人说是指玉茗堂的进深，有的说是指汤家图书之多、文物之丰，其中还包括了唐朝褚遂良的《兰亭集序》摹本。究竟指向何处，目前尚没有定解。

据说汤显祖对刘同升的下联，甚为欣赏。因为他特别希望自己所苦心营建的玉茗堂园林固若金汤，流传下去。十四年后，六十四岁的汤翁还在《癸丑四月十九日分三子口占》中叮嘱说："分器不分书，聊以惠群愚。分田不分屋，聊以示同居。"不分书可以理解，还是家族的共有的图书馆；不分屋，是他希望保全自己精心打造的建筑物与园林的全貌。至于在他身后，玉茗堂遭遇的大火焚烧之灾，那是后话了。

刘同升（1587—1646），字晋卿，又字孝则，江西吉水人。他生于明神宗万历十五年，到汤家祝贺并撰写楹联的时候，年方十二岁。其父刘应秋乃探花出身，与汤显祖是同年进士，所以两人才愿意结成儿女亲家，汤显祖把小女儿詹秀许配给了刘同升。所以刘应秋一直在朝堂上提携汤显祖，希望这位大有才华的同年进士从遂昌县令任上再有升迁。历朝历代的政治家包括汤显祖在内，婚姻大事都讲究门当户对，地位升迁上都有着千丝万缕的联系，于此可见一斑。

至于汤翁的爱女詹秀少年病故，未得与刘家结成秦晋之好，那也是无奈的悲哀。

作为明崇祯十年（1637）丁丑科状元刘同升，在明朝亡后，投奔到唐王麾下，高举抗清大旗，从江西赣州起兵，接连收复了吉安、临江等地，最终兵败而亡。著有《明名臣传》《明文选》《金石宝鉴录》等，按下不表。

汤翁的门生、崇祯间的进士陈大士为汤师的新居题联曰：

古今三大业，天地一高人。

门生认为汤翁当得起三不朽之名，但是不朽毕竟不大吉利，那就巧妙地改成了三大业，语出春秋时鲁国大夫叔孙豹的名言。《左传·襄公二十四年》谓："豹闻之，'太上有立德，其次有立功，其次有立言'，虽久不废，此之谓三不朽。"

陈际泰（1567—1641），字大士，临川腾桥人，才思敏捷，一天可写二三十篇八股文，故此文章流传，多达万余篇，"经生举业之富，一时无出其右"。明人谈孺木的《枣林杂俎》记载："临川陈大士深于经术，尽日可草制义三十首（篇）。"《话制艺》中云："以宗匠之学而造大家之旨者，前明惟陈大士。……若以宏词为名家之尤者，则刘克猷、李石台；以深思为名家之尤者，则章大力、罗文止。"陈际泰是名副其实的八股时文之圣。

民国大文豪胡适，也曾对周亮工编纂的《尺牍新钞》赞颂有加，认为该书是值得流传的。这书收的都是十七世纪的尺牍，其中如陈际泰、艾南英等四位是八股文的大将。他们的文章都没有了，只有这几篇尺牍在这书里保留了。这些尺牍都没有做作的架子。

且看陈际泰《答闽中罗美中》书中所言："弟无似，诚不自意孤行一道，宇宙之人，翕然从之。四海之风，为之丕变。弟文凡万首，行世者亦三千首。"

他们四个人的文章，竟然把全国的八股文的风气都改变了。你看他口出狂言，这是何等的气魄。

在汤显祖的门生之中，陈大士还是比较为老师争气长脸的一位大家，写八股文也能写出规模和名堂来，这绝对是得了汤显祖的嫡传。

玉茗堂落成题匾之后，汤显祖甚是得意。他在书信歌咏中，不无得意地告知朋友们说：

为郎苦迟去官早，历落乡关罢伦好。

忽忽神游京洛春，泣向五台原上草。

马翁只似扶风人，乐生当作望诸君。

卧想少游何可得，拜筑高堂曾一闻。

世局风流常似此，曾见英雄长不死。

江山岁月老闲身，风雨鱼龙动君子。

沙井阑头初卜居，穿池散花引红鱼。

春风入门好杨柳，夜月出水新芙蕖。

往往催花临节鼓，自踏新词教歌舞。

青春索向酒人抛，白发拚教侍儿数。

烟雨楼前烟雨迷，莺脰湖边莺脰啼。

但取风光足留赏，越西还胜大江西。

（《寄嘉兴马乐二丈兼怀陆五台太宰》）

尽管汤显祖自谦大江西不如越西好，临川不如嘉兴好，但是见过大世面的他，营建的庭院与园林规模，在当地还是相当可观的。

单说此间的沙井，古今一直碧波荡漾。玉茗堂前的小湖名曰蔼池或曰莺脰湖，荷叶碧绿，鲤鱼金红，莲花初绽，春风杨柳，更兼那烟雨楼前的烟雨，莺脰湖边的莺啼，都令诗人心旷神怡。击鼓催花也好，教习戏曲也好，诗人白发已生，豪情无限。

汤显祖特别喜爱家乡漫山遍野的山茶花。该花乃蕾类球形，萼片与花片都是五片，或鹅黄、或深绿，或白色、或浅金色，另外还有各种浅红、深红的彩色品种。

玉茗花，又称玉仙花，乃山茶花当中的纯白色品种，因其花瓣如玉之洁白、如蕊之粉嫩，幽香阵阵，沁人心脾。该花在夏秋两季盛开，花期较长，望之令人心旷神怡。

此花可以泡茶、可以入药，清肺平肝，深得五十岁的汤翁之爱怜。爱花及屋，汤显祖便把园林的主体建筑称之为玉茗堂。

老年汤显祖，从此便把自己的喜怒哀乐、人生志趣乃至戏曲创作，都与玉茗堂联系起来，"玉茗堂四梦"之诞生，与此怡然自得的美好环境大有关系。

《牡丹亭》开篇伊始的《标目》中便说：

> 忙处抛人闲处住，百计思量，没个为欢处。白日消磨肠
> 断句，世间只有情难诉。　　玉茗堂前朝复暮，红烛迎人，俊
> 得江山助。但是相思莫相负，牡丹亭上三生路。

忙忙碌碌的遂昌县令，因为生命主体自觉的选择，回到了无比安闲的临川老家，在自己新造的玉茗堂中朝朝暮暮，只有写作，写作这令人断肠婉转的《还魂记》，这才是消闲之法，也是使得自己倍感快乐的人生之道。俊得江山助，万千才华也要在一个无比安静但又生机勃勃、鸟语花香又兼万紫千红的美好环境中，才能相互激发，彼此相悦，文思如泉涌，彩笔接天壤，让无边的灵感得到充分地展现。

归隐于玉茗堂中，汤显祖先后创作了《牡丹亭》（1598）、《南柯梦记》（1600）、《邯郸记》（1601），连同之前逐步写作的《紫钗记》在内，合称为"临川四梦"或"玉茗堂四梦"，并在剧作中完整地展现其"至情"的世界观。

"至情"论主要是源于泰州学派，同时也渗透着佛道的因缘。

汤显祖的老师罗汝芳，是泰州学派代表人物王艮的三传弟子。他在任云南参政时因全力阐扬泰州学派的理论而被罢官。他在《近溪子集》等书中提出"制欲非体仁"的观点，肯定了人的多重欲求。汤显祖从老师身上直接体悟了泰州学派的一些主张，他曾自谓"一生疏脱，然幼得于明德（汝芳）师"（《答邹宾川》）。对汤显祖打开思路大有启发的人物，还有王学左派的后期代表人物、著名的反封建斗士李贽。李贽的诸多论说带有市民阶层强烈的个性解放色彩，对汤显祖产生了积极的影响。

与李贽并列为思想界"二大教主"的禅宗佛学家达观和尚，与汤显祖有着多年的神交。达观在其有生之年，几乎都在关注并劝化着汤显祖。当年中举后，汤显祖曾在南昌云峰寺题过两首禅诗，没想到时隔二十余年，达观在初见汤显祖之时，便能一字不差地背诵出来。汤显祖

的"寸虚"之号，也是达观所赐。

业师罗汝芳、亦师亦友的达观和尚、素所服膺的李卓吾先生，是汤显祖思想与人格形成过程中矗立起的三座丰碑。他深情地回顾道："如明德先生者，时在吾心眼中矣。见以可上人（达观）之雄，听以李百泉之杰，寻其吐属，如获美剑。"（《答管东溟》）他们对汤显祖确立以戏曲救世、用至情悟人的观念都影响至深。

仙风道骨的隐居传统、寻幽爱静的家庭祖训，也在一定程度上左右着汤显祖的人生选择。祖父四十岁后隐居于乡村，并劝慰孙儿弃科举而习道术；祖母亦对佛道经文诵读不倦。就连汤显祖的启蒙老师徐良傅，虽然身为理学名臣徐纪之子，并曾任武进县令，但因直言被罢官后，也对蓬莱仙境景仰契念。罗汝芳也深通神仙吐纳之旨。凡此种种，都潜移默化地影响着汤显祖的人生信念。他之所以没有偏执于仙佛一端，也与仙理佛旨的左右牵引所形成的相对平衡有关。徘徊出入在儒、释、道的堂庑之间，这使得汤显祖更加洞彻事理，更能从容构建自己的"至情"世界观，并在戏剧创作中予以淋漓尽致地演绎和张扬。

汤显祖的"至情论"大致表现在三个层面上。

从宏观上看，世界是有情世界，人生是有情人生。"世总为情"（《耳伯麻姑游诗序》），"人生而有情"（《宜黄县戏神清源师庙记》），"情"与生俱来并始终伴随着生命进程。而且"万物之情，各有其志"（《董解元西厢题词》），各有其秉性和追求。"思欢怒愁"等表象、感伤宣泄等渠道，都是情感流程中的不同环节。世间之事，非理所能尽释，但都一定伴随着情感的旋律。

从程度上看，有情人生的最高境界是"至情"，《牡丹亭》便是"至情"的演绎。汤显祖在该剧《题词》中说："情不知所起，一往而深。生者可以死，死可以生。生而不可与死，死而不可复生者，皆非情之至也。"这种贯通于生死虚实之间、如影随形的"至情"，呼唤着精神的自由与个性的解放。

从途径上看，最有效的"至情"感悟方式是借戏剧之道来表达。戏剧表演可以"生天生地生鬼生神，极人物之万途，攒古今之千变"，使得观众在戏剧审美活动中无故而喜、无故而悲，将旁观者的冷漠与麻木不仁的状态调整过来，"无情者可使有情，无声者可使有声……人有此声，家有此道，疫疠不作，天下和平"，人们最终在"至情"的照耀下，于戏剧的弦歌声中，把世界变成美好的人间（《宜黄县戏神清源师庙记》）。

汤显祖曾经尝试过以情施政，在县令任上创建其"至情"理想国。情之所至，除夕、元宵所放之囚犯按时归狱，无一逃逸；情之所感，当他辞官南下时，遂昌黎民代表在扬州苦苦挽留。汤显祖为百姓开办了相圃书院，百姓也为业已离任的好县令在书院中建立了供奉的生祠。然而绝情无义的朝廷及其大小爪牙们的倒行逆施，最终使汤显祖的政治"至情"理想国的美梦归于破碎。于是，他就借梨园小天地展现人生大舞台的瑰丽画面，在戏剧艺术中畅快恣意地演绎出无情、有情和至情的三大层面和多元境界。他甚至把戏剧的情感教化作用自由铺张、无限放大，最终把戏剧看成是一种可与儒、释、道并列的极为神圣的精神文化活动。他的《宜黄县戏神清源师庙记》虽然挟裹着夸饰、排比的修辞意味，但更多的是寄寓着其以"至情"为中心的社会理想，充满着丰富与热情的人文关怀精神。汤显祖再三强调人的情感需要，肯定人的审美欲求，这正是对程朱理学无视情感欲望的有力反驳，哪怕矫枉过正，却也淋漓畅快。总的看来，汤显祖的"至情"观念及其戏剧实践，是对统治阶级所设置的重重精神枷锁的挣脱与释放，是意识形态领域中十分可贵的自由精神之翱翔。

话说天地万物，生生不已，欣欣向荣，浩浩汤汤，奔向未来。这既是生命不息的无边轨道；但是万事万物，俱各有其寿算，兴废更替，也是永恒的运动。汤显祖精心打造的金柅园与玉茗堂，也是如此。尽管他希望自己苦心经营的园林永葆其格局不变，他希望百年之后，儿孙后代不要分屋，不要破坏园林原貌，可是意想不到的历史大趋势，常常会玉石俱焚，汤府又岂能幸免呢？

汤翁归天之后未满三十周年，清兵南下，以抚州地区为战场，与福建过来的永宁王之万人大军展开决战。

战争一来，玉石俱焚。整个临川城在烧杀抢掠中大半被毁，汤府也难以幸免，被战火毁于一旦。当年营造的时候何其辛苦艰难，如今焚烧的刹那间何其迅捷，人世之变化无常，岂不令人感叹唏嘘！

玉茗堂的盛衰更替，至此还没有结束。到了后来，连地基都被外姓所占。到了汤显祖之同父异母兄弟汤寅祖之孙汤秀琦（1625—1699）的年代，情况才有了新的转机。

康熙二十三年（1684），新来的抚州通判陆辂，是常熟一代著名的诗人。此公常和钱陆灿等人作诗酒之会，文人情怀特别浓厚。他觉得虞山东麓风水甚好，便在此营建"嘉荫堂"，亭台池沼翻空出奇，绣阁帘栊环佩叮当，其中的"十五松山房"，更是文人骚客聚集之地、吟诵之所。著名的《嘉荫堂十咏》便是在这样的锦绣繁华之地歌咏出来的。所谓"歌声花底出，月影树梢来"，一直还被人们津津乐道。

作为官宦人家的子弟，他从官恩县县令至抚州通判，在抚州与汤秀琦论文，对汤显祖的诗文戏曲、逸闻轶事深为敬慕。当他意欲寻访玉茗堂故居时，汤秀琦万分伤心地回答："栗里荒烟，岂可复问乎？"

当陆辂与汤秀琦前往凭吊玉茗堂废墟的时候，眼前早已是荒野一片，四顾颓然。

陆大人摇头感慨，终于找到时机，从外姓手中收回汤家的土地，再建议抚州下面所属六县，一起捐建玉茗堂。

六县县令一是景仰汤翁，二是不敢违抗上命，再想想同是做过一方县令的人，惺惺惜惺惺，也该文人相惜，于是自觉地出手相助。

群策群力之下，康熙三十三年（1694）秋，玉茗堂得以复建落成。陆辂亲作《鼎建汤若士先生玉茗堂祠记》，新堂上有书联："金枅再毓华，望秋水百川，画图不改王摩诘；玉茗留清远，听春风一曲，楼头时见韦苏州。"

督学王公在上加一横批——"文章品节"。

最有原创精神和文化意义的文化盛事，是陆辂在此大宴抚州郡僚、六县县令，并专门约请了昆班艺人，就在玉茗堂连续两天两夜，演出《牡丹亭》中的折子戏。汤翁若有知，当会何等兴奋雀跃！

为记盛事，陆辂抒写《玉茗堂彻夜演〈牡丹亭〉有题》云：

> 百年风月话临川，锦绣心思孰与传。
> 一代人文推大雅，三唐诗格会真诠。
> 常看宦味如秋水，却任闲情逐暮烟。
> 奇绝牡丹亭乐府，声声字字彻钧天。

大诗人王士禛远在京师，得知此风流雅事之后，题咏如下：

> 落花如梦草如茵，吊古临川正暮春。
> 玉茗又闻风景地，丹育长忆绮罗人。
> 望城回棹三生石，迦叶闻筝累劫身。
> 酒罢江亭帆已远，歌声犹绕画梁尘。

不错，天下无不散的宴席，人间没有永恒的庭园，戏剧场中也没有长久的舞台歌榭，从汤显祖自建玉茗堂到陆辂的复建名胜园，都是一时之文化景观。

但自此而后，官僚文人在自家的园林庭院中，遍请朋友们来观看《牡丹亭》，已经成为一代代的文化节日和戏剧风尚。

清代同治十二年（1873），一位自署"西蜀居士"的江湖游客，来到抚州的汤显祖故里，想象当年汤府陆园的基范胜景，想到汤剧中的杜丽娘也是西蜀人氏，不免热泪泫然，立起石碑，以表缅怀之情。

物质上的玉茗堂可以兴废，但是汤显祖的"玉茗堂四梦"早已经不胫而走，盛传天下，成为中华民族的重要文化遗产之一。

第二十三章　寻芳杜丽娘

从"光照临川笔，春分庾岭梅"的江西大庾南安府后花园（今大余县牡丹亭公园）起兴，经过"牡丹亭、绿荫亭、蕉龙亭、舒啸阁、芍药栏、梳妆台、玉池、玉池精舍、梅花观、丽娘家"十大景观酝酿起步，到抚州的临川玉茗堂中收笔完成，汤显祖的《牡丹亭》已经整整构思、孵化了八年，最终在明万历二十六年（1598）之秋一挥而就。

"情不知所起，一往而深，生者可以死，死可以生。生而不可与死，死而不可复生者，皆非情之至也。梦中之情，何必非真，天下岂少梦中之人耶？"沿着汤显祖本人的《牡丹亭记题词》，我们到《牡丹亭》的梦境中去此地寻芳、重点品人、总体论剧。

文学上的杰作往往是站在前人搭建的云梯上得以升华的，汤显祖的《牡丹亭》也不例外。传统文学中类似《搜神记》中紫玉、韩重人鬼恋的故事原型难以胜计。据汤显祖自己说，该剧"传杜太守事者，仿佛晋武都守李仲文、广州守冯孝将儿女事，予稍为更而演之"（《牡丹亭记题词》）。但是《牡丹亭》的真正蓝本应该是《杜丽娘慕色还魂》话本。

汤显祖以点石成金的圣手，将故事的认识意义与审美价值提升到新的高度。话本原是两个太守，一双儿女门当户对，终偕连理的喜剧框架。汤剧则将男主人公的社会地位下移为穷秀才身份，就连科考的盘缠都要靠他人资助。话本中的双方父母承认儿女婚姻何等爽快，而剧中的杜太守要认可女婿则比登天还要困难。话本中正反两方面冲突的阵营十分单薄，剧本中则创造了腐儒陈最良、花神与判官等一系列新出现的人物，从而使冲突的构建更为丰厚完整。话本要窘迫仓促地讲完一个言情故事，剧本则舒缓从容地演绎出一个个如诗如画的抒情场面。指出《牡丹亭》的渊源与蓝本，丝毫无损于汤显祖的光辉，反而更进一步体现出这位天才作家对民间文化遗产的尊重和发扬。

《牡丹亭》不仅写明了外在事件的矛盾纽结，更写活了人物形象，描摹出主要人物不断发展着的性格，并使得隐性而内在的戏剧冲突渐次升级。

杜丽娘与小丫头春香、青年书生柳梦梅构成了全剧冲突的正方。

梦幻达人杜丽娘，是剧中当之无愧的第一主角。身为官宦人家的千金小姐，杜丽娘才貌端妍，沉鱼落雁鸟惊喧，羞花闭月花愁颤。其读书认真，聪慧过人。男、女《四书》能逐一记诵，摹卫夫人书法几可乱真。

作为掌上明珠般的独生女，她对父母无比孝顺。作为女学生，她对老师无比尊敬，一见面就提出要为师母绣双寿鞋。按理说，这样一位淑静温顺的娇小姐，完全可以无忧无虑地等着良辰吉日、好事来临，有朝一日做一位门当户对、大富大贵的夫人。

但杜丽娘除了她乖乖女的一面，还有着与大自然的天然谐和以及对美与爱的强烈追求，还有其心细如丝的分析能力和独立识见，以及建立在独立识见基础之上的自由与反叛的精神。她的女红精巧过人，便在衣裙之上绣上了成双结对的美丽花鸟。她对陈先生照本宣科、"依注解书"的授课方法深感不足，认为《诗经》中的《关雎》篇并不一定是歌咏后妃之德，而是对自由相亲的鸟儿、浪漫结对的君子与淑女的礼赞。

但是杜丽娘天生的自然情性、时令已到的青春觉醒，以及自学彻悟、一点就透的聪慧自觉，一直受到家长和师长辈的重重拘管和多种约束。

其一，家长一直不许她"昼寝"，即睡午觉，怕她白天睡了晚上就睡不着，胡乱做梦。

其二，哪怕她女红过人，慧心巧手，家长也不许她随便在衣裙上绣出成双成对的花朵与鸟儿：怪她衣裙上，花鸟绣双双。因为孩子太小，还没有到谈婚论嫁的急迫当口，绣出那些成双成对的花鸟，特别容易引起思春的感觉。

其三，杜丽娘哪怕长到十六岁，家长也不许她步入后花园。因为花园中的山精鬼魅太多，阴气魂灵太重，一位纯情的小姑娘容易把持不住。平心说，杜府对女儿的拘管还算是好的，明代有多少黄花闺女，被拘在阁楼之上，每天的饭菜都是送上去的，坚决不许小姑娘下得阁楼，以免惹起是非来。

其四，老师陈最良关于《关雎》篇的解释，一味地引用前贤的提示与注解，说什么乃是咏后妃之德，这实在令学生不敢恭维。鸟儿都能成双成对，"何以人而不如鸟乎"？"依注解书，学生自会"，老师要讲的话题，是把基本意旨予以正确的讲述，再加以总体的提领，而不能人云亦云，做一个没有自己主见的冬烘先生啊。

正是在万物葱茏、生气勃勃的春天，美好的梦境被那成双成对的黄莺儿啼醒，"梦回莺啭，乱煞年光遍"，这狭窄的小庭深院哪里束缚得住那起伏万千的心胸，春天的气息一阵又一阵透进来，怎不让人无端生出几多烦恼来？最是这无端的烦恼和阵阵的春愁，令人难以自持——这正是小姐自道的名言：剪不断，理还乱，闷无端。

由此出发，一旦她面对菱花镜发现了自己无比娇艳的"三春好处"，一旦她步入了充满着生机、流淌着春意、洋溢着热情与渴望的后花园中，她的惆怅无奈、她的委屈与痛苦便如江潮般在心头激荡。

　　旦：杜丽娘。贴〔旦〕：春香

　　【步步娇】〔旦〕袅晴丝吹来闲庭院，摇漾春如线。停半晌、整花钿。没揣菱花，偷人半面，迤逗的彩云偏。〔行介〕步香闺怎便把全身现！

　　〔贴〕今日穿插的好。

【醉扶归】〔旦〕你道翠生生出落的裙衫儿茜，艳晶晶花
簪八宝填，可知我常一生儿爱好是天然。恰三春好处无人见。
不提防沉鱼落雁鸟惊喧，则怕的羞花闭月花愁颤。

　　袅袅婷婷的灿烂也晴丝，可以看成是牵扯不断的缕缕情丝，在春风
的抚弄之下来回悸动着。在仔细打扮、盛情梳妆的过程中，杜丽娘在镜
子中发现了自己的美貌容颜，她自己也在为自己惊艳，更为自己的青春
虚度感到无限的委屈。一方面是从头面到容颜，从首饰到衣装，做了极
为认真的打扮；另一方面是"一生儿爱好是天然"，对于鬼斧神工的大
自然的无比钟爱。或者说，自己的盛装打扮，正好是一个极其庄重的仪
式，是为了融入千姿百态的美好春光中去，这才彼此协调，相得益彰，
而不至于亵渎了大自然，辜负了好春光，埋没了美少女。
　　尽管她对大自然的无穷美色有着五色斑斓的想象与预测，可是她在
首次进得花园之后，还是为无边的春色和美好的精致倍感惊艳："不到
园林，怎知春色如许！"父母非但不对她说起这些景致，反而生怕女儿
到花园野地，碰到了山精鬼魅，因此从来不敢让她跨进花园。
　　一旦她置身于花园之中，那泼天也似的震撼，万紫千红的美感，瞬
间便湮没了杜丽娘的心湖：

　　【皂罗袍】原来姹紫嫣红开遍，似这般都付与断井颓垣。
良辰美景奈何天，赏心乐事谁家院！怎般景致，我老爷和奶
奶再不提起。〔合〕朝飞暮卷，云霞翠轩；雨丝风片，烟波画
船——锦屏人忒看的这韶光贱！
　　〔贴〕是花都放了，那牡丹还早。
　　【好姐姐】〔旦〕遍青山啼红了杜鹃，荼蘼外烟丝醉软。春
香呵，牡丹虽好，他春归怎占的先！

　　最大的问题在于大自然和自己都被埋没了，无边春色和有限的青春
被耽误了，就连花园与美人的相互欣赏都被隔离了。当春天归去之日，

便是流年暗转，少女变成熟女之时，一直的闺中之人和眼前的花园之人，都被耽误了，韶光比金子还要可贵千万倍啊，而我丽娘则轻贱了韶光、辜负了青春！

诗词乐府的深厚修养，春情秋恨的花季苦恼，对古来才子佳人先偷期密约、后成就佳偶的诸多经典案例之回味，都使得杜丽娘在最美好的青春年华、最醉人的春色美景中喟然长叹：

> 天呵，春色恼人，信有之乎！常观诗词乐府，古之女子，因春感情，遇秋成恨，诚不谬矣。吾今年已二八，未逢折桂之夫；忽慕春情，怎得蟾宫之客？昔日韩夫人得遇于郎，张生偶逢崔氏，曾有《题红记》《崔徽传》二书。此佳人才子，前以密约偷期，后皆得成秦晋。年已及笋，不得早成佳配，诚为虚度青春。光阴如过隙耳，〔泪介〕可惜妾身颜色如花，岂料命如一叶乎！

十六岁少女的春愁秋恨，青春岁月的求偶渴望，才子佳人的传奇故事，生生死死的感人篇章，都成为回响在杜丽娘心里眼前的青春圆舞曲和宏大交响乐。

传奇小说《题红记》，出于宋代张实所撰。故事写唐僖宗时的痴情书生于祐，在宫墙之外的御沟中，拾得一片落叶。上有题诗云："流水何太急，深宫尽日闲。殷勤谢红叶，好去到人间。"于祐见了心生感动，便在另外一片红叶上题诗二句："曾闻叶上题红怨，叶上题诗寄阿谁？"他把红叶放置于御沟上流，眼见得红叶流入宫中。再后来于祐有幸，娶得被遣宫女韩氏为妻。成婚当夜，二人分别出示所藏的红叶，居然都是对方所题，于是二人才知道天意不可违，姻缘不我欺。韩氏乃写诗题咏："一联佳句题流水，十载幽思满素怀。今日却成鸾凤友，方知红叶是良媒。"此后，因为韩氏之引荐，于祐得以面见天子。天子授其官职，韩氏亦为命妇，此后子女均得富贵。

元代著名作家白朴的杂剧《韩翠屏御沟流红记》，便是据此改编。

但现在只残存其中的第三折了。

《崔徽传》又称《卷中人》，出于《丽情集》。故事叙唐裴敬中为察官时，一度奉使蒲中，与妓女崔徽邂逅相遇，惊为天人，彼此爱怜，情投意合。一旦敬中回朝，崔徽不得跟随而去，便日夜想念，相思成疾。眼见得容颜日损，憔悴有加，崔徽便用软红绢聚红泪以贮藏，又画其肖像，一起寄往裴郎曰："崔徽一旦不如卷中人矣，便将为郎而亡，生死永诀也。"后来崔徽没有得到裴敬中的及时回复，便真的郁郁而亡。

这两个悲喜不一的生死绝恋故事，都给了杜丽娘深刻的感动。在如此起伏的心境变换，无边的激动与感叹之后，杜丽娘不得不把自己的满腹宿怨，在人世间得不到满足的遗憾，在春困之中寄寓到美好的春梦里去。名门子弟，天下自多，可是俺丽娘挨不到，来不及，等不了，那就只有做梦，也只剩下做一场短暂春梦的机会了

最使人感慨系之的是《惊梦》这场戏，这是对自然、青春和阴阳媾合之美的深情礼赞，自始至终充满着庄严华妙的仪式感。为了这次赏春游园，春香早已吩咐下去将花径扫除干净。甚至连莺莺燕燕等大自然的催花使者，春香都事先打过了"借春看"的招呼。为了这番对春光的礼拜，杜丽娘临行前又细细梳妆，悉心打扮，极尽千娇百媚之态、娇羞万种之容，"步香闺怎便把全身现"。这哪里是出门之前的一般梳妆，分明是新娘出嫁前的盛妆场面。带着剪不断、理还乱的春闷万种，踏着惜花怜己的青春脚步，杜丽娘一入花园便如痴如醉，顿生大梦初醒之感：

> 原来姹紫嫣红开遍，似这般都付与断井颓垣。良辰美景奈何天，赏心乐事谁家院！恁般景致，我老爷奶奶再不提起。朝飞暮卷，云霞翠轩；雨丝风片，烟波画船……锦屏人忒看的这韶光贱！

不仅仅是对春光之美无人识得的叹息，更重要的是对自身之美无从开掘的感喟。青春与美色的耽误，就是一种巨大的荒废和自戕性的打击。韶光不再，年华不永，自怜自爱，自惜自苦，斯人独憔悴！

青天白日之间解决不了的困惑、幽怨和涌动着的春情，只能在梦中靠五彩的如意世界来体贴关怀。如是则有可人意的俊书生手持柳枝来拨云化雨，又有花神来保护现场，待其情得意满、享尽高峰体验后以一片落花惊醒香魂，将美妙幽香的仪式感渲染到极致。《惊梦》作为古典戏曲中最受人感佩、发人深思的儿女风情戏，整体浸润着浪漫主义的感伤之美、追求之美、情爱之美和理想之美。

　　【山坡羊】〔旦〕没乱里春情难遣，蓦地里怀人幽怨。则为俺生小婵娟，拣名门一例一例里神仙眷。甚良缘，把青春抛的远！俺的睡情谁见？则索因循腼腆。想幽梦谁边，和春光暗流传？迁延，这衷怀那处言！淹煎，泼残生，除问天！身子困乏了，且自隐几而眠。

杜丽娘伏桌而卧的这一场惊天美梦，首先是把一场邂逅当盛大节日，变偶然相遇到必然接合。在生活中，她是见不到年轻的异性、文雅的书生。但是在梦中，她反而可以恣意想象，任意相会，一旦见到书生便心生欢喜，两厢情愿地谈情说爱，三生有幸地相行相随：

　　〔睡介〕〔梦生介〕〔生持柳枝上〕"莺逢日暖歌声滑，人遇风情笑口开。一径落花随水入，今朝阮肇到天台。"小生顺路儿跟着杜小姐回来，怎生不见？〔回看介〕呀，小姐，小姐！〔旦作惊起介〕〔相见介〕〔生〕小生那一处不寻访小姐来，却在这里！〔旦作斜视不语介〕〔生〕恰好花园内，折取垂柳半枝。姐姐，你既淹通书史，可作诗以赏此柳枝乎？〔旦作惊喜，欲言又止介〕〔背云〕这生素昧平生，何因到此？〔生笑介〕小姐，咱爱杀你哩！

有若暴风骤雨般的大爱一旦降临，那就把少男少女心中累积甚久的爱情无限放大，并立刻付之于肌肤之亲、男女相交的两性体验和生命交响曲中。其进展之快，行动之速，尺度之大，感觉之美，震撼之巨，自非常人可比。

汤显祖以雅语俊词写两性之美，比起王实甫的相对通俗的描述自然更胜一筹。迄今为止，京剧等花部剧种，要以雅俗共赏的语言来歌唱演出《牡丹亭》的中心场次，可能都是无法实现的一种愿望而已。两性挚爱如果过于晓畅通俗，那就失去了美感。汤显祖如云遮月、如雾掩花的绝妙好词，使得昆曲找到了最好的文学范本和生命载体。

【山桃红】则为你如花美眷，似水流年，是答儿闲寻遍。在幽闺自怜。小姐，和你那答儿讲话去。〔旦作含笑不行〕〔生作牵衣介〕〔旦低问〕那边去？〔生〕转过这芍药栏前，紧靠着湖山石边。〔旦低问〕秀才，去怎的？〔生低答〕和你把领扣松，衣带宽，袖梢儿揾着牙儿苫也，则待你忍耐温存一晌眠。〔旦作羞〕〔生前抱〕〔旦推介〕〔合〕是那处曾相见，相看俨然，早难道这好处相逢无一言？〔生强抱旦下〕

关键还在于这对青年男女的瞬间交合还是惊天地泣鬼神的天意。掌管南安府后花园的花神及时到来，他因杜知府小姐丽娘与柳梦梅秀才，日后有姻缘之分，如今便来撮合他们的美事。杜小姐游春感伤，致使柳秀才入梦。二度世界，合二为一，于是这花神便来惜玉怜香，怕人打搅，便以神圣之身来审美观照、保护现场，略作点评，要他云雨十分欢幸，让他们的美感契合阴阳、同步宇宙：

【鲍老催】〔末〕单则是混阳蒸变，看他似虫儿般蠢动把风情扇。一般儿娇凝翠绽魂儿颤。这是景上缘，想内成，因中见。呀，淫邪展污了花台殿。咱待拈片落花儿惊醒他。〔向鬼门丢花介〕他梦酣春透了怎留连？拈花闪碎的红如片。秀才才到的半梦儿；梦毕之时，好送杜小姐仍归香阁。吾神去也。〔下〕

性爱描摹的真切是恨不得肉儿般团成片，两性交合的美感如日下胭脂雨上鲜，狂暴与温柔，过程与回味，体贴入微与见好就收，都在汤显祖的彩笔之下具备那么多的诗情画意和人生妙境。芍药栏边，共成云雨之欢。两情和合，真个是千般爱惜，万种温存。欢毕之时，小生又送丽娘睡眠，几声"将息"，便有发自心底的相互感激：

> 【山桃红】〔生、旦携手上〕〔生〕这一霎天留人便，草借花眠。小姐可好？〔旦低头介〕〔生〕则把云鬟点，红松翠偏。小姐休忘了呵，见了你紧相偎，慢厮连，恨不得肉儿般团成片也，逗的个日下胭脂雨上鲜。〔旦〕秀才，你可去呵？〔合〕是那处曾相见，相看俨然，早难道这好处相逢无一言？〔生〕姐姐，你身子乏了，将息，将息。〔送旦依前作睡介〕〔轻拍旦介〕姐姐，俺去了。〔作回顾介〕姐姐，你可十分将息，我再来瞧你那。"行来春色三分雨，睡去巫山一片云。"〔下〕

无可排遣的春情幽怨越积越多，决堤冲防，势所必然。她终于在昏然梦幻中，经由花神的引点，得到了书生柳梦梅的及时抚爱，品味到生理释放与精神解放的同步欢悦。那种怜玉惜香的爱惜与温存，那些半推半就的腼腆与主动，那般刻骨铭心的极乐体验与无限回味，都成为杜丽娘高于一切的情感财富。她那番"这般花花草草由人恋，生生死死随人愿，便酸酸楚楚无人怨"的感喟，她这般云雨之情的及时宣泄和相向表达，正是对所谓恋爱自由、死而不怨的强烈呼唤。

以一组重点抒情场次作为主人公强烈追求的载体，主观精神的外化，并在此基础上酿成绚丽曲文对剧情的总体浸润，促使戏剧冲突持续升级，这正是《牡丹亭》的神韵之所在。从《惊梦》《寻梦》到《写真》《闹殇》，这是杜丽娘的情感抒发得至为强烈、命运呈现得最为酸楚的重点抒情场次。《惊梦》是写对美和爱的发现与拥抱；《寻梦》是对爱与美的深刻回味与强烈追忆；《写真》是描摹美的容颜及传递爱的信息；

《闹殇》是写美的毁灭与爱的持续延伸。

美的毁灭之时，也是杜丽娘孝心的传达，生死大限的感伤。

杜丽娘所唱的【集贤宾】，境界远大而悲感沉重："海天悠、问冰蟾何处涌？玉杵秋空，凭谁窃药把嫦娥奉？甚西风吹梦无踪！人去难逢，须不是神挑鬼弄。在眉峰，心坎里别是一般疼痛。"

春香打开窗子，告知小姐，尽管冷雨潇潇，但是也到中秋佳节了。而且等来等去，给她说个谎，留个念想吧，"姐姐，月上了。月轮空，敢蘸破你一床幽梦"。

小姐的回答，更是十分凄惨："轮时盼节想中秋，人到中秋不自由。奴命不中孤月照，残生今夜雨中休。"

临终之际，她还要安慰母亲，自责不孝，生生跪下，希望来生再做娘的女儿：

【前腔】你便好中秋月儿谁受用？剪西风泪雨梧桐。楞生瘦骨加沉重。趱程期是那天外哀鸿。草际寒蛩，撒剌剌纸条窗缝。〔旦惊作昏介〕冷松松，软兀剌四梢难动。

只要从昏厥中苏醒过来，杜丽娘就要把母亲请过来，"〔泣介〕娘，儿拜谢你了。〔拜跌介〕从小来觑的千金重，不孝女孝顺无终。娘呵，此乃天之数也。当今生花开一红，愿来生把萱椿再奉"。尽管她恨西风，一霎无端碎绿摧红，可是她还希望下一辈子再给娘做孝顺的女儿，再续这一段母女之缘。

对春香，杜丽娘一向是疼爱有加。"〔叹介〕你生小事依从，我情中你意中。春香，你小心奉事老爷奶奶。"她希望在今后的岁月中，春香更好地代她尽孝；她也把最要紧的事儿托付给春香："我那春容，题诗在上，外观不雅。葬我之后，盛着紫檀匣儿，藏在太湖石底。"以待有缘之士。人死之前，情知道一人前行，孤独心重，"春香，我亡后，你常向灵位前叫唤我一声儿"，以免无人相问，万劫不复。

当她抖擞精神，最后一次回光返照时，真个是恨匆匆，萍踪浪影，风剪了玉芙蓉。一旦清醒过来，只听到老父亲杜宝急切地呼叫："快苏醒！儿，爹在此。"

杜丽娘便向父亲提出了最后的要求："哎哟，爹爹扶我中堂去罢。怕树头树底不到的五更风，和俺小坟边立断肠碑一统。爹，今夜是中秋。禁了这一夜雨。〔叹介〕怎能勾月落重生灯再红！"

乖乖女儿对父母，总是有着无限的依恋和万千的不舍。

由唯唯诺诺的乖乖女，发展到勇于决裂、敢于献身的深情女郎，这是杜丽娘性格的第一度发展。一度发展是如此地迅捷，升华得如此强烈，梦醒之后与现实的距离和反差又是如此之巨大，以致杜丽娘不得不付出燃尽生命全部能量的代价，病死于寻梦觅爱的徒然渴望之中。但杜丽娘的可贵之处不仅在于能为情而死，还表现在死之后，面对阎罗王的据理力争：

> 女囚不曾过人家，也不曾饮酒，是这般颜色。则为在南安府后花园梅树之下，梦见一秀才，折柳一枝，要奴题咏。留连婉转，甚是多情。梦醒来沉吟，题诗一首："他年若傍蟾宫客，不是梅边是柳边。"为此感伤，坏了一命。

在这段看似平静的述说中，杜丽娘表达了三层意思：美貌如花的颜色，乃是天生的容颜，不是醉饮喝酒之后的酡红；与秀才缠绵多情，有诗为证；流连梦境，感伤而亡。所以连阎王老爷也被感动，他在查阅实情之后唱道："欲火近干柴，且留得青山在，不可被雨打风吹日晒。则许你傍月依星将天地拜，一任你魂魄来回。脱了狱省的勾牌，接着活免的投胎。那花间四友你差排，叫莺窥燕猜，倩蜂媒蝶采，敢守得那破棺星圆梦那人来。"

最大的原则和道理，便是杜丽娘颠扑不破、不可逆转的"生生死死为情多，奈情何"的人生追求和世界观念。于是在候任回生之前，杜丽娘还要与书生柳梦梅先期里卿卿我我，连番云雨，花好月圆，不负春光。"奴年二八，没包弹风藏叶里花。为春归惹动嗟呀，瞥见你风神俊雅。无他，待和你翦烛临风，西窗闲话……幽谷寒涯，你为俺催花连夜发。俺全然未嫁，你个中知察，拘惜的好人家。牡丹亭，娇恰恰；湖山畔，羞答答；读书窗，淅喇喇。良夜省陪茶，清风明月知无价……妾千金之躯，一旦付与郎矣，勿负奴心。每夜得共枕席，平生之愿足矣。"

在起死回生的光明仪式之前，身为鬼魂的杜丽娘不仅面对情人柳梦梅一往情深、以身相慰，更表现在历尽艰阻、冒着风险，最终为情而复生，与柳梦梅在十分简陋的情境下称意成婚，终成佳话。这就是杜丽娘性格的第二度发展与升华，所谓"一灵咬住"，决不放松，"生生死死为情多"。

杜丽娘性格的第三度发展表现在对历经劫难、终得团圆之胜利成果的保护与捍卫。

为了婚姻大事的公众认同，也为了证实一番真情感天动地、起死回生的胜迹，杜丽娘毅然前去，闯荡那威威赫赫的金銮殿。

〔净、丑喝介〕甚的妇人冲上御道？拿了！
〔旦惊介〕似这般狰狞汉，叫喳喳。在阎浮殿见了些青面獠牙，也不似今番怕。

面对文武百官和御前门卫的喝叫，杜丽娘嘴上说怕，实际上毫无惧色。她听到昔日的老师、今朝的黄门官陈最良老先生的声音，便甜甜蜜蜜地连声呼叫"陈师父"，博得了陈师父的进门许可。都说鬼魅怕照镜子，她却不怕，她是堂堂正正、有情有义的大写之女子啊！

应对亲爹爹再三弹压状元夫君的淫威，回应老父亲在金銮殿上指着嫡亲女儿"愿俺王向金阶一打，立见妖魔"的狠心，杜丽娘在朝堂之内时而情深一叙，时而慷慨陈词，把一部为情而死生的追求史演述得是那般动人：

万岁！臣妾二八年华，自画春容一幅。曾于柳外梅边，梦见这生。妾因感病而亡。葬于后园梅树之下。后来果有这生，姓柳名梦梅，拾取春容，朝夕挂念。臣妾因此出现成亲。

〔悲介〕哎哟，凄惶煞！这底是前亡后化，抵多少阴错阳差。

丽娘本是泉下女，重瞻天日向丹墀。她的坚毅果敢，礼仪周全，她的死去活来，感天动地。她的委曲婉转、慷慨陈词，就连皇上也不得不为之感动，甚至亲自主婚，"敕赐团圆"。

从皇上到满朝文武，对于杜丽娘因情而亡、起死回生的特殊遭遇的同情与支持，这正是对生死之恋与浪漫婚姻的整体承认与辉煌礼赞，也是正方获胜的当朝凯歌。

第二十四章　柳梦梅等人物谱

《牡丹亭》中的诸多人物，也都各有特色，值得评点。

小丫头春香是一位活泼可爱、机智聪敏的人物。

从某种意义言，春香正是杜丽娘性格中调皮、直率甚至相当活跃这一层面之外化。闹学的主角是她，而后台则是杜丽娘。尽管杜丽娘还是用"一日为师，终生为父"的格言去教训春香，但她本人又何尝不想与丫环一块去玩耍呢？

发现后花园的是春香，而在后花园中演出一幕男欢女爱、惊神泣鬼的梦中喜剧的正是小姐本人。

无聊便捣蛋，搞事因出恭。出得闺塾门之后，春香才惊讶地发现府中"原来有座大花园。花明柳绿，好耍子哩"。"景致么，有亭台六七座，秋千一两架。绕的流觞曲水，面着太湖山石。名花异草，委实华丽"。一次次介绍和描述，这才使得杜丽娘生出好奇，动了芳心，萌生了春意。

对于陈最良先生反复教诲的囊萤映月、悬梁刺股等古人的读书方式和勤勉精神，春香明显不表示认同。

〔末〕（按：指陈最良）哎也，不攻书，花园去。待俺取荆条来。

〔贴〕（按：指春香）荆条做甚么？【前腔】女郎行、那里应文科判衙，止不过识字儿书涂嫩鸦。〔起介〕待映月，耀蟾蜍眼花；待囊萤，把虫蚁儿活支煞。

〔末〕悬梁、刺股呢？

〔贴〕比似你悬了梁，损头发；刺了股，添疤疤。有甚光华！〔内叫卖花介〕〔贴〕小姐，你听一声声卖花，把读书声差。

〔末〕又引逗小姐哩。待俺当真打一下。〔末做打介〕〔贴闪介〕你待打、打这哇哇，桃李门墙，崄把负荆人谇煞。

春香的逻辑很清楚，既然女孩子不应科考，识字写字，知道一些就好，何必当真呢？至于囊萤映月伤了眼睛，悬梁伤了头发，刺股平添伤疤，有什么可以夸耀的？卖花的声音，比这读书背书的枯燥行为，更加具有吸引力和审美感。

正因为此，春香寸步不让、伶牙俐齿的回答才令老师生气，才挥动荆条来打她。要打这活蹦乱跳的小春香，又谈何容易？她七闪八躲，引着先生兜圈子，反而把先生跌了一跤，屁股摔得生疼。

此后，春香又当面与先生摊牌：

小姐说，关了的雎鸠，尚然有洲渚之兴，可以人而不如鸟乎！书要埋头，那景致则抬头望。如今分付，明后日游后花园。

〔末〕为甚去游？

〔贴〕她平白地为春伤。因春去的忙，后花园要把春愁漾。

为小姐和自己争得了观春游园的机会之后，春香方才为小姐打扮梳妆，共同成就了这对妙龄少女的精致打扮。"炷尽沉烟，抛残绣线，恁今春关情似去年。……你侧着宜春髻子恰凭阑。……已分付催花莺燕借春看……云髻罢梳还对镜，罗衣欲换更添香。……镜台衣服在此。……今日穿插的好。……早茶时了，请行……你看：画廊金粉半零星，池馆苍苔一片青。踏草怕泥新绣袜，惜花疼煞小金铃……朝飞暮卷，云霞翠轩；雨丝风片，烟波画船——锦屏人忒看的这韶光贱！……是花都放了，那牡丹还早。……成对儿莺燕呵。〔合〕闲凝眄，生生燕语明如翦，呖呖莺歌溜的圆……这园子委是观之不足也。"

正是因为春香为小姐的照镜、梳妆、更衣，以及关于无边春色的导引与帮衬，才使得杜丽娘更为内涵丰富、仪态万方。这一对少女珠联璧合般地联袂登场，与后来舞台本中花神圣母般的形象交相辉映，将女性美的群体阵容渲染得靓丽如画。京剧当中的《春香闹学》缘于昆曲但自成格局，梅兰芳大师也多次饰演过其中的春香。

可是即便如此，春香也没有更多的时间去观赏春色。把小姐带到园中之后，她还得赶紧下场，去伺候老夫人去。

尽管《西厢记》中的红娘比《牡丹亭》中的春香更加具备穿针引线的主体性，尽管红娘成为戏剧冲突中必不可少的重要人物，可是春香与杜丽娘之间的一动一静、一主一从、一表一里、一陪一伴，同样是举足轻重、相与衬托、不可小觑。

书生柳梦梅的性格基调是钟情、痴情、纯情与长情。

此前在梦中便尾随一位妙龄女郎，跟踪而往，一见如故，便与素昧平生的杜丽娘忘我结合，此谓之钟情。

〔生持柳枝上〕"莺逢日暖歌声滑，人遇风情笑口开。一径落花随水入，今朝阮肇到天台。"小生顺路儿跟着杜小姐回来，怎生不见？〔回看介〕呀，小姐！

〔旦作惊起介〕〔相见介〕

〔生〕小生那一处不寻访小姐来，却在这里！

〔旦作斜视不语介〕

〔生〕恰好花园内，折取垂柳半枝。姐姐，你既淹通书史，可作诗以赏此柳枝乎？

〔旦作惊喜，欲言又止介〕〔背云〕这生素昧平生，何因到此？

〔生笑介〕小姐，咱爱杀你哩！【山桃红】则为你如花美眷，似水流年，是答儿闲寻遍。在幽闺自怜。小姐，和你那答儿讲话去。

〔旦作含笑不行〕〔生作牵衣介〕〔旦低问〕那边去？

〔生〕转过这芍药栏前，紧靠着湖山石边。

〔旦低问〕秀才，去怎的？

〔生低答〕和你把领扣松，衣带宽，袖梢儿搵着牙儿苫也，则待你忍耐温存一晌眠。

〔旦作羞〕〔生前抱〕〔旦推介〕〔合〕是那处曾相见，相看俨然，早难道这好处相逢无一言？〔生强抱旦下〕

这是天上人间最为奇葩的男女结合之境。没有前因，只有后果。看到美女便跟踪，追到身边便求欢，求欢之后便托梦而去。奇奇幻幻的不期而至，风扫残云般的飘然而去，便把普天下青年男女的一夜春梦当场演示出来。

梦中的钟情，也许未可当真。但是作为一位赶考借住在杜府的举子，柳梦梅却不肯好好读书，拾到美女像便想入非非，以图像叫唤出真身来，此谓之痴情。

【夜行船】〔生上〕瞥下天仙何处也？影空蒙似月笼沙。有恨徘徊，无言窨约。早是夕阳西下。"一片红云下太清，如花巧笑玉娉婷。凭谁画出生香面？对俺偏含不语情。"小生自遇春容，日夜想念。这更兰时节，破些工夫，吟其珠玉，玩其精神。倘然梦里相亲，也当春风一度。〔展画玩介〕呀，你看美人呵，神含欲语，眼注微波。真乃"落霞与孤鹜齐飞，秋水共长天一色"。【香遍满】晚风吹下，武陵溪边一缕霞，出落个人儿风韵杀。净无瑕，明窗新绛纱。丹青小画，又把一幅肝肠挂。小姐小姐，则被你想杀俺也。【懒画眉】轻轻怯怯一个女娇娃，楚楚臻臻像个宰相衙。想他春心无那对菱花，含情自把春容画，可想到有个拾翠人儿也逗着他？【二犯梧桐树】他飞来似月华，俺拾的愁天大。常时夜夜对月而眠，这几夜啊，幽佳，婵娟隐映的光辉杀。教俺迷留没乱的心嘈杂，无夜无明快着他。若不为擎奇怕浣的丹青亚，待抱着你影儿横榻。想来小生定是有缘也。再将他诗句朗诵一番。〔念诗介〕【浣溪沙】拈诗话，对会家。柳和梅有分儿些。他春心迸出湖山罅，飞上烟绡蕚绿华。则是礼拜他便了。〔拈香拜介〕

早从《拾画》开始，柳梦梅便进入到生命的华彩乐章。天天叫画，风魔无限，终于好梦成真，将画中女子叫到身边，相伴相依。至此，柳梦梅和杜丽娘"点勘春风这第一花"的欢会便称心如意，夜夜进行，以至于石道姑都听到切切索索的风声，半夜闯进来意欲捉奸，但终于愚钝未果。

旅居过程中敢与来路不明的女鬼结合，使之起死回生后又对她忠心不贰，此谓之纯情。他与杜丽娘构成的男女声二重唱，在整个中国戏剧史上都是令人心醉、心悸乃至心折的经典曲目。从羡煞、爱煞到疼煞，他希望与女鬼时时欢会，夜夜笙歌：

奚幸杀，对他脸晕眉痕心上掐，有情人不在天涯。小生客居，怎勾姐姐风月中片时相会也？……他惊人艳，绝世佳。闪一笑风流银蜡。月明如乍，问今夕何年星汉槎？金钗客寒夜来家，玉天仙人间下榻。……俺惊魂化，睡醒时凉月些些。陡地荣华，敢则是梦中巫峡？亏杀你走花阴不害些儿怕，点苍苔不溜些儿滑，背萱亲不受些儿吓，认书生不着些儿差。你看斗儿斜，花儿亚，如此夜深花睡罢。笑咖咖，吟哈哈，风月无加。把他艳软香娇做意儿耍，下的亏他？便亏他则半霎……贤卿有心恋于小生，小生岂敢忘于贤卿乎？……以后准望贤卿逐夜而来。

柳梦梅岂止于情天恨海终归有成的风流情种，还是一位博学善文的大才子。所以他在情感上得到极大满足、性感上得到充分体验的前提下，放松考试，一考得中，被圣上点为状元。

金榜题名时，一定要伴随着洞房花烛夜。因此在杜丽娘的催促之下，他及时去找老岳父陈情，一定要获得"父母之命媒妁之言"的充分认同——此又谓之纯情与长情。

可是观念的不同，身份的迥异，现实世界与浪漫多姿的情感世界的高度违和，都使得柳梦梅不找老岳父也不行，但只要一找便是自投罗网，陷入了私刑之灾之苦、绑扒吊拷之痛。

〔生上〕无端雀角土牢中。是什么孔雀屏风？一杯水饭东床用，草床头绣褥芙蓉。天呵，系颈的是定昏店，赤绳羁凤；领解的是蓝桥驿，配递乘龙。……俺柳梦梅因领杜小姐言命，去淮扬谒见杜安抚。他在众官面前，怕俺寒儒薄相，故意不行识认，递解临安。想他将次下马，提审之时，见了春容，不容不认。只是眼下凄惶也。

作为一位没有银钱打点的犯人，柳梦梅在系狱押解的过程中受尽了奚落和磨难。等到千辛万苦见到了杜平章大人之后，尽管他携带有杜丽娘的春容肖像，尽管他说为营救杜丽娘花了多少的心思和精力，可是越描越黑、越黑越描：

【雁儿落】我为他礼春容叫的凶，我为他展幽期耽怕恐，我为他点神香开墓封，我为他唾灵丹活心孔，我为他偎熨的体酥融，我为他洗发的神清莹，我为他度情肠款款通，我为他启玉肱轻轻送，我为他轻温香把阳气攻，我为他抢性命把阴程进。神通，医的他女孩儿能活动。通也么通，到如今风月两无功。

这些话说得越多，唱得越美，柳梦梅越是要自称是杜大人的女婿，杜大人越是要认他为掘墓开棺的贼徒、亵渎女儿的奸人。不仅要将他吊起来拷打，而且还要问成死刑，择日处斩。

关键时刻，幸亏苗老师找到了自己提拔的门生，把这位"御笔亲标第一红，柳梦梅为梁栋"的状元给救了下来。汤显祖的黑色幽默，在这里充分地显露出来，所谓高吊起文章巨公、打桃枝受用的狼狈情状，所谓是斯文倒吃尽斯文痛、无情棒打多情种的极大反差，所谓倚太山压卵欺鸾凤，所谓当状元的悬梁、刺股之当场演示，都令人忍俊不禁。

柳梦梅实在被打疼了，欺负狠了，有时候也会有些小小的书生脾气。比方他在皇上主婚之后，杜平章仍旧不肯相认的时候，索性发起犟脾气，坚决不肯拜老丈人。还是杜丽娘好言相劝，将其硬给摁下去，他才出于无奈，乖乖地下跪拜见老岳父。书生之呆，尽管事出有因，但是一至于此，也令人莞尔发笑。

杜丽娘与柳梦梅之间的生死之爱与婚姻奇缘，其奇幻与现实的紧密结合，强烈的主观精神追求，浓郁的抒情场面，典雅绚丽的曲文铺排，都体现出《牡丹亭》较为典型的浪漫主义风格和多重艺术魅力。假使说屈原《离骚》中的美人香草是对现实生活的曲折影射，那么《牡丹亭》中的天上地下、虚实正奇则达到了一种从心所欲的境界，现实与奇幻在此汇聚并得到了难能可贵的统一。仅仅为了春情的驱驰，杜丽娘没有爱却可以得到爱，没有情人却可以生发出情人，虽然是春梦一场却又俨然如真，甚至为了追求梦中情人而一命归阴……正如汤显祖本人的《题词》所云："梦中之情，何必非真？天下岂少梦中之人耶？必因荐枕而成亲，待挂冠而为密者，皆形骸之论也。"

尽管汤显祖可以使人物故事虚到极点，但有时却又落脚到真切的实处。例如杜丽娘死而复生之初，柳梦梅便迫不及待地要与她交欢。在遭到小姐的婉拒后，柳生便以日前的云雨之情反唇相讥。于是杜丽娘便耐心解释说："秀才，比前不同。前夕鬼也，今日人也。鬼可虚情，人须实礼。"她反复表白自己依旧是豆蔻含苞的处女身，魂梦之时的交合与兴奋，原于真身无碍。

每当汤显祖笔下的人物在梦境魂乡时，那一种泼天也似的自由精神便无所不在、无所不为；一旦梦醒还阳，便"成人不自在"，小姐必得遵循人间的礼法，受种种无奈的束缚，这就令柳梦梅常常不得要领，但却也不得不服从遵守。这种先虚后实、虚实结合乃至虚则虚之、实则实之的分离、移位、比照与还原，正好将理想与现状融会贯通起来，提醒人们去做现实中的浪漫主义者和理想中的现实主义者。

典雅华丽、摇曳多姿的语言美，痴痴迷迷、恍恍惚惚的情态美，在《拾画》《玩真》《幽媾》《冥誓》和《回生》等出戏中，也将柳梦梅的情感世界予以了充分展露。柳生拾画时的"春怀郁闷"之情，得画后便转型为将其焚香顶礼、书馆供奉的"一生为客恨情多"，转化为终于有了交流对象的意外欢悦。《玩真》时关于美人图的再三玩味与身份考索，都流动着诗画的通感、文化的底蕴。

似观音怎不上莲花座？是嫦娥怎无祥云托？

"似曾相识，向俺心头摸。"

两相感动时，"春心只在眉间锁，春山翠掩，春烟淡和，相看四目谁轻可！恁横波、来回顾影不住的眼儿睃"。

一幅静止的肖像画，居然在柳梦梅眼中透露出无限柔情与跃动着的生机，"未曾开半点么荷，含笑处朱唇淡抹，韵情多。如愁欲语，只少口气儿呵"。

对画中人儿审美得如此精到细致、这般呼之欲出而且情意葱茏，放在文学史上都是不可多得的妙笔。相对静态的端详与揣摩，饶有风趣的声声叫画，都极为迅捷地推进了剧情的动态发展，缩短了情天恨海间的梅柳距离，体现出剧作家柔情万种的浪漫主义情怀。

构成本剧内在冲突的另外一方阵营主要有南安太守杜宝和老塾师陈最良两人。杜宝主要代表顽固不化的封建家长，陈最良则代表着陈腐迂阔的教育体系。他们都对杜丽娘惊世骇俗的举动不能理解，不肯承认。

用杜宝的话说，是"古者男子三十而娶，女子二十而嫁"，女儿点点年纪，知道什么七情六欲？

用陈最良的话讲，他活了一辈子，从来不晓得伤什么春、动什么情。他也从来未曾忽发奇想，去游什么园、思什么春。

用封建社会的常理常规来阐释蓬勃发展、防不胜防的儿女情长，自然是难以理喻的。这些缺情寡感的封建家长与师长们的反常生态与扭曲人格，本身就十分可悲，他们又如何去理解杜丽娘那么丰富多彩的有情世界？

平心而论，杜宝最初也是一位不坏的父亲。尽管不许女儿闲眠的斥责过于严厉，但他要求女儿多多读书，并特为丽娘延师教化，也是为了女儿"他日到人家，知书达理，父母光辉"。要先生教女儿《诗经》也属十分正确的选择。

但这位固执而呆板、严肃而方正的父亲，却从未真正关注女儿的身心发展和情感变化。老爸和女儿之间，还是存在着生命的代沟、情理之争的天大鸿沟，以及现实和浪漫世界在审美认识上的巨大差距。

只有当女儿游园得病后，杜太守才百般痛苦，深感伤心，"半边儿是咱全家命"。当女儿归天的时候，他挽扶着女儿到中堂，体贴入微，疼爱至极。白发人送黑发人的酸楚，在老爸而言总是最大的悲哀。

但只要一涉及官场事务，杜太守便立刻以春天里头的劝农事务为重，以皇家朝廷的国事为重，这时候便把人命危浅、气息奄奄的女儿早抛在了脑后，就连杜夫人也对太守的寡情而抒发痛感："伤怀也！"

尤其是当杜宝文能治国、武能歼敌、官高权重、位极人臣后，他的人格就愈加扭曲，心理愈加异化，不仅缺乏起码的家庭温情，而且显得绝情绝义。为了维护个人的尊严和官场上的名誉，这位宰相级的平章大人也就绝无可能去认什么荒唐至极以至于掘墓开棺、还对杜丽娘行夫妻、男女苟且之事的柳梦梅做女婿，只恨没能将柳生乱棍打死。

当杜宝看到柳梦梅携带的女儿春容时，他一下子被女儿的这副肖像画所惊呆了。他回忆起来，除了春容肖像之外，殉葬品中还有玉鱼、金碗。他最恨的还是把死去女儿的玉骨抛残，抛在那后苑池中，月冷断魂波动。所以他恨不得把这一掘墓贼尽快处死，以解心头之恨。

当他真的得知女儿复生事后，不仅不在暗地里、在朝廷上亲自勘验，反而再三请人奏本诛妖，当朝请皇上着人擒打妖女。哪怕活生生的亲女儿再三痛陈原委，杜大人也决不为之所动。

这道理很简单：当女儿归天之后，他的情感大厦便彻底崩塌了。既然无情那便有理，以礼来压抑七情六欲的人之本性。作为一人之下的朝廷命官，宁要一个贞节的亡女，也不认野合过的活的杜丽娘之妖孽鬼魂，说到底是避免妨碍了他在朝廷上的官位尊严。杜宝性格发展的全部过程，便是逐步心比铁样坚，去除个人情形，受到官场异化和理学禁锢的过程。

汤显祖当然无意把杜宝写成坏人或恶人，但却时时提醒人们：怎样才算一个正常而健全的性情中人？王思任在《批点玉茗堂牡丹亭叙》中分析杜丽娘为"月可沉，天可瘦，泉台可瞑，獠牙判发可狎而处，而梅柳二字，一灵咬住，必不肯使劫灰烧失"；分析"杜安抚摇头山屹，强笑河清，一味做官，半言难入"，这正是对女儿重深情而乃父重高官的精到点评。

《牡丹亭》又是一部兼悲剧、喜剧、趣剧和闹剧因素于一体的复合戏，各种审美意趣调配成内在统一的有机体。全剧共五十五出，前二十八出大体属于以喜衬悲的悲剧，后二十七出属于以悲衬喜的喜剧，所以王思任在批叙中说："其款置数人，笑者真笑，笑即有声；啼者真啼，啼即有泪；叹者真叹，叹即有气。"仅仅为了争取爱的权利，便不得不付出生命的代价，这既是杜丽娘本人的青春悲剧，也是家庭与社会的悲剧，《诀谒》《闹殇》《魂游》等出戏，都极其深重悲凉、凄伤宛转。而《闺塾》等出戏则极富喜剧色彩。天真活泼而又调皮的春香，与老成持重却时带迂腐的陈先生，都在犯规与学规之间彼此较量，呈现出好玩有趣而且反差甚大的喜剧效果。石道姑等人的设置，更带有闹剧、趣剧的味道。柳梦梅中状元后遭受误会、防范和拷打，都闹腾得相当过分，但其中的悲剧意味也着实令人伤感：原来做官是要以六亲不认、牺牲情感作为起码代价的！这种悲喜交融、彼此映衬的戏曲风格，正是有中国戏曲特色的浪漫主义精神的具体呈现。

　　杜丽娘的私塾老师陈最良，表字伯粹，也是本剧中一位不可不提的喜剧人物。陈家祖父行医，自幼习儒。十二岁进学，得以超增补廪。但观场十五次，了无收获。停廪后生计无着落，只得开馆课徒。但是两年来又失馆缺教，遂己衣食无着，所以淘气的人们，说他哪里是陈最良，分明犹若孔夫子在陈绝粮一般，整个一个"陈绝粮"。但又因他在医、卜、地理方面，样样都知道一点，所以因其表字伯粹出发，唤作"百杂碎"。行年六十之人，本来无所期盼，却偏偏被南安太守杜宝看上，请他过来教书。杜太守说："昨日府学开送一名廪生陈最良，年可六旬，从来饱学。一来可以教授小女，二来可以陪伴老夫。"

　　就女学生杜丽娘而言，花颜月貌又兼锦心慧口，男、女《四书》早已成诵。杜太守一向认为"《易经》以道阳阴，义理深奥；《书》以道正事，与妇女没相干；《春秋》《礼记》，又是孤经；则《诗经》开首便是后妃之德，四个字儿顺口，且是学生家传，习《诗经》罢。其余书史尽有，则可惜他是个女儿。"

　　《闺塾》中首次上课，杜丽娘与丫鬟便迟到，陈先生便训斥道："凡为女子，鸡初鸣，咸盥、漱、栉、笄，问安于父母。日出之后，各供其事。如今女学生以读书为事，须要早起。"春香反唇相讥，反驳道："知道了。今夜不睡，三更时分，请先生上书。"

　　作为一介腐儒，陈最良总是依注解书，受到了春香的奚落和杜丽娘的建议："师父，依注解书，学生自会。但把《诗经》大意，敷演一番。"他对官府人家无比精致的文房四宝和卫夫人传下的美女簪花之格并不了解，所以闹出了不少玩笑。一开始就要责打春香，这也显示出他在学术水平和教学管理上的恼羞成怒和无可奈何，所以春香骂他"村老牛，痴老狗，一些趣也不知"。

　　在给女学生治病时，他竟然用《诗经》的'既见君子，云胡不瘳'来打趣，胡诌说要是有了君子抽一抽，这病就好了。他又开方说："酸梅十个。《诗》云：'摽有梅，其实七分。'又说：'其实三分。'三个打七个，是十个。此方单医男女过时思酸之病。""再添三个天南星。《诗》云：'三星在天。'专医男女及时之病。"春香又问："还有呢？"陈老先生老不正经地回答道："俺瞧小姐一肚子火，你可抹净一个大马桶，待我用栀子仁、当归，泻下他火来。这也是依方：'之子于归，言秣其马。'"春香说："师父，这马不同那'其马'。"老先生答道："一样髀秋窟洞下。"杜丽娘忍不住笑道："好个伤风切药陈先生。"春香补道："做的按月通经陈妈妈。"这哪里像一位严肃的中医，分明是一个基于真实但又十分搞笑的黑色幽默派。

当杜太守调任安抚使镇守淮扬时，杜太守按照女儿的意思，将其葬在梅树下，并且建起梅花庵，让石道姑和陈最良照看杜丽娘的坟茔。

其实陈最良还是柳梦梅的救命恩人，他曾施以援手，相救落水之人柳梦梅。可是柳梦梅偏偏掘开了梅花冢，与杜丽娘、石道姑一起前往临安去了。陈最良省得"虎兕出于柙，龟玉毁于椟中，典守者不得辞其责"。作为一位负责任的看坟者，一时间他便急如星火，先去禀了南安府立案缉拿，又星夜赶往淮扬，报知杜老先生去。

杜宝大人领军与溜金王李全决战，他想出了招安一策，让陈最良送文书过去。李全夫妇写下降表后归顺南宋。圣上大喜，降旨曰："朕闻李全贼平，金兵回避。甚喜，甚喜。此乃杜宝大功也。杜宝已前有旨，钦取回京。陈最良有奔走口舌之才，可充黄门奏事官，赐其冠带。其殿试进士，于中柳梦梅可以状元，金瓜仪从，杏苑赴宴。谢恩。"

也因为战场上立了军功，所以陈最良得以升迁为陈黄门："官运精神老不眠，早朝三下听鸣鞭。多沾圣主随朝米，不受村童学俸钱。自家陈最良，因奏捷，圣恩可怜，钦授黄门。此皆杜老相公抬举之恩，敬此趣谢。……适闻老先生三喜临门：一喜官居宰辅，二喜小姐活在人间，三喜女婿中了状元。"

尽管杜宝对于柳梦梅百般地不认，还无奈地讽刺说："陈先生教的好女学生，成精作怪哩！"

可是陈最良还是坚定不移地回答道："老相公葫芦提认了罢。"他还是认可并支持杜丽娘和柳梦梅之爱的，这使他从本质上看不失为一位迂腐但又善良的好人。

诞生于十六世纪末的《牡丹亭》，有其特殊的文化警示意义。

一是以情反理，反对处于正统地位的程朱理学，肯定和提倡自由权利和情感价值，褒扬和表彰像杜丽娘这样超越于时空形骸之外的有情之人，从而在理论上廓清正统理学的迷雾，在受压迫最深的女性胸间吹拂起阵阵和煦清新的春风。身处明代社会中的广大女性，确实有如生活在水深火热的监牢之中。

一方面是上层社会的寻欢作乐、纵欲无度。畅春药、房中术在王公贵族中大行其道；就连"宦寺宣淫"（《万历野获编》），亦属司空见惯。

另一方面是统治阶级对老百姓尤其是女性的高度防范与充分禁锢。用程朱理学来遏止人欲毕竟过于抽象，那么用太后、皇妃的《女鉴》《内则》和《女训》来教化妇女更为具体。当然最为直接、生动、具备强烈示范意义的举措是树立贞节牌坊。明代的贞节牌坊立得最多，而每一座牌坊下所镇压着的，都是一个贞节女性的斑斑血泪、绵绵长恨和痛苦不堪的灵魂。《明史·烈女传》实收三百零八人，统计全国烈女至少有万人以上。

一出《牡丹亭》，温暖了多少女性的心房！封建卫道士们痛感"此词一出，使天下多少闺女失节"，"其间点染风流，惟恐一女子不消魂，一方人不失节"（黄正元《欲海慈航》），这正是慑于《牡丹亭》意欲解救天下弱女子之强烈震撼力的嘤嘤哀鸣。

二是以个性解放、突破禁欲主义束缚的情感实践，用来肯定青春的美好、爱情的崇高、两性会聚的极致欢悦以及生死相随的无限美满。千金小姐杜丽娘尚且能突破自身的心理防线，逾越家庭与社会的层层障碍，勇敢迈过贞节关、鬼门关和朝廷之上的金门槛，这是对许多正在情关面前止步甚至后缩的女性们的深刻启示与巨大鼓舞，是振聋发聩的闪电惊雷。

杜丽娘的处境原是那般艰难，拘管得那么严密，她连刺绣之余倦眠片刻，都要受到严父的呵责，并连带埋怨其"娘亲失教"。请教师讲书，原也是为了从儒教经典方面进一步拘束女儿的身心，可怜杜丽娘长到如花岁月，竟连家中偌大的一座后花园都未曾去过；这华堂玉室，也恰如监牢般行动不便……所以禁锢极深的杜丽娘反抗也极烈，做梦、做鬼与做人都要体现出"至情"无限，都要再三体验那"美满幽香不可言"的强烈性爱境界。

《牡丹亭》的文化警示意义之三，在于其对日益增长的新的经济因素、日益壮大的市民阶层群体、日益高涨的个性解放呼声的及时应和与彼此策应。汤显祖所师事的泰州学派、所服膺的李贽学说乃至达观的救世言行，都是市民社会充分发展之中的必然产物。只有打碎封建思想枷锁，资本主义的萌芽才能蓬勃发育。汤显祖当然没有像李贽、达观那样去硬拼，但他也在红氍毹上，开辟了思想解放、个性张扬、情感抒发的新战场，上演了看似软玉温香、实则令人感奋的大场面。

作为影响极大的主情之作，《牡丹亭》表现出激情驰骋、辞采华丽、经天纬地、一往无前的浪漫主义剧风。

但也必须看到，《牡丹亭》其实还是在"发乎情，止乎礼"的传统轨道上持续滑行。后半部戏大多是遵理复礼的篇章，作者并没有彻底实现其以情代理的哲学宣言。他的个性解放思路尚未从根本上脱离封建专政系统和思想系统，他只是对其中某些特别戕杀人性、极其违背常情的地方进行了理想化的艺术处理。乞灵于科考得第，尤其是靠君王明断，这与十七世纪欧洲的古典主义戏剧也有某些相似之处。

尽管如此，汤显祖还是封建时代中勇于冲破黑暗、打破牢笼、向往烂漫春光和至情世界的伟大的民主主义斗士，《牡丹亭》也成为古代爱情戏中继《西厢记》以来影响最大、艺术成就最高的一部杰作，杜丽娘已经成为人们心中青春与美艳的化身、至情与纯情的偶像。

第二十五章 淳于棼梦游《南柯记》

现在我们来审美观照汤显祖的著名佛教题材剧《南柯记》。

本剧共四十四出，取材于唐传奇《南柯太守传》。《南柯太守传》的作者李公佐，字颛蒙，陇西（今甘肃东南）人，具体生卒年不详。其举进士后，于唐宪宗元和年间出任江南西道观察使判官。元和八年（813）春罢职之后，一直寄居在常州、苏州一带，对江南一带的风景名胜、风土民情多有领略，五年之后才回到长安。

《旧唐书·宣宗本纪》上说李公佐于武宗会昌初为扬州录事参军，于宣宗大中二年（848）因事得罪朝廷，被削两任官。所以李公佐笔下的淳于棼，乃是扬州人氏，大槐安国也在扬州地界，渊源有自。李公佐本人对于官场的希望与失望、当官与丢官、荣耀与羞耻，也成为他创作《南柯太守传》的直接生活之本。

李公佐虽做官有起落，才华却过人，是一位著名的短篇小说家。其小说迄今存世者尚有《南柯太守传》《谢小娥传》《庐江冯媪传》《古岳渎经》（一名《李汤》）四篇。他还曾建议好友白行简作《李娃传》，那又是一部感人至深的短篇名作和戏曲界争相改编的极好素材。

从李公佐的《南柯太守传》出发，汤显祖将其对官场和佛法的思考、对人生和人情的感悟，极其真切地体现在《南柯梦记》之中。

该剧叙扬州青年淳于棼酒醉于古槐树旁，梦入蚂蚁族所建的大槐安国，成为当朝驸马。其妻瑶芳公主于父王面前为淳于棼求得官职，因此他由南柯太守任上又升为大学士等职。只为檀萝国派兵欲抢正在休养的瑶芳公主，淳于棼统兵解围，救出夫人。夫人因惊变致病而亡，淳于棼则被召还朝，从此在京中淫逸腐化，为右相所嫉妒、皇上所防范，最终以"非俺族类，其心必异"为由遣送回人世。淳于棼在梦醒之余，仍然思念瑶芳，在契玄禅师处见群蚁得超生而升天；本要与升天的瑶芳妻再续情缘，却被禅师斩断情丝，令淳于棼痴迷梦醒，立地成佛。

此剧先说欲待飞黄腾达到朝廷，必赖公主裙带以牵引，官场关系所维系。

淳于棼本是一位胸怀壮大但却处境坎坷的扬州壮士和失意酒徒：

> 秋到空庭槐一树，叶叶秋声似诉流年去。便有龙泉君莫舞，一生在客飘吴楚。那得胸怀长此住，但酒千杯便是留人处。有个狂朋来共语，未来先自愁人去。小生东平人氏，复姓淳于，名棼。始祖淳于髡，善饮，一斗亦醉，一石亦醉，颇留滑稽之名。……至于小生，精通武艺，不拘一节。累散千金，养江湖豪浪之徒，为吴楚游侠之士。曾补淮南军裨将，要取河北路功名。偶然使酒，失主帅之心。因而弃官，成落魄之像。家去广陵城十里，庭有古槐树一株，枝干广长，清阴数亩，小子每与群豪纵饮其下。

因为喝酒丢了官职，也因为喝酒能够呼朋唤友、解闷抒怀。

世间自有那奇幻万种，事件百端，愁肠万种，岂可胜数？

就在这槐树底下偏有个大槐安国。那国王端的是气宇轩昂，智慧过人："绿槐风下，日影明窗罅，宝界严城宫殿洒，一粒土花金价。千年动物生神，端然气象君臣。真是国中有国，谁言人下无人？自家大槐安国主是也。本为蝼蚁，别号蚍蜉。行磨周天，颇合星辰之度。存身大地，似蛰龙蛇之居。一生二，二生三，生之者众。万取千，千取百，众即成王。"

就在国王志得意满之时，新的烦恼也出现了，淳于棼的桃花运也就要来临了。

皇帝的女儿也愁嫁。大槐安国国王的心肝女儿瑶芳，作为金枝公主，已经袅袅婷婷长成大姑娘，现在要择女婿了。可是偌大的大槐安国，一眼望去，暂时还没有合适的人选。那么就只得另辟蹊径，到头顶上的人间世界，去找一位如意的夫君。

女儿择婿的事情比天大。最上心的当然是皇后娘娘，她把国王的侄女琼英郡主召唤过来，再三嘱托：

> 近因瑶芳长成，堪招驸马。君王有命，若于本族内选婚，恐一时难得智勇之士，不堪扶持国家。要于人间招选驸马。闻得七月十五日，这扬州孝感寺礼请契玄禅师讲经。人山人海，都往禅智寺天竺院报名。到得其时，郡主可同灵芝夫人、上真仙子三人同往听讲。但有英俊之士，便可留神。

这英俊之士便是淳于棼。他对大槐安国前来禅智寺礼拜的三位美女心驰神往，屡套近乎。琼英等三位美女发现此人不仅领得风情，而且看起来颇为眼熟，原来机缘凑巧，他就是大槐安国头顶之上的近邻。契玄禅师勘破一切，心中有数，便有无边机锋，顺水推舟，玄机未可尽道。

于是，淳于棼就这样无比侥幸、顺理成章地成为了大槐安国的乘龙快婿，美酒佳人，合欢在即。平生快意，在此一夕：

【锦堂月】〔生〕帽插金蝉，钗簪宝凤，英雄配合婵娟。点染宫袍，翠拂画眉轻线。君王命即日承筐，嫦娥面今宵却扇。〔合〕拚金盏，看绿蚁香浮。这翠槐官院。【前腔】〔旦〕

羞言，他将种情坚，我瑶芳岁浅，教人怎的支缠。院宇修仪，试学寿阳妆面。号金枝旧种灵根，倚玉树新连戚畹。〔合前〕姻缘，向雨点花天。香尘宝地，无情种出金莲。〔回介〕偶语低回，一笑凤钗微颤。你百感生仙宅琼浆，一捻就儿家禁脔。……〔生〕把弄玉临风笑拈箫管。今晚，烟雾云鬟，家近迷楼一笑看。〔合〕曾相见，是那一种琼花，种下槐安。【前腔】〔生低介〕真罕，一霎儿向宫闱腹坦。想二十四桥，玉人天远。深浅，只影孤寒。怎便向重楼曲户眠。〔合前〕〔行介〕【侥侥令】槐余三洞暖，花展一天宽。记取斜月，鸾回笑歌鼹，春压细腰难，愁远山。【前腔】淳于沾醉晚，灭烛且留残，试取新红，粗如人世显。浑似遇仙还，云雨间。【尾声】尽今宵略把红鸾蘸。五鼓谢恩了，蚕画蛾眉去鸳鹭班，则怕你雨困云残新睡懒。

作为一位写情的圣手，作为一位能够把两性之爱文雅、晦涩而又充满露骨想象力表现的戏剧大家，汤翁在淳于梦与瑶芳公主的大婚场面与新婚感觉上，可以说是点到为止，尽管精准聚焦之处，还是处处有之，但总的看来还是不事铺张，笔墨极简。他要把全部的重点，聚焦到淳于梦攀龙附凤的命运之上。

正因为做了乘龙快婿，于是淳于梦才有在政治与军事舞台上大展宏图的平台与空间。成婚之后，娇妻瑶芳公主看他无聊，马上就为之安排肥缺：

〔旦〕还一件，请问驸马，你如今可想做甚么样官儿？按：高官任做，骏马任骑。

〔生〕俺酣荡之人，不习政务。按：假惺惺地推辞，真心感兴趣。

〔旦〕卿但应承，妾当赞相。【尾声】俺入宫闱取礼和你送家书，见父王求一新除。按：到了驸马爷这个层面，想要什么官就可以得到什么官。

〔生〕这等做老婆官了。按：就是因为老婆才有做官可能，所以叫做老婆官。

〔旦〕便做老婆官，有甚么辱没你这于家七代祖。按：反唇相讥。

公主一言，驷马难追，金口玉言，求官得官。作为放外任、掌肥缺、堪比一国君王的南柯太守，淳于棼夫妻还有人间带过来的两位酒肉朋友，此时是何等的快活称意啊。

问题在于无限的欲望总会引起新的冲突。瑶芳公主怕南柯府里地方燥热，单筑瑶台城一座在相对凉爽的堑江地方，与檀萝国相近。话说檀萝国王位下四太子檀郎，管领三千赤驳军，镇守在全萝西道，闻听瑶芳公主貌美，便认为是天赐姻缘，带兵过来抢夺公主。于是，众兵丁欢天喜地念叨着：

> 俺们太子是檀萝，檀萝。日夜寻思要老婆，老婆。瑶台城子里有一个，咱编桥渡过小银河，要抢也波。抢得么，赤剥剥的笑呵呵。

次叙官场倾轧、同僚嫉妒，一旦失势，君心难测。

尽管瑶芳公主没有被檀萝国四太子抢去，可是也吓得半死，惊吓过度，即将撒手人寰。临终之前，她又把官场规则和人情世故与淳于棼叮嘱一番：

> 〔旦叹介〕淳郎夫，听奴一言。奴家生长王宫，不想有你姻缘，成其匹配。俺助你南柯政事，颇有威名。近日檀萝败兵，你威名顿损。兼之廿年太守，不可再留。……则恐我去之后，你千难万难那。……淳于郎，你回朝去不比以前了，看人情自懂，俺死后百凡尊重。

只可惜淳于棼到底天资驽钝，到底心高气盛，说到底是没有职业从政的经历，他还是没有听懂瑶芳公主的临终警示和弦内之音。公主归天之后，淳于棼在南柯城独当一面、亚赛国王的好日子便结束了。

新的职务左丞相之位，结束了他放外任的幸福生活。

乍看起来，新的左丞相是如此的威风赫赫，用琼英公主的话来说，那是前呼后拥，"众人礼拜：昨日驸马还朝，俺王素重南柯之威名，加以中宫之宠信。出入无间，权势非常。满国中王亲国戚，哪一家不攀附他。朝歌暮筵，春花秋月。则俺和仙姑、国嫂三家寡妇，出了公礼，不曾私请得他。想起驸马一表人才。十分雄势。俺好不爱他。好不重他"。

于是，三位贵族寡妇开始了与淳于棼同居的美好日子，大家约定不偏不倚，要么轮流陪，要么三奉一，反正闲着也是闲着，只不能亏待了谁。

淳于棼如此肆无忌惮的做法，无异于"自作孽，不可活"的愚蠢行为。

作为一位外来客，他之所以高官任做，完全是凭借夫人的裙带关系。右相段功是一个嫉妒心浓、阴谋意深的官僚，对他处处提防、时时监控，从淳于棼就任南柯太守就对他不放心。等到公主一死，淳于棼纵欲作死的时候，他就一步步地采用了各种方法搜集材料、找出证据、罗列罪名，时候一到，坚决上奏：

〔右相参介〕右相武成侯段功叩头……客星犯于牛女虚危之次……则淳于驸马非我族类，臣不敢言。〔王〕将有国家大变，右相岂得无言。

〔右〕启奏俺王。【琐膸郎】客星占牛女虚危，正值乘槎客子归。虚危主都邑宗庙之事，牛女值公主驸马之星。近来驸马贵盛无比。他雄藩久镇，把中朝馈遗。豪门贵党，日夜游戏……还有不可言之处，把皇亲闺门无忌。

右相有根有据地泣血相告，旁托天象地频频警示，淳于棼作威作福、霸占内戚的荒淫无耻，都使得国王无比恼怒："淳于棼自罢郡还朝，出入无度，宾从交游，威福日盛。寡人意已疑惮之。今如右相所言，乱法如此，可恶可恶。"

于是，右相一步步借国王之手钳制淳于棼，最终将这位驸马爷轰出本国。其最大的罪名，无非八个大字：

非我族类，其心必异。

不把淳于棼处以极刑，已经是念及死了的公主，给予其天大的恩赐了。

其实也不能完全诿过、怪罪于右丞相，关键还在于君王的做主。所谓"太行之路能摧车，若比君心是坦途；黄河之水能覆舟，若比君心是安流"的深深感叹，使人不由得联想到汤显祖本人的从政经历，以及他主动挂冠归去的官场彻悟。

三状情痴转空，佛法有缘。

《南柯记》是一部佛教题材戏。佛法大道的宇宙空间可以是无限之大，也可以是精微至极，所谓"一花一世界，一叶一菩提"是也。在淳于棼的槐树之下，居然也能够蕴藏着一处规模俨然、气象森严的大槐安国，且听蚂蚁国王的开场白：

〔蚁王引众上〕江山是处堪成立，有精细出乎其类，万户绕星宸，一道通槐里。〔众〕绛阙朱衣，丹台紫气，别是一门天地。

谓予不信，那就演示一番。于是壮士酒徒淳于棼就与小兄弟们出入蚁穴、改变存在方式，他居然还能相对自由地出入其间，历经了靠裙带上位而飞黄腾达、因壮志凌云而骄奢淫逸、由靠山倒塌而被逐出局的生命历程。

收束部分尤为感人。当淳于棼被逐出大槐安国时，梦虽醒，酒尚温。仔细辨认之后，他明知自己是在蚁穴里结下了情缘、获得过官运，但还是舍不得亡妻，还是要禅师将亡妻及其国人普度升天：

> 小生第一要看见父亲生天，第二要见瑶芳妻子生天，第三愿尽槐安一国普度生天。

于是，淳于棼在法师指导之下，燃指为香，铺陈情疏，以报虔诚，因见功德。若非老禅师毅然决然地斩断情缘，淳于棼还要追随公主，在她身边留恋下去。由此可见美在梦中，睡比醒好，现实世界同幻象世界相比是那么乏味寡趣。清初孔尚任写《桃花扇》，结局时张瑶星大师斩断侯朝宗和李香君的情缘，正是从汤剧中受到的启发。

汤翁归天之后四百余年，国际剧坛上出现了新的气象。

二〇一六年的世界文坛和戏剧舞台上，出现东西方三星并照的文化奇观。中国的汤显祖、英国的莎士比亚和西班牙的塞万提斯在四百年前同年仙逝，成为长天之上永不泯灭的文化星座。

作为中国明代的伟大戏剧家、文学家和思想家，汤显祖的《临川四梦》当然是属于东方、属于全世界的戏剧瑰宝。从青木正儿首先将汤显祖与莎士比亚并列研究开始，到近些年来欧美一些教材指南与相关排序都要将汤翁的大作列为首选，都体现出人心所向、学术大同的文化胸怀。

当然，汤作首先是属于中华民族的宝贵文化遗产。可是至为遗憾的是，汤翁的四大名剧中，只有《南柯梦》较为冷僻。实力之强例如上海昆剧团，也只得将《南柯梦》作为交响乐版的唱腔集萃来进行演出。较为完整的剧场版《南柯梦》，一向在舞台上难以寻觅。四大剧作独缺一角，毕竟令人感到遗憾。

二〇一五年三月，由海峡两岸的有识之士、文化贤达和艺术家们共同打造出的较为完整的《南柯梦》演出版，实为近百年来的创举，在百年之前也极为罕见。江苏省昆剧院以连续两个晚上长达六个小时的演出，将《南柯梦》的精彩场次都展现出来，一定程度上弥补了该剧在舞台上呈现太少的缺憾。空谷足音变为黄钟大吕的演出，这也是一种文化担当，更是艺术上的传承与创新之举。尤其是该剧全部由江苏省昆剧院的第四代演员担纲，青春朝气，满台生辉，但又驾驭得当、收放自如，体现出昆曲艺术传承发展的新气象，更体现出传统文化基因在年青一代的有效呈现。当然，由于两岸观演习惯的细微不同，上半场的剧情略碎一点，这也体现出两岸对传统文化读解的不同侧重。

汤翁作为伟大的戏剧大师，其俊语锦词，既令人感动又令人深思。从这个层面言，他不仅是一位浪漫主义诗人，还是四百年前一位重要的思想家和哲学家。作为泰州学派罗汝芳的嫡传弟子，作为对佛道释三教融会贯通的思考者，汤翁悟透了"情关"，不管是关于爱情、亲情还是闲情、矫情，他都有着充分的认识和体现。

如果说《牡丹亭》和《紫钗记》是在写关于美好爱情、失恋的怨愤与体悟，那么《邯郸梦》和《南柯梦》则是在写官场的两大通道，前者写金钱铺路、所向披靡的畅快与失落，后者写攀龙附凤、贵为驸马的威风与惆怅。

对于红尘之梦、官场之梦与情感之梦，看得透与看不透，在《南柯梦》中给人以深刻的启发。等到淳于梦回到人间之后，他还是念念不忘在大槐安国的荣华富贵与骄奢淫逸。直到契玄禅师度他出家前，他还在幻象之中要与瑶芳公主再续前盟，还要为瑶芳公主和大槐安国超度众生，那么多对于功名富贵和情感的留恋，还是看不透、悟不深的种种表现。

至于人生常态中悲欢互转，苦乐相生，"天道阴阳五行，施行于天，有相变相胜之气，自然而相于生，生而相于杀"，总在变化和发展的过程之中。物极必反，荣枯互转，这更是祸兮福之所倚、福兮祸之所伏的戏剧之演绎，因此才"生死相根，恩害一门。生者死之，死者生之。恩者害之，害者恩之"。唯有跳脱一步，从更高的层面上来看待人生，才能参透情关与功名利禄观，相对而言获得心灵的坦然。西方人写梦，大多皈依于宗教；汤显祖写梦，更多地接通地气，观察人生，逼近于现实的思考。

二〇一六年，人们都在对汤显祖、莎士比亚和塞万提斯这三位文学大家的逝世四百周年，予以不同程度的隆重纪念和顶礼膜拜。实际上这三位伟大的文学家同时又是伟大的哲学诗人，所以其作品才会作为人类共同的非物质文化遗产感人至深、传之永恒。江苏省昆剧院的《南柯梦》顶礼大师，善莫大焉。

当然，与莎士比亚和塞万提斯在国际上的广泛影响相比，关于汤显祖及其史诗般剧作的演出、推广与传播，中国文化界还需要做更多的工作。汪榕培、张光前和 Cyril Birch 等中外翻译家，对于汤翁的翻译做出过较大贡献，《临川四梦》的英文版全集也才刚刚出齐；关于汤显祖的戏剧文化节与国际学术研讨会，从汤翁故乡抚州、南昌到其任职过的浙江遂昌，这些年都做出过一定的成绩。但是什么时候会举办国家级、国际化、常规性的汤显祖艺术节，也还需要政府主管部门和文化贤达们假以时日、共襄盛举。

正是在世界三大文化星座的同年纪念的平台上，特别是在汤翁剧作演出、翻译与传播的相对弱势背景下，关于"临川四梦"的史诗化演出，才显得如此地迫切、分外地重要。历史上常演的"四梦"折子戏，尽管在表演上千锤百炼，但却总是有碎片化、零星化的感觉。当然所谓汤翁剧作的史诗化演出，不一定非要把爱情史诗中《紫钗记》的五十三出、《牡丹亭》的五十五出全部付诸排场，也不一定非要把佛道官场史诗中《南柯记》的四十四出、《邯郸记》的三十出，从头到尾全部搬上舞台，但至少也要以较为整体的构思、前后贯穿的气韵、神足气旺的呈现以及规模化的演出作为基本要件，这才能够称得上是对汤翁作品的史诗化演出。

江苏省昆剧院作为传统醇厚、风格纯正的昆曲故乡的昆剧省团，这些年来关于昆曲史诗化的大型演出及其成功实践，特别令人钦佩。

首先是以张继青为代表的老一代表演艺术家的舞台版与电影版《牡丹亭》的演出。张老师的版本源于折子戏，但是又在剧情的完整性和人物形象的勾勒上下了更多的功夫，所以她才在国内外引起了一致的赞美和好评，成为日本、意大利、德国、法国、西班牙等国家的中国昆剧形象之杰出代表，甚至有人还称之为是"世界五大女演员之一"。当今江苏省昆剧院的经典版《牡丹亭》乃至由张老师担任艺术顾问的苏州昆剧院青春版《牡丹亭》，都是江苏省昆剧院打造史诗化昆曲的相关成果。

其次是由中日韩三国艺术家联手打造的江苏省昆剧院青春版《1699·桃花扇》。一群平均年龄十八岁的年轻人，将孔尚任的《桃花扇》予以了史诗般的梦幻演出。一般认为《桃花扇》是很难从整体上搬上舞台的剧作，上海戏剧学院戏文系前主任陈多教授等人也认为该剧基本上是一部案头之作。可是江苏省昆剧院偏偏将一部昆曲演出史上的冷僻之作，翻新成为史诗化的青春嘉年华版本的悲剧展示，一时间传为中外剧坛之佳话。

江苏省昆剧院的第三度史诗剧攻坚战，就体现在昆曲《南柯记》的华丽打造过程之中。不错，上海昆剧院确实以其老一代表演艺术家的雄厚实力，将史诗化的《邯郸记》和《长生殿》都绽放得有声有色，可是他们也只能将《邯郸记》中的一些曲子，加以交响乐的演唱，仅此而已。因为就《南柯记》相对而言，场次比较散漫，戏剧冲突不够集中，所以多年以来除了数折折子戏之外，很难将其较为完整地搬上舞台。

但是，只要汤翁的"四梦"缺了南柯一梦，汤翁的批判精神与文化价值就无法完满地加以体现。在其故乡与祖国，都无法将其剧目完整地搬上舞台，又哪里能够奢望世界上其他国家的戏剧界人士，能够更加深刻全面地认识到汤翁的"三春好处"与惊世精神呢？而且该剧又是一部佛教梦幻史诗剧，大家一般只关注生死恋情的牡丹与紫钗，不去关注其佛道情缘的南柯与邯郸，这更是关于汤翁精神的简化与曲解。

有鉴于此，具备文化眼光和艺术胆识的江苏省昆剧院艺术家们，这才以啃硬骨头的精神，联合海峡对岸的有识之士，共同推出了这部戏曲史上堪称辉煌灿烂的南柯梦幻之昆曲史诗。还是那一班花团锦簇的青年人，只不过大家的平均年龄成长到人生风姿绰约、表演意境淳厚的二十八岁了；还是那一出较为冷僻的《南柯记》，但却与同时代诞生的《南都繁会景物图卷》相映成趣，更好地体现出明代人的审美风尚和南京市井生活的绮丽多姿。于是扬州的淳于棼粉墨登场，在南京、北京和台北的大舞台上，将大槐安国的梦境予以了淋漓尽致的优美呈现。

诚然，江苏省昆剧院青年艺术家们推出的两个晚上的史诗版《邯郸梦》，哪怕在充分优化之后，仍然有一些散漫多元的剧情存在。但是汤翁的原剧如此，我们还是不能去做伤筋动骨、改头换面的根本性改动。或者汤翁原本认为生活不都是冲突特别集中的生活，戏剧也不应该都是剧烈对垒的戏剧。人生原本就是散文化的人生，戏剧不去更多地展示冲突，也许更加有利于对社会的批判和对人生的警示。

就江苏省昆剧院而言，有了三度昆曲史诗化的实践，有了敢于以守卫传统的心态去直面当今的勇气，有了一代代昆曲艺术家的顺向承继，这是一个剧团具备文化自信、拥有创新能力、永葆艺术生气的综合能力的呈现。仅就该院关于《牡丹亭》《桃花扇》和《南柯梦》的史诗化呈现而言，这对汤翁剧作的整体呈现和国际化剧作大师的地位，都作了至为重要的舞台演绎。《南柯梦》的深刻性伴随着青年表演艺术家的精彩演绎，这才能让中外观众在愉悦而又感叹的审美过程中，认识到汤翁作为世界戏剧大师的全貌。从此意义上言，江苏省昆剧院是在从继承大师的事业中，从某种程度上言开创了昆曲艺术继承发展的新生面。

二十世纪下半叶，对于汤显祖的《南柯梦》，学术评论界还不大看重。一般认为，它是一部仅仅"表现人生如梦的戏曲"；还有甚者，说该剧通篇都是"为佛教说法"，因而是汤显祖"失败的作品"。

现在，无论在学术界还是在戏曲舞台上，大家都对《南柯记》有了更为客观的价值认定。吴凤雏就认为过去这些说法都只从表象作简单武断的推论，不免失之偏颇。"其实，《南柯梦》是一部思想内容十分丰富、进步倾向十分明显的不朽之作。"①

在戏曲舞台上，在江苏省昆剧院之外，还有上海昆剧团、南昌大学赣剧研究中心等多家剧团都能相对完整地演出"临川四梦"。能否将《南柯记》搬上舞台，也是衡量一个剧团基本实力的重要标志之一。

---

① 引自吴凤雏《〈南柯梦〉的思想倾向》，《汤显祖研究论文集》，中国戏剧出版社1984年版，第312页。

第二十六章 《邯郸记》黄粱一梦

在《临川四梦》中，《邯郸记》是艺术成就仅次于《牡丹亭》的剧作。就思想深度言，《邯郸记》可能还要更胜一筹。

明代著名曲学大家王骥德，甚至更加看重《临川四梦》中的后面"二梦"。他认为："临川汤奉常之曲，当置'法'字无论，尽是案头异书。所作五传，《紫箫》《紫钗》第修藻艳，语多琐屑，不成篇章；《还魂》妙处种种，奇丽动人，然无奈腐木败草，时时缠绕笔端；至《南柯》《邯郸》二记，则渐削芜颣，俛就矩度，布格既新，遣词复俊，其掇拾本色，参错丽语，境往神来，巧凑妙合，又视元人别一蹊径，技出天纵，匪由人造。使其约束和鸾，稍闲声律，汰其剩字累语，规之全瑜，可令前无作者，后鲜来哲。二百年来，一人而已！"

在当代，何苏仲在《应当重新评价〈南柯梦〉与〈邯郸梦〉》中说："就思想性而言，《南柯梦》和《邯郸梦》尤胜。"而《邯郸记》在"四梦"中排名第二，大家都能予以充分认可。例如徐朔方称《邯郸记》简练纯净，"它的成就仅次于《牡丹亭》"。

黄文锡、吴凤雏在《汤显祖传》中盛赞"《邯郸记》尽管也保留了有关神仙道化的构思，并生发出人生如梦的感慨，但就其主要内容来看，却充满了战斗的精神……举凡对当时社会之黑暗，官场之腐败，权贵之骄横，士林之媚谄，都作了尖锐深刻的揭露。其锋芒所指，上至皇帝权臣，旁及科场、制诰、封荫等各种典制，纷纭复杂，无所不及，正无异于一部明代中晚期的《官场现形记》，一部反映封建末世人情风物的百科全书，一篇讨伐万恶的封建社会的战斗檄文"。

《邯郸记》全剧只有三十折，但却简洁畅快、淋漓尽致地描摹出浊浪排空的官场群丑图。此剧本事源于唐沈既济的传奇《枕中记》。

沈既济（约750—约797），吴兴德清（今属浙江）人。唐德宗即位初，试太常寺协律郎。建中元年（780），宰相杨炎荐其有史才，召拜左拾遗、史馆修撰。次年冬，杨炎贬逐，他也被贬为处州司户参军。后又入朝，官终礼部员外郎。他对唐代开元年间的头名进士、日本人欲请不得的高才博学、法书超群的萧颖士特别敬重，与其子萧存及许孟容，还有著名史学家杜佑都是莫逆之交。其《建中实录》十卷，风靡一时；《选举志》十卷，交口称赞。然而流行一时未必能流传永久，前二书至今不传，只有《全唐文》收录了他的六篇文章。其闲笔传奇之作《枕中记》和《任氏传》，流传至今，被后世广为改编。

《枕中记》明显受到六朝"焦湖庙祝"故事（出自刘义庆《幽明录》或干宝《搜神记》）的启发和影响。李肇《国史补》称其为"庄生寓言之类"。这一寓言的人生之梦与梦里人生，出将入相的伟业与黄粱美梦的现实交相辉映，对芸芸众生看破红尘颇有惊世作用。因此《枕中记》一出便受到大家的热捧，早在唐文宗开成年间，房千里作《骰子选格序》已有"近者沈拾遗述枕中事"之语。至于后来被戏曲家们一再改编，不仅蔚为佳话，而且在汤显祖的笔下再铸经典，令人在敬仰之余多有反思。

《南柯记》与《邯郸记》都是以外结构套内结构的方式展开剧情，但《邯郸记》的外内两套结构相对而言要精巧得多，不像前者略有汗漫拖沓之感。

《邯郸记》的外结构演述神仙吕洞宾来到邯郸县赵州酒店。此地有困田间、行走农田的青年农夫卢生满腹牢骚地在胡说八道："遇不遇兮二十六岁。今日才子，明日才子，李赤是李白之兄。这科状元，那科状元，梁九乃梁八之弟。之乎者也，今文岂在我之先。亦已焉哉，前世落在人之后。衣冠欠整，粮不粮，莠不莠，人看处面目可憎。世事都知，哑则哑，聋则聋，自觉得语言无味。真乃是人无气势精神减，家少衣粮应对微。所赖有数亩荒田，正值秋风禾黍……〔生忽起自看破裘叹介〕大丈夫生世不谐，而穷困如是乎！"

世间万物皆不好，尤其穷困受不了。卢生有感于权贵的世袭，世道的不公，对贫愁潦倒的生活满腹牢骚，对田埂上的生涯颇为厌烦，于是要徒叹奈何，于是要述志抒怀，声言"大丈夫当建功树名，出将入相，列鼎而食，选声而听，使宗族茂盛而家用肥饶，然后可以言得意也"。

如此小小怀抱，在神仙看来何足挂齿。吕洞宾即刻便赠一玉枕，让卢生在梦中占尽风光得意、享尽富贵荣华，同时也受尽风波险阻，终因纵欲过度而亡。一梦醒来，店小二为他煮的黄粱饭尚未熟透。在神仙点破后，卢生幡然醒悟，抛却红尘，随吕洞宾游仙而去。

以一个游戏实验性质的外部结构框架，将全剧的主体内容整个包裹起来，使得卢生轰轰烈烈的功业及其所处社会政治环境，都成为有迹可寻但却是毫无价值、全无意义的虚妄世界。这实则是对明代官场社会的深刻鞭挞和总体否定。

《邯郸记》的内结构演述剧情主体，也即卢生从发迹、发达到立功立业，遭谗、遭贬以及大富大贵、大寂大灭的官场沉浮史。以卢生作为中心贯穿人物，全剧描摹了官场之上无好人的整幅朝廷群丑图。

在吕洞宾指引的通衢大道上，卢生误入了高墙大户、朱门绣帘之家，这正是清河富户崔氏之家。

那崔氏是何等强势的女子，卢生你既然误入罗网，那就一切听我摆布。选择题不由分说地摆在面前："非奸即盗，天条一些去不的。老妈妈则问他私休官休，私休不许他家去，收他在俺门下，成其夫妻。官休送他清河县去。"

作为"非奸即盗"的行为主体，卢生当然不选择到清河县去吃板子的末路，当然情愿私休。蜜蜂王跌落在蜜罐里，叫花子跌倒在金银库，猛男子醉卧在花丛中，在此做起了花好月圆、情深无限、无比满足的美丈夫。

尽管卢生对自己的生活状况无比得意，特别满足，可是崔氏夫人却由不得他这种不思进取的享乐生活持续下去。

〔旦〕卢郎，自招你在此，成了夫妇。和你朝欢暮乐，百纵千随，真人间得意之事也。但我家七辈无白衣女婿，你功名之兴却是何如？

〔生〕不欺娘子说。小生书史虽然得读，儒冠误了多年。今日天缘，现成受用。功名二字，再也休提。

〔旦〕咳，秀才家好说这话。且问你会过几场来？

〔生〕我也忘记起春秋几场，则翰林苑不看文章，没气力头白功名纸半张，直那等豪门贵党。〔合〕高名望，时来运当，平白地为卿相。

〔旦〕说豪门贵党，也怪不的他。则你交游不多，才名未广，以致淹迟。奴家四门亲戚，多在要津。你去长安，都须拜在门下。

〔生〕领教了。

〔旦〕还一件来，公门要路，能勾容易近他？奴家再着一家兄相帮引进，取状元如反掌耳。

〔生〕令兄有这样行止？

〔旦〕从来如此了。有家兄打圆就方，非奴家数白论黄。少了他呵，紫阁金门路渺茫，上天梯有了他气长。

〔生〕这等，小生到不曾拜得令兄。

〔旦〕你道家兄是谁？家兄者，钱也。奴家所有金钱，尽你前途贿赂！

〔生笑介〕原来如此。感谢娘子厚意。听的黄榜招贤，尽把所赠金资，引动朝贵，则小生之文字珠玉矣。

功名考不上，不怪自己文采不好，学问不高，一贯如此而且特别极端地偏说自己没有关系，没有可能融入豪门贵党的支持系统。

但这抱怨都是过去的事了，如今的崔氏是卢生的经济靠山和科考后台。就崔氏而言，设若有钱无权，不算有钱；有权无钱，总是空谈。汤显祖援引《西厢记》中老夫人"则是俺三辈儿不招白衣女婿"的说法，并踵事增华地顺向延伸为"我家七辈无白衣女婿"的历史与现状相统一的铁定逻辑，也只有官商勾结，沆瀣一气，才能成就豪门大户七代以上的家族传承。

卢生的发迹与发达，其全部规划与设计，全都离不开"铁女人"崔氏。凭借妻房崔氏四门贵戚的裙带关系，再靠着"家兄"金钱的开路，卢生果然广施贿赂、平步青云，被钦点为头名状元。崔氏为此投资之大，下本之巨，实在是气派阔伟："奴家所有金钱，尽你前途贿赂！"

黄金铺道、金钱贿赂的结果，没有任何疑义。可怜唐朝左仆射兼检括天下租庸使宇文融还在想头名状元如何排名的问题，结果高力士过来告知，皇上钦点了卢生为状元。重要的话题还在于新科状元的出炉，"也非万岁爷一人主裁，他与满朝勋贵相知，都保他文才第一。便是本监，也看见他字字端楷哩"。

最悲催的问题出现了，圣上与臣子，满朝文武谁都知道这头名状元归了卢生，只有权相宇文融一人不知道。情何以堪，心何以平，怨气缘何不生呢？

从此宇文融便认卢生为第一政敌，一直给卢生出难题，要先看卢生的笑话，看他如何陷入难以回天的绝境。

皇上要巡游，卢生要开河。有悬崖峭壁、荒山绝岭为屏障，看他卢生如何复命？见鬼去吧。

三年过去了，宇文融等着要看卢生的笑话，找他的不是。谁知道这卢生居然用盐蒸醋煮等邪门歪道的办法绝处逢生，顽石居然开裂，石块可以化水，三百余里的艰险河道，居然可以一蹴而成。这怎不令宇文融羡慕嫉妒恨呢？

于是宇文融忍气吞声，韬光养晦，又力举卢生去打仗，又诬陷卢生有通匪的罪过，又将他流放在崖州，又将他法场问斩，暗里明里，总要将卢生置于死地。

当政敌宇文融陷害卢生时，是崔氏夺下了夫君意欲自刎的刀，又牵儿带子到皇帝门外呼冤，使卢生得以免于斩首。

当崔氏作为囚妇被入官为奴后，她又在织锦上绣出表白丈夫冤情的回文诗，终于上达天听，使得皇上当庭改正了卢生的冤假错案，全家满门得以重新飞黄腾达、荣华富贵。

这崔氏哪里像位弱女子，分明是一位不屈不挠、审时度势、老谋深算的资深政治家。

崔氏的唯一失算处是没想到皇帝赐二十四名歌女给老卢，以致把老人家身子淘洗一空，所以她感到万分恼火："要那二十四个丫头偿命！"

从崔氏这里，集中体现出封建社会的婚姻行为实则是一种政治联盟；崔氏强"娶"卢生，实则是为政治投资捞得一笔新的赌注。至于封建社会的重要支柱——科举制度，则是一种从上到下的受贿制度或曰腐败根源。婚姻的温情脉脉，科举的文才彬彬，学问的神圣兮兮，仅在一位女子的操纵下就被剥下了虚伪的衣装，露出了私利追逐和金钱占有的黑暗本相。

卢生既是封建官场丑恶世相的见证人，同时也是积极参与者。早在全剧外框架引出时，他就表达了出将入相的强烈政治欲望。崔氏的怂恿进一步煽动起他做官的欲望，接着便厚颜无耻地拿钱通路，买了一个头名状元。

这卢生一入朝门便徇情枉法，假做诰命，蒙蔽圣旨，为自己老婆封诰。由此可见他在崔氏栽培之下，已经深谙瞒天过海之道，善行夫荣妻荣之术。一旦崔氏把卢生推到了厚颜无耻、做官弄权的恶性轨道，紧接着在开河、争战时期，卢生便能自己高速运转起来。他不乏小聪明，也会使阴谋诡计，所以能用放火烧山、盐蒸醋煮的荒唐之举开了条荒唐的河；又将"悉逻谋反"字样镂在千片树叶之上，使得番王误以为天意示警而杀了得力的大将，卢生之部便大获全胜。

但卢生更大的本事，还在于会拍皇帝的马屁。

〔生〕臣已选下殿脚采女千人，能为棹歌。〔采女叩头棹歌介〕【出队子】君王福耀，谢君王福耀。凿破了河关一线遥，翠丝丝杨柳画兰桡，酒滴向河神吹洞箫。好摇摇，等闲平地把天河到了。

〔上〕美哉，棹歌之女也。【闹樊楼】说甚么如花殿脚多奇妙，那菱歌起处却也鱼沉雁落。似洛浦凌波照，甚汉女明妆笑，在处里有娇娆。也要你臣子们知道，新河站偏他妆的恁好。

〔生〕臣之妻清河崔氏，备有牙盘一千品献上。

〔上笑介〕准卿奏。

〔生进酒介〕臣卢生谨上千秋万岁寿。【莺画眉】金盏酌仙桃，滴金茎湛露膏。臣膝行而进临天表。牙盘献水陆珍肴，菱歌奏洞庭天乐。

〔上笑〕今朝有幸，云霄里得近天颜微笑，牙盘所进分赐护从人等。卿平身。〔上〕前面船只数千队奏乐器，是什么船？

〔生〕此皆江南粮饷，各路珍奇，逐队焚香，奏他本土之乐。

卢生的马屁三部曲依次展开，一是千名美女边摇橹边唱歌，让见多识广的皇上，也当场感叹：美哉，棹歌之女也！

二是卢生的后台老板崔氏敬献一千品牙盘，都是各种山珍海味、水陆珍肴，便于皇上分赐给随从人等。

三是从全国各地调集过来数千只船，都来给陛下献宝敬香，奏乐助兴。

卢生拍马屁的时间之长、阵势之壮、规模之大、想法之奇，非常人所能度量。所以政敌宇文融一定要将他置于死地，让他去打仗去！

开河是为了让皇帝顺流而下游览胜景，征战是为了让皇帝醉生梦死、乐以忘忧。卢生曾不嫌麻烦，亲自挑选了近千名女子，强令她们为御舟摇橹，借以取悦皇帝。征战得胜，他在天山勒石纪功，貌似展示国威，实则是想借此扬名，使得千秋万代后都知道他卢生的丰功伟绩。

得志便猖狂，欢乐乃纵欲，这是卢生及官僚社会中上行下效、腐朽堕落的本性。皇上送他二十四房美女，卢生先是道貌岸然地讲御赐美女不可近她。当崔氏要奏本送还众女时，卢生却慌忙说道："却之不恭！"

如此受用的结果只能是使精力透支，早赴阴曹。难得他老人家在纵欲而亡之前犹死不咽气，原来是在五子十孙都安排妥帖后，还有一位偏房"孽生之子卢倚"尚待荫袭封位；更担心国史上不能全面记载其毕生功绩……

得意忘形、恣意享乐、追名逐利与家族利益，真正成为他毕生紧抓不放的最高原则。卢生是一位品格不高的知识分子，他以卑鄙的金钱作为通行证在官场上平步青云，以富于天才想象力的马屁壮举作为讨好皇上的震撼手段，以狂放作为文人遗风在政客中独树一帜，以贪得无厌的青史留名和利益占有作为大地主的典型心态，以封妻荫子、惠及后人作为家族势力的延续……凡此种种，在官场黑幕中具备一定的代表性。

《邯郸记》中的其他官僚也多面目可憎。宇文融丞相因为卢状元唯独忘了送钱物给他，拒绝融入他的关系网络，所以才时时播弄并陷害卢生。"性喜奸谗"是其表象，顺我者昌、逆我者亡，不断扩充势力范围是其本性。汤显祖写足了宇文相之奸险毒辣，这是对明代宰相们从总体上感到失望的曲折宣泄。

就连看似老实的大臣萧嵩，明知宇文相陷害卢状元，却慑于其淫威，在奏本上也签上自己的名字。但他用自己的表字"一忠"签名之后，又偷偷在"一"字下加上两点，成为草书的"不忠"签名。

这样做的结果，既在当时大势所趋之下参与伙同陷害卢状元，又能在以后皇帝为卢生昭雪平反时开脱自家罪责。萧嵩此举并不仅是明哲保身，而且是以高明的权术害人。他缺乏起码的正直人格，属于官场上为数最多的不倒翁。无论是卢生败还是宇文融亡，他萧嵩总能面面俱到地参与其事，置自身于不倒之地位，这正是中国封建社会官员所追求向往的八面玲珑的做官境界。

即便是写皇帝唐玄宗，《邯郸记》对其的不敬之处亦随处可见。明皇只体现出糊涂和好色两大本性，所以糊里糊涂地取了金钱铺路的卢状元，又糊里糊涂地在卢状元为夫人请封诰的文件上签字，还糊里糊涂地用一群美女耗空了卢状元的老命。他只对为之摇橹的一千美女产生浓厚的兴趣，表现出淫猥的天子气象。

作为一位曾为王臣的大明子民，汤显祖至少对最高统治者不大恭敬，不仅鞭鞑奸官，而且讥弄皇上，虽说这皇上是大唐天子，终不免影射当朝之嫌。这正是汤显祖挂冠归去后的冲天勇气和战斗精神的体现。从正德皇帝到万历皇帝这祖孙四代，一方面劳民伤财、吮尽民脂民膏，另一方面巡幸天下、游龙戏凤，其风流与罪恶的故事数不胜数。《邯郸记》何止于痴人说梦，分明是直逼现实！

本剧中真正可爱的人物，是那些虽寥寥数笔但却可钦可敬的下层人民。为卢生开河而拼死拼活的民工群像，挺身而出、解救上吊驿丞的犯妇，精通番语、为卢生反间计奠定成功基础的小士卒，以及为掩护卢生而葬身虎口的小仆童，鬼门关上搭救并扶助卢生的樵夫舟子……

正是这些最不起眼的平头百姓构成了《邯郸记》艺术天地中的点点亮色，使得整个腐朽黑暗的上层社会不至于一下子颓然崩塌、整体陆沉。人民大众才真正是美与善的化身、社会与历史的支柱。

美梦噩梦总归是梦，长梦短梦总是要醒。一梦醒来，黄粱还未熟透。沉湎于黄粱美梦中的卢生，此时此刻居然怪起枕头来："咳，枕儿枕儿，你把我卢生有家难奔，有国难投。别的罢了，则可惜俺那几个官生儿子呵！"

于是吕洞宾哈哈大笑说，什么老婆儿子，别痴心妄想了："你那儿子难道是你养的，是那店中鸡儿狗儿变的。便是崔氏也是你那胯下青驴变的，卢配马为驴。"

卢生自此才知道世间"宠辱之数，得丧之理，生死之情"，才知道"风流帐，难算场。死生情，空跳浪，埋头午梦人胡撞。刚等得花阴过窗鸡声过墙，说甚么张灯吃饭才停当。罢了，功名身外事，俺都不去料理他。只拜了师父罢。〔拜介〕似黄粱，浮生稊米，都付与滚锅汤"。

《邯郸记》的内外结构，在此浑然一体，但却给观众和读者留下了多少世事无常、官场与富贵、状元与农夫、出世与入世的想象空间啊！

二十一世纪以来，上海昆剧团把《邯郸记》中的折子戏连缀起来，加以系统地整理出新，这就有了接近于全本《邯郸记》的诞生。著名戏剧名宿刘厚生老先生在《上昆的邯郸梦》一文中说：

> 上海昆剧团的《邯郸梦》是我最赞赏的戏之一。我已看了三遍，非常喜欢汤显祖所做的这个大梦，或者说，大作。几十年来，明清传奇中的经典作品，如《牡丹亭》《桃花扇》《长生殿》等多种整理改编本在昆剧舞台上竞相上演，显示了中国古典戏曲的炫目光彩，是大好事。然而我们不能让观众以为昆剧演来演去就只有这几部戏，实际上两千多种传奇剧本中蕴藏的珍宝远不止此。发掘、整理、改编其中的含金作品，乃至某些可能化为神奇的腐朽之作，使之成为昆坛的再生凤凰，我以为应是当前创编昆剧文学的第一位工作。上昆演出由《邯郸记》改出的《邯郸梦》，就是一次相当成功的例证。
>
> 这部戏由王仁杰缩编，谢平安、张铭荣导演，顾兆琳音乐，计镇华主演，都是第一流的名家。
>
> 《牡丹亭》当然是汤显祖辉煌的代表作，过去人们普遍认为《邯郸记》次之。但我觉得，这两部戏都是汤显祖思想才华的喷发外化，但它们的性格和容貌很不相同，不必为它们排什么座次。《牡丹亭》以美丽的梦境触发杜丽娘的青春觉醒，写她为情伤感而死，死后还魂，体现生可以死、死可以生的感情力量，是以浪漫的手法和想象虚构现实生活中不可能的情节来冲击封建礼教。整个戏激荡人心，感染人们去追寻美好生活。而《邯郸记》完全不同。它写穷书生卢生梦中历经几十年官场恶斗和荣华富贵，最后梦醒看透世情，随吕洞宾修道去了。从前的评论常说卢生梦醒入道是宣扬出世思想，其实，从汤显祖一生行迹思想看，我宁愿说以梦带戏不过是他反映现实的一个躯壳，一种掩饰，也可以说是一种"间离"，

他全力以赴写的是明代后期真实的黑暗政治和社会风气。他充分运用批判现实的方法以表现进步的思想，剥茧抽丝，鞭辟入里。《牡丹亭》着重颂扬美，写青春，写天性的爱情，写对理想的向往；《邯郸记》则着重揭露丑，写腐朽，写复杂的社会利禄，写对现实的鞭挞。《牡丹亭》侧重于诉诸感情，令人感动；《邯郸记》更侧重于理智，令人警醒。两部戏相对相融，合而为一个完整的追求真善美的汤显祖。要全面理解和热爱我们这位传奇金星，就应对这两部戏都做比较研究的功夫。当然，若能把他的四个梦都做出来，更好。

如果从衡量古代作品在当代演出的现实意义方面考虑，应该说《邯郸记》的社会作用明显更大更深。《牡丹亭》可能对当前许多少男少女对感情的轻浮草率有所对比，有所领悟，而《邯郸记》则用不着任何解读，不须点破，只要演出，它的高度概括性就自然会引发观众由古代联想到现实，虽然我们并不强调要古典作品为现实斗争服务。

因此，上海昆剧团选择《邯郸记》整理公演，极具远见卓识，意义深远。

何况，《邯郸梦》还有一个特点：它是近年昆剧舞台上少见的以老生为主的戏，正如浙江省昆剧团最近上演的、也是一个优秀剧目的《公孙子都》以大武生为主，都是在促进昆剧舞台上的多样化，也都是更全面地继承昆剧优良传统。更何况，上昆还有一位高峰耸峙的大老生计镇华。他的《邯郸梦》情结已有十多年，如今年已六十开外，以其艺术能力和生活经验来演卢生，用一句常说的话：不作第二人想。

但是汤显祖《邯郸记》原著三十折，难以一晚演完，而此剧情节结构紧密完整，分成二本三本都很不容易，因此必须对原著有所动作。王仁杰是一位对古典剧作有独特见解的剧作家，但他这次没有说自己是编剧或改编者，甚至连整理者都不承认，却用了一个新词：剧本缩编。他认为"强求所谓出新，适足弄巧成拙"，这体现了他一向主张的对古典优秀作品只应有敬畏之心，不可有轻视之意。他的缩编集中了所有的"必演场"，重点突出，充分体现了汤显祖的深沉感慨。无奈之处是，全剧前半着重交代卢生入梦、入赘、夺元、被贬、河功、边功等，情节繁多，时间短少，一压缩就显得有些矛盾冲突未能充分展开（只是由于导演和演员的良好发挥，舞台演出仍然显得相当华彩、流畅）。而戏的后半从法场、充军、召还、极欲到去世，则是丰满淋漓，光彩辉耀，活泼地表达了作者对当时社会政治的深刻愤懑与嘲讽。

我想多说几句计镇华的表演。《邯郸梦》说是老生戏，其实他是由大嗓小生演到衰派老朽，由穷书生演到老宰辅，是文官又充武将，是重臣又是囚徒，是一个几十年跨度的、不断发展的形象，又是一个需要应对各种人和事的复杂人物。一个有经验的老演员，掌握了各种行当各种身份的表演程式，把上述种种规定情境一般化地演出来，不算难事；问题的关键在于这个角色的性格是什么，如何表现。不同性格的人物在相同的规定情境中的反应和表现是不同的，因而性格在其中如何发展也是不同的。计镇华在塑造卢生形象时，恰当地运用了各种程式，同时又着意从性格出发，以性格化的细节来充实程式、变化程式，使程式成为这一个性格的程式。比如"边功"一场中射雁的动作过程；比如在流放地"召还"前后对司户前倨后恭的不同的细致反应；尤其是戏的最后，卢生临终前同高力士一场戏，突出他的贪心不足，斤斤计较，反复啰嗦，又踌躇满志，又谄媚宦官的性格，使得衰派老生的程式大大丰富并有突破。除了个别动作细节和个别语调稍过之外，实在是精彩的表演。

尤其令我高兴的，是《邯郸梦》中几位大演员的完整合作。梁谷音、方洋、张铭荣、刘异龙等原都是"站在台中间的"，都来为计镇华配戏，既不随便应付，更不喧宾夺主。在导演总体掌握下，从这几位老将到青年演员，个个都是各就各位，认真严肃，一方面各显其能，各有色彩，另一方面又把七色彩光揉成一片耀目的阳光。这几位老将都是从花甲奔向古稀之人，如此为昆剧拼搏，酿造出这一台花团锦簇的"一棵菜"，实在是难能可贵。比对某些剧团名角不合作的习气，我向这几位老朋友致敬。

上昆的《邯郸梦》在昆剧舞台上是第一次完整演出，确实取得了令人兴奋的第一流成就。然而谁也不会说它已达到顶峰。正好像多种《牡丹亭》一样，你王仁杰可以这样缩编《邯郸记》，也一定会有别人那样改写；你上昆、计镇华这样演出，当然也欢迎别的剧团另起炉灶。即以现状论，我觉得对剧中的八仙如何处理，就很值得斟酌考虑。汤显祖是挖不完的，我祝愿上海昆剧团对《邯郸梦》多多演出，多听意见，择善而从，继续加工改进，再上层楼。力求能使汤老先生在天之灵，不仅对此次演出点头称赞，更能莞尔一笑，说："感谢上海昆剧团，你们的演出让更多的人知道，我不是仅仅一个《牡丹亭》的传奇作家。"

十年之后，计镇华等老师年事渐高，在舞台上完整地演出改编后的全剧，已经力不从心了。但是不要紧，新的一代年轻人又薪火相传，于是又出现了青年版的上昆《邯郸记》。

青春洋溢的新版本《邯郸记》渊源有自，著名昆曲表演艺术家计镇华、梁谷音担任艺术指导，张铭荣担任导演，梅花奖得主黎安、吴双甘当绿叶配角，由亦京亦昆的青年演员蓝天饰演卢生，挑起大梁。计镇华、梁谷音、张铭荣等老艺术家不断为蓝天等青年演员抠戏，卢生一出场就有其特有的身段手势："双臂胳肢窝要夹一些，单手指出、双手指出、单翻袖、双翻袖都要夹，双腿也要微蹲腿，果然不得志、不如意的感觉出来了。台步用涮步与腾步，提脚、脚尖放松垂下、左右画圈，不间断前行。出场眼神有些空洞，无神的、没表演就是此时的最佳表演。"

《牡丹亭》固然在各地常演常新，《邯郸记》也在二〇一六年经过了历时一年多的全国巡回演出，各地观众趋之若鹜，这说明大家既看热闹也看门道，既喜欢看青春少女一场春梦的《牡丹亭》，也喜欢看邯郸农民的官场之梦。

一直到了二〇一八年的全国舞台艺术优秀剧目展演过程中，上海昆剧团的中青年版《邯郸记》还是一票难求。三月二十四、二十五日在中国评剧院剧场的两场演出，人气之旺，反应之好，真是中国昆曲史上盛况空前的场面之一。

《邯郸记》一剧的接力演出，使得蓝天凭借卢生的一梦，一举摘得上海白玉兰戏剧奖的主角奖。

从二〇〇一年首演的《班昭》，到精华版《长生殿》《景阳钟》和青年版《邯郸记》，上海昆剧团在二十一世纪新的时代中四花齐放，第四次获得国家舞台艺术精品工程入选剧目，《邯郸记》也使得上海昆剧团成为全国唯一一个四次获此殊荣的戏曲院团。

神游遍"临川四梦"后，我们来作一些大致比较。

从题材内容上看，由《紫钗记》和《牡丹亭》构成的前一组戏属于儿女风情戏，由《南柯记》和《邯郸记》联袂的后一组戏属于官场现形戏或曰政治问题戏。

儿女风情戏主要以单向型或双向型的爱情中人为描摹对象，例如霍小玉对李益十分强烈的单向恋爱，或者杜丽娘与柳梦梅的奇幻而又统一的双向恋爱。在风情戏中，女性是占主体地位和绝对地位的，男子则处于从属和相对的地位。这是因为在封建社会中，女性的社会地位比较卑微，所受禁锢更为严密。

比方霍小玉因为是已故霍王的庶出之女，所以才常常有八年之爱或宁愿为妾的降格以求。《西厢记》中的崔莺莺尚有弟弟欢郎，尚能出入佛殿、参加法事，面对全寺僧众进行婚姻"招标"，酒席之上与张生直接交流……而杜丽娘虽说是在任太守的千金女，但她所处的位置委实像锁在铁笼中的金丝鸟一般。杜丽娘完全不可能享有崔莺莺式的那么多自由空间。她在少女时代只能见到严父和迂师这两位男人，她从未有过闺房之外、花园行走的起码权利。在这种严酷、封闭的恶劣环境中，她的全部青春能量和性心理积累只能通过梦境中的幻想来予以释放和平衡。为了珍重和再次寻觅这一美好梦境，她只能付出生命的代价。

但在政治戏中，男子则是占主要和绝对位置的。尽管淳于棼和卢生都是扯着老婆的裙带往上爬的，但裙带也只不过是男性中心世界的引线而已，政治社会中主要由男人的堕落与腐败来构成。

从审美倾向上看，风情戏的主要基点是对人物发自内心的肯定，充满热情的赞颂。对霍小玉爱郎、盼郎乃至恨郎的过程推进，都更为树立起这一痴情女的正面形象与可贵风采。"征痛黄泉，皆君所致，李君李君，今当永诀矣！"爱恋仍然重于怨懑，肯定远远大于否定。杜丽娘与柳梦梅的生死恋，有若金童玉女的般配，更堪称青春的偶像、美好的范本和挚爱的化身。

政治剧的基点在于对主要人物及其所处环境的整体否定。《邯郸记》中自上而下，凡属权贵者无一不贪婪，凡发迹者无一不腐败，所以政治剧始终以揭露、针砭和批判作为审丑手段。风情剧中的儿女情往往是真善爱的对象，政治剧中的官僚行径无一不是假恶丑的典型。前者寄寓着作者对人生、时代与社会的肯定与期望，后者反映出他对生存环境无可救药的痛心疾首。

从哲学主张上看，汤显祖的风情戏时刻高举真情、至情的旗帜，而政治剧中则反映出矫情、无情的可憎可恶。生死为至情，难得如丽娘，那是多么执着、专一而真挚的爱情追索与人格升华。而《邯郸记》中的卢生得到御赐美女后，故作姿态，道出了多少矫情、违心的虚伪之论？至若宇文融"无毒不丈夫"的言行一致，更是典型的无情之举。该剧《备苦》出有云："谁知虎狼外，更有狼心人。"正是此辈之写照。

从权威建树和理想皈依上看，风情戏不仅在主要人物身上体现出充沛的理想，而且这种理想和最后权威的裁决是一致的。霍、李的团圆最后还是借助圣旨的权威才得以成就，杜丽娘亦是让皇上充当了证婚人的角色。这说明汤显祖对最高统治者还抱有一定幻想。

政治剧中的官僚社会整体腐败不洁，汤显祖便在很大程度上把仙佛两家的出世理想与终级权威联系了起来。然而封建王朝和仙家佛国都没能让汤显祖真正心折。他早就看出了时代的衰微感和仙佛的虚幻感。

从曲词风格上看，汤显祖的风情戏妙在艳丽多姿，政治戏则不乏沉雄深刻。曹雪芹在《红楼梦》第二十三回中称赞汤剧中的风情戏极品为"《牡丹亭》艳曲警芳心"，引得林黛玉"心动神摇""益发如痴如醉，站立不住"。政治戏《邯郸记》则与此不同，雄浑悲壮、粗犷古朴的语感亦随处可见。如《西谍》中的"词陇逼西番，为兵戈大将伤残。争些儿，撞破了玉门关。君王西顾切，起关东挂印登坛，长剑倚天山"，这般壮阔境界与《牡丹亭》中的缠绵婉转大异其趣。《合仙》中的神仙所唱【浪淘沙】六曲，其苍凉彻悟之感弥漫，是为偈语之中上品。

将"四梦"作比较，各有千秋；合"四梦"而总论，彪炳千秋。但"四梦"之翘楚，还是汤显祖自己的评价较准确：

　　　　一生四梦，得意处唯在《牡丹》。

但是汤显祖对自己的作品，还有另外一个评价："词家四种（按指"临川四梦"），里巷儿童之技。人知其乐，不知其悲！"

悲愤伤情之处，细细悟之，无处不深，无所不在！

第二十七章 山呼（一）星宿陨落，海啸

天上的星星虽多，可是真正璀璨光华的星宿，对于汤显祖而言，那就是业师罗汝芳、天下之名师李贽，还有挚友达观和尚一共三人。

罗汝芳于嘉靖三十二年（1553）考中进士后，先是担任太湖（今安徽太湖）知县，两年后升迁为刑部山东司主事，嘉靖四十一年（1562）出任宁国（府治今安徽宣城）知府，嘉靖四十四年（1565）因父丧回南城守制。汤显祖何其有幸，乃在此时跟随罗汝芳读书，大有长进。

丁忧期满后，罗汝芳于万历元年（1573）补东昌（府治今山东聊城）知府，又改官云南道巡察副使，他在修筑昆明湖堤、疏浚滇池等方面颇见成效。万历五年（1577），罗汝芳官拜右参政之后，只因为因公进京城外广慧寺讲学，听众云集，朝野轰动，这就令内阁首辅张居正特别厌烦，以其"事毕不行，潜往京师，摇撼朝廷，夹乱名实"之罪名，将其罢官。

万历十六年（1588）九月二日（10月21日），罗汝芳逝世，享年七十四岁。这一颗照耀汤显祖心灵的星宿，在归天之后，令汤生十分痛惜。

万历二十七年（1599），汤显祖还在达观法师和临川知县吴用的陪

同之下，攀越从姑山，在凛冽的寒风中凭吊先师罗汝芳，泫然泪下，眼冷心寒。

四年之后，明代学术文化的一代宗师、泰州学派的领军人物，汤显祖打心眼儿里佩服不已的名家李贽，溘然自尽。

李贽（1527—1602），福建泉州人。字宏甫，号卓吾，别号温陵居士、百泉居士等。嘉靖三十一年（1552），年方二十六岁的李贽中举，先后担任河南共城教谕、南京国子监博士、刑部员外郎。万历中担任过云南姚安知府。

万历九年（1581），李贽弃官不做，前往湖北黄安。由于他清廉正直、仁爱端方，百姓们都十分爱戴他。当他登车离任时，"士民攀卧道间，车不得发，囊中仅图书数卷而已"。

一般人认为，再清廉的官员也有不菲的收入。所谓"三年清知府，十万雪花银"。可是李贽的三年清知府，却只有寥寥数卷书，伴随他前往黄安。

在黄安、麻城一带，卸官不做了的李贽获得了思想和言论上的巨大自由。当时社会上的唯一价值观是读书做官，但是李贽的多元价值观却对务农与经商都给予了较高的评价，对功利性与互惠性之间的关系予以了考察与分辨。

正因为此，他的《藏书》《续藏书》《焚书》《续焚书》《史纲评要》等著作，从传统价值观看来具备太多的反叛精神，从为皇家朝廷服务的儒家正统上看，基本上都是些异端邪说、邪魔外道。

比方说，千百年来大家都以孔子的是非观作为不可转移的轴心，可是李贽明确表示反对。

李贽提倡保有每个人与生俱来的"童心"。什么是文学上的童心之保有呢？

"童心者，真心也。"李贽反对流行一时的复古主义思潮，他特别强调与时俱进，反对复古模拟，新的时代、新的生活方式和新的审美感悟，都要求文学的内容更新和手段创新，非此不能表现新的时代、新的思想和新的生活。

好文章不仅仅在于经典，《西厢记》和《水浒传》都是"古今至文"，其想象力、其真性情、其不胫而走的影响力，都可以与六经、《论语》、《孟子》相提并论。

因此，他对于小说戏曲又特别欣赏。他曾认真评点过《水浒传》《西厢记》《浣纱记》《拜月亭》等俗文学，并在字里行间体现出自己的喜怒哀乐、生命情趣和价值评判。正因为其真切的态度和辩证的论述，所以大家都喜欢其评点的版本。

陆续出版这些令正统社会匪夷所思、乱弹歪理的书稿，已经令朝廷官员们坐立不安、深感威胁了。

何况作为演讲大家的李贽，又能说会道，其演讲的才能无比高超、煽惑的力量无人能比、坐定之后的气场无比强大，犹若天风海雨，从空而降，在场之人，人人都会沐浴在其思想天地的快乐之中，被其气场和磁场所当场裹挟。

作为一位著名的演说家，李贽太成功了。他到哪里都会因其演讲而声名鹊起，上至官员士林，下到一般黎民百姓，旁及不少妇女同胞，大家都爱听他说话，因为听得懂，愿意接受其讲学，因为有思辨、有引领，还头头是道，对人多有启发。

在麻城一开讲，就集聚了数千听众。大家过来，不是为了买衣服、看美人、追帅哥，而是为了听一位老年智者讲百姓日用和人生道理，百姓日用就是道。

官方开始害怕，正统开始反击。他们从开始对李贽的羡慕嫉妒恨，到打击报复和剿灭。

七十四岁的李贽想安排后事，在麻城的佛院建塔埋骨，那就拆除他兴建的塔。

他还想在空气那么好、环境那么幽静、风水那么出奇的芝佛院继续居住下去，休想，那就火烧芝佛院，让其无法再待下去。

李贽身边的一大批追随者，无论是出家人还是在家人，都被官方予以了惩戒、威胁，甚至对核心成员还要予以逮捕法办。

万历三十年（1602），李贽被迫到河南商城避祸，休养生息。写书讲座，都是伤神之事，那么多人眼红，都要将李贽及其门徒赶尽杀绝，这令李贽伤心落泪，急火攻心，同时也疾病缠身。

还好天无绝人之路。北京通州的昔年好友马经纶前来看望，并很快把李贽从河南接到通州。

这时候的李贽老人，已经被朝廷视为离经叛道的罪魁祸首，比洪水猛兽还要吓人。他在通州著书讲学，将会祸乱天下，并直接影响到朝廷。

礼科给事中张问达，不失时机地向万历皇帝上奏：

> 李贽壮年为官，晚年削发，近又刻《藏书》《焚书》《卓吾大德》等书，流行海内，惑乱人心。以吕不韦、李园为智谋，以李斯为才力，以冯道为吏隐，以卓文君为善择佳偶，以秦始皇为千古一帝，以孔子之是非为不足据。狂诞悖戾，不可不毁。
>
> 尤可恨者，寄居麻城，肆行不简，与无良辈游庵院，挟妓女，白昼同浴，勾引士人妻女、入庵讲法，至有携衾枕而宿庵观者，一境如狂。又作《观音问》一书，所谓观音者，皆士人妻女也。后生小子，喜其猖狂放肆，相率煽惑。至于明劫人财，强搂人妇，同于禽兽而不之恤。
>
> 迩来缙绅大夫，亦有诵咒念佛，奉僧膜拜，手持数珠，以为律戒，室悬妙像，以为归依，不知遵孔子家法，而溺意于禅教沙门者，往往出矣。
>
> 近闻贽且移至通州；通州距都下仅四十里，倘一入都门，招致蛊惑，又为麻城之续。
>
> 望敕礼部，檄行通州地方官，将李贽解发原籍治罪。仍檄行两畿及各布政司，将贽刊行诸书，并搜简其家未刻者，尽行烧毁，毋令贻祸后生，世道幸甚。

（《明神宗实录》卷三百六十九）

这封奏折一是说李贽离经叛道，动摇了以孔子为代表的价值观；二是说他与门徒男女混杂，作风堪忧；三是说士大夫往往信佛，礼拜佛教而疏远了孔教；四是说李贽在通州，一旦在京讲学，岂不是乱了王法；五是说将其治罪，烧毁其所有已刻未刻之书。

内阁首辅沈一贯对此奏折非常认同。或者说这份奏折极有可能就是他指使张问达危言耸听，上达天听的。

天下者，万历皇帝之天下，权威者，帝都金銮之权威。天子脚下，岂能树立其他权威，让这个口出狂言的李贽来撒野？于是万历皇帝的圣旨即刻下达：

> 李贽敢倡乱道，惑世诬民，便令厂卫五城严拿治罪。其书籍已刊未刊者，令所在官司尽搜烧毁，不许存留。如有徒党曲庇私藏，该科及各有司访参奏来并治罪。

圣旨一下，一队兵马火速前行，很快就将通州马经纶家团团包围起来。

可怜体弱多病的李贽老人，那时正卧病在床，既没有半点反抗的能力，就是连起来走路也缺乏力气。

走不动？那就卸下门板，将李贽抬到京城的大牢里去。

对李贽忠心耿耿的马经纶实在看不下去，情愿跟着队伍一起走，甚至情愿与李贽一起坐牢、一起赴死。

李贽入狱之后，也感觉到这是人生体验中的又一件稀奇之事：

> 名山大壑登临遍，独此垣中未入门。
> 病间始知身在系，几回白日几黄昏。
>
> （《系中八绝·老病姑苏》）

人是毫无抵抗地被抓捕进来了。但是如何审判他，在皇城的大狱里倒是一个棘手的问题。朝廷说他有罪，但是李贽偏偏轻言慢语、有条有理地说道，自己的著作"于圣教有益无损"，未必是都与孔教为难。

审判者看看这一风烛残年、病痛缠身的老人，完全没有大家谣传的那样嚣张可怕，更不是攻城略地、杀人越货的洪水猛兽，便觉得将这老人家抓过来，审来审去，实在有点小题大做。于是便将审讯的情况，还有李贽的身体状况等从实上奏。

万历皇帝一想，何必跟一位行将就木的疯老头计较呢？再说他要是这一时半刻地死在京城大牢，对于朝廷的名声也不好听。不如打发他回原籍，严加看管便是。

但是就在朝廷态度转变之后的这个当口，李贽老人却执意不肯低头了。

听说朝廷要将他从轻发落，押返回福建老家，李贽颇为感慨地说："我年七十有六，死以归为？"

必死的决心已下，便行云流水地手书一偈云："壮士不忘在沟壑，烈士不忘丧其元。"

万历三十年（1602）三月十五日，李贽蓬头垢面，实在感觉不好，于是提出要剃头的申请。

剃头师傅进来，为之理发刮胡子。哪里知道刚为李贽剃好头，李贽心中却闪过一道灵光，他眼疾手快地夺过剃头刀，当即朝自己的咽喉部位割下去。一时间鲜血淋漓，喷射出来，山河呜咽，可歌可泣。

剃头师傅赶忙抢回刀，关心地问他："您老痛否？"

李贽气管被割开，已经无法说话，便以指蘸血，从容写道："不痛。"

剃头师傅又问："唉，您老人家到了这个岁数，身体又差，归天的日子也快了，为何偏偏要自杀呢？"

李贽闻言，又潇洒豁达地用指血写道："七十老翁何所求！"

人一要死，便难挽回。即便大夫赶来，李贽拒绝救治，也是无法回天。

三月十六日半夜子时，李贽已经被病痛、失血所煎熬、所折磨了两天之久，此时此刻终于血尽气绝，在朝廷大狱中溘然归天，一颗自由的灵魂扶摇直上、升腾而去也。

李贽在京舍身自尽，天下为之感叹唏嘘。

汤显祖闻听之后，来去徘徊，不遑起居，长叹之后，奋笔疾书《叹卓老》一诗：

> 自是精灵爱出家，钵头何必向京华？
> 知教笑舞临刀杖，烂醉诸天雨杂花。

汤显祖的佛门挚友、禅林中的法师之"雄"达观的一生又是如何？

达观法师（1543—1603），吴江（江苏苏州所辖地）人。俗姓沈，法名达观，中年之后改名为真可，号紫柏老人。

在明末的佛门之中，达观禅师与憨山德清、莲池袾宏、蕅益智旭齐名，是著名的明末四大名僧之一。

禅师年轻时，生得气宇轩昂，伟岸不群。十七岁时的一天，他在苏州赶路，适逢阊门一带，狂风大作，豪雨如注，犹若银河倒泻。达观见势不妙，知难而退，躲在屋檐之下。

佛缘相挽，难于回避。虎丘的明觉禅师在经过此地，见到达观后心有所动，便将雨伞相赠，还邀请他同归虎丘云岩寺。

当晚，达观闻听寺僧集体唱诵八十八佛名，便心生欢喜，脱俗向佛。他先将身上所带金银，全部赠给佛门，并向明觉禅师正式请求，剃度出家。

达观为人，每遇佛事，容易感动。在嘉兴东塔寺云游之时，适逢一位僧人正襟危坐，一笔不苟地抄写《华严经》。达观顿时跪在地上，心生感叹云："吾辈能此，足矣！"

在武塘景德寺，他掩关三年。出关之后，回到云岩寺辞别明觉禅师，天下壮游，居无定所，行无定向。一心一意，究明生死，参悟佛法。

为了一位张拙秀才的悟道偈，为了其中的两句警语，达观便开始了极其痛苦的冥思苦想：

> 断除烦恼重增病，趣向真如亦是邪。

这两句真言既是醍醐灌顶，又是灭我佛心，既是邪门歪道，又有真理贮藏。此心深处，如何处呢？

静而思之，动而想之，不得其解。达观以至于废寝忘食，在每每的质疑之中精力耗尽，头面俱肿。

一日斋饭，达观忽然顿悟，豁然开朗，柳暗花明，便大声喝道："使我在临济德山座下，一掌便醒，安用如何若何！"

一心无碍，脚头便轻。清风明月，名山古刹，和风扑面，尽在面前。

到庐山，深究法相精义。朝五台山，想见东传之艰辛，佛寺之庄严，汉藏合流之博大胸怀。游京师，参礼供奉无量千佛法通寺的遍融禅师，那更是华严的宗匠，佛教的圣人。

达观初到大千佛寺，遍融禅师当头便问："从何来？"

达观答道："江南来。"

遍融禅师又问："来此作甚？"

达观答道："习讲。"

遍融禅师问："习讲作甚？"

达观答道："贯通经旨，代佛扬化。"

遍融禅师道："你须清净说法。"

达观答曰："只今不染一尘。"

"不染一尘？"那好，遍融禅师便请达观脱掉外衣，施舍给一旁的僧人。

达观毫不迟疑，当场脱衣奉送。

遍融禅师微微一笑，点拨道："脱了一层还一层。"

达观立时领悟，学佛之人，一定要心无挂碍，方能容纳万象。

此外还有禅门耆宿啸岩的提点，遥理禅师的提携……

两年之后意犹不足，于是前往河南至嵩山，礼拜少林寺，参谒大千常润法师，心胸越发博大开阔，坚毅果敢。

闻听江南嘉兴好，佛法有缘东南行。达观前往嘉兴之后，声名大噪，印堂发光，器宇轩昂，祥云护持，善者尊为天师。

也是缘分所致，佛法脉络，道开法师一睹达观禅师之风采，便十分仰慕于他，匍匐求教，尚不足以学法，情愿终身追随，时时学习，方称快意。

一饮一啄，莫非前缘。达观便收下道开法师，留他为随身的侍者。

嘉兴楞严寺，历史悠久，人物显赫，这里是宋代名僧子璇著经疏之处，当年盛景，令人仰慕。

可而今的楞严寺，年久失修，一片破败之境，好多地产被豪门富户所占用，哪里还见得到昔日的荣耀和佛寺的庄严？触目惊心之后，达观吟咏道：

> 明月一轮帘外冷，夜深曾照坐禅人。

于是达观发誓重修，徒弟道开坚决拥护。化善缘，积功德，感天地，动鬼神。太宰陆五台后援护法，其弟陆云台施建禅堂，于是华堂重光，五楹既成，精舍名寺，焕然一新。

厥功既成，合当楹联相庆。达观作联，针刺血书以观：

> 若不究心，坐禅徒增业苦；
> 如能护念，骂佛犹益真修。

这样的率真性情，令人看了为之动容。

佛门的明末四大师，都有儒释道浑然一体、三教同源的资质与胸怀。莲池袾宏本是儒生出身，憨山德清原本"习举子业"，蕅益智旭认为佛儒相通。

达观亦是三教同源论者，他在文集《长松如退》序言中，自称本人出入于儒释道之间，所以得以窥见大光明之境界。

他把佛教五戒与儒家五常相互融通，彼此诠释。什么是仁义礼智信呢？那就是"不杀曰仁，不盗曰义，不淫曰礼，不妄语曰信，不饮酒曰智"。

所以德清大师对达观禅师赞不绝口:"予以师之见地,足可远追临济,上接大慧之风。"

在整个世俗红尘界别,达观又与李贽并称为"二大教主",舌辩滔滔,信众无数。严重的问题,是他不仅在老百姓当中有口碑,而且在达官贵人中大有市场。德清称其"入室缁白弟子甚多,而宰官居士尤众";朱国祯说达观"和尚声满天下,诸贵人无不折节推重";大文人沈德符也十分佩服达观和尚:"其人自是异人,用能奔走天下,后来名宿如林,未有能及之者。"

前面提到过,江苏吴江人达观禅师,与汤显祖颇有夙缘,彼此心心相印,先后有过六次交集。

第一次观诗,是二十一岁的汤显祖在秋试之后,在南昌西山云峰寺的墙壁上题诗两首,达观观后,虽未与之谋面,但内心非常欣赏。

第二次交集,是在万历十八年(1590)冬的会晤。经南京刑部员外郎邹元标牵线搭桥,汤显祖和达观才得以面对面交流。汤显祖的"寸虚"法名,就是达观所赐。也有学者认为此次见面,达观还曾给汤显祖授记。

第三次拜望,是汤显祖栉风沐雨,前往栖霞山,拜见达观和尚。

第四次相遇,如前文所仔细描述过,汤显祖于万历二十五年(1597)邀请达观和尚从杭州到遂昌,禅师的顺口溜言犹在耳:"汤遂昌、汤遂昌,不住平川住山乡。赚我千岩万壑来,几回热汗沾衣裳。"两人同游唐代著名的禅月大师贯休结庵之处。相传禅月大师夜有所梦,梦中受命,先后摹画了十七尊罗汉的法相。但第十八尊总是无法下笔,梦中的高人便指引其细观池水。禅月大师对池细观,却见自己的倒影闪烁水中,俨然是第十八尊罗汉,于是便大彻大悟,知道自己乃是第十八尊罗汉所幻化的今身。此后,达观在其《紫柏老人集》收录《唐贯休画十八罗汉赞》。在此,达观礼拜了禅月大师像,并以此入诗。

尽管达观与汤显祖佛缘相投,但是禅师却始终未能将其引入佛门。哪怕无法说服汤显祖,达观禅师还是在浙江龙游的赤津岭留诗《还度赤津岭怀汤义仍》：

> 踏入千峰去复来，唐山古道足苍苔。
> 红鱼早晚迟龙藏，须信汤休愿不灰。

这可以看成是达观禅师与汤显祖的第五次交集。首尾两次交集，一是汤诗题壁，一是达观留诗；当中三次会晤，都是执手相看，相互交心。

达观禅师与汤显祖还有第四次面晤，第六次交集。那是在万历二十六年（1598），汤显祖挂冠归乡。是年冬天，达观禅师又特意从庐山下来，前往临川与汤显祖再次彻夜详谈。禅师始终要汤显祖出家，汤显祖始终要在红尘逗留，用《南柯梦》一剧礼拜佛门。

晚明最伟大的佛学家和最杰出的戏曲大师执手分别之后，从此前路漫漫，天各一方。

达观禅师自始至终，一心欲度汤显祖出家证果，但最终未能如愿。可是他们的好多人生抱负和价值观念都高度一致。

汤显祖面对满世界找矿开矿的"搜山使者"十分抵触，他在写给吴汝则的信中说："搜山使者如何，地无一以宁，将恐裂。时有矿使至。"前文所引过的《感事》诗愤慨至极："中涓凿空山河尽，圣主求金日夜劳。赖是年来稀骏骨，黄金应与筑台高。"

他之所以毅然辞官归里，原因固然很多，但是抵制挖矿与矿税，也是重要的原因之一。次年，遂昌黄岩坑矿果然发生大规模岩崩，《遂昌县志》称："石崩，毙百余人，寻奉诏报罢。"

达观禅师平生的三大抱负为："老憨不归，则我出世一大负；矿税不止，则我救世一大负；传灯未续，则我慧命一大负。若释此三大负，当不复走王舍城矣。"

老憨就是憨山德清（1546—1623），俗姓蔡，字澄印，号憨山，法号德清，谥号弘觉禅师，安徽全椒人。达观与憨清禅师计划共修明代《传灯录》。

万历二十年（1592），达观正值五十岁的壮年，其志向坚定，佛法充盈，朝野都为之心折。

也是因缘际会，佛光普照，天眼独开，云霞一片。达观前往京华西南的房山云居寺造访，照例要到石经山雷音洞参拜隋代高僧静琬和尚的刻石镌经处。

尽管琬公塔院也早已被无良寺僧所卖，尽管刻石藏经处受到风化侵蚀，但此时此刻，达观忽然心有所动，但觉受到一股磁力的牵引，于是鬼使神差地趋上前去，居然在佛座地下，发现当年静琬和尚悉心收藏的三枚佛舍利，熠熠闪烁，犹若三星辉映，宏大光明，逼人而来，照彻心胸。

达观和尚当场打坐作揖，境界为之一变，备极无上喜乐。

喜讯传开，佛门共庆。笃信佛门的慈圣皇太后特命近侍陈儒，准备好一应斋供，以隆重的皇家礼数，优待达观禅师。

达观宠辱不惊，一是用太后所施舍的斋银，将琬公塔院赎回，重加修缮，恢复其庄严之气象。

二是就个人而言，无须收银增福。他转请陈儒使者拜谢太后云：

自惭贫骨难披紫，施与高人福更增。

慈圣皇太后理解并尊重达观禅师。她又恭请将佛陀舍利礼拜入宫，供养三日后璧还给石经山雷音洞。为了更好地保存佛舍利，她还着人雕刻营造上好的大石函，将舍利放置于中，藏于石窟，以便流传永久。

老憨德清，就在此时来访，道友相为见证，岂不快哉！

达观叙其原委后，德清便为舍利之发现，琬公塔院之重光，接连撰写了《复涿州石经山琬公塔院记》《涿州石经山雷音窟舍利记》，以记盛世奇观。达观自己亦撰《房山县天开骨香庵记》一文，以彰佛门行迹。

文章写成之后，达观与德清二位高僧，居然在房山饮茶畅谈，简直有种无休无止、无始无终的感觉。屈指算来，已过四十昼夜。

天风海雨，佛法禅理，生命感悟，济世宏愿，俱各探讨再三。两人便一拍即合地相约再修《传灯录》，并在不久之后前往广东韶关曲江马坝镇东南的曹溪之畔，复兴法脉，再振禅宗六祖慧能宏扬"南宗禅法"的南华寺。

万历二十三年（1595），达观还在庐山之上，痴痴地等候德清前来，两人同往曹溪，再续前缘。

但是憨山大师一片赤诚修建寺院，却被奸人诬蔑为私修寺院，居然还被银铛入狱。

佛法艰难，弘道不易。达观没有等到德清的身影，却意外地得知德清因所谓"私修寺院"之罪被抓、以致流放雷州的千古奇冤。

无比震惊之下，达观在寒冬腊月辛苦赶路，终于在下关旅泊庵等到了故人德清。老友相见，涕泪纵横。达观本当要安慰德清，结果反而轮到德清来安慰达观了。

紫柏紧紧地握着德清的手说："公不生还，吾不有生日！"

达观当日发愿，要为德清念诵一百遍《法华经》，保佑德清早日归来。所以达观的人生愿望就是看到老憨归来，共修《传灯》。

此外便是救世的大愿望，尽可能制止矿税蔓延、以致天怒人怨。

万历二十八年（1600），南康知府吴宝秀因反对朝廷征收矿务税，居然被逮捕法办。其妻悲愤至极，上吊身亡。

一时间朝野上下，议论纷纷。

就在此时，达观"矿税不止，则我救世一大负"的宏愿，被人辗转谣传，添油加醋地渲染到税监宦官那里去。

矿税的前台是宦官，后台是朝廷，总头目是皇上。朝廷穷奢极欲，花钱如流水，怎可断了财路？

朝廷于是大怒，正好要抓达观禅师这一反面典型，置之于死地而后已。欲加之罪，何患无辞？万历三十一年（1603），朝廷找了个传播"妖书"之歪理，将达观禅师抓捕起来，严刑拷问。

对于达观禅师这样志向坚定、品德高尚的高僧，严刑拷打一概无用，反对矿税倒始终不渝。

昏庸的朝廷为了杀鸡吓猴，以期堵住天下人反对开矿的口，居然将莫须有的罪名坐实为死罪，择日行刑。

其时已经是岁末。达观禅师知道结局之后，感慨系之："世法若此，久住何为！"

朝廷如此草菅人命，人世还有何可恋之处？不如早归道山，再入轮回去也。于是有偈云尔：

> 一笑由来别有因，那知大块不容尘。
> 从兹收拾娘生足，铁橛花开不待春。

沐浴更衣之后，达观禅师遍谢侍者等人之后，当场坐化。呜呼，一代高僧，三魂渺渺，一命归天。

同声相近，同气相求。朝廷御史曹学程（1563—1608）对达观禅师的人格精神深为佩服，随意也因上奏书中的逆耳忠言，受到朝廷的长期打压，以至于后来长期系狱。当他听说达观禅师飘然归天之后，便及时赶来告别故人。

眼见得达观禅师面目如生，曹御史不由自主地抚摸着禅师的手，由衷地表示钦佩："师去得好。"

此语一出，达观禅师居然微微张开双眼，一笑而去。此时狱中升腾起缕缕香气，绵延不绝。

禅师归天时六十一岁。哪怕六天之后，颜色如生，令人望之膜拜。

茶毗之后，达观的舍利甚多，结晶粒粒，皆放光彩。

大师已去，知音仍在，挚友惋惜。

憨山德清禅师得知达观火化之日，乃从南岳启程，千里跋涉，艰苦备尝，居然赶上茶毗法会，举起火把送终。其悼词云：

> 性火真空，性空真火，狭路相逢，定没处躲。
> 恭维紫柏尊者，达观大和尚，偶来人世，误落尘寰。
> 赤力力，脱尽娘生花衫；光烁烁，露出本来面目。荷担正法，纯刚炼就肩头；彻底为人，生铁铸成肝胆。生死路上，直往直来；今事门头，半开半掩。

六十余年松风水月襟怀，千七百则兔角龟毛柱杖。饶他末后风流，未免藏头露尾。

撇下脏私，谁料落在憨山道人手中，今日特为人天众前，当场拈出，大众还见吗？

于是当场点火，吟唱道：

柱杖挑开双径云，通身涌出光明藏。
珍重诸人著眼看，这回始信无遮障。

万历四十四年（1616），德清禅师为之撰文勒石曰：

於戏！师于死生，视四大如脱敝屣。

何法所致哉？师常以《毗舍浮佛偈》示人，予问曰："师亦持否？"

师曰："吾持二十余年，已熟句半。若熟两句，吾于死生无虑矣。"……

於戏！师生平行履，岂易及哉？始自出家，即胁不至席四十余年。性刚猛精进，律身至严，近者不寒而栗，常露坐，不避风霜。幼奉母训，不坐阃则尽命，立不近闑。

秉金刚心，独以荷负大法为怀，每见古刹荒废，必志恢复。始从楞严，终至归宗、云居等，重兴梵刹一十五所。除刻大藏，凡古名尊宿语录，若寂音尊者所著诸经论文集，皆世所不闻者，尽搜出刻行于世……

性耽山水，生平云行鸟飞，一衲无余，无容足地。严重君亲忠孝之大节，入佛殿，见万岁牌必致敬；阅历书，必加额而后览。师于阳羡，偶读《长沙志》，见忠臣李芾，以城垂陷，不欲死于贼，授部将一剑，令斩其全家。部将恸哭奉命，既推刃，因复自杀。师至此，泪直迸洒。弟子有傍侍者不哭，师呵曰:"当推堕汝于崖下!"其忠义感激,类如此。

师气雄体丰,面目严冷,其立心最慈,接人不以常情为法,求人如苍鹰攫兔,一见即欲生擒。故凡入室不契者,心愈慈而恨愈深,一棒之下直欲顿断命根,故亲近者希。凄然暖然,师实有焉。

达观禅师的三大愿望之一,是救出德清禅师;谁知山穷水复,柳暗花明,命运翻转,救人者为人所念……送他最后一程的,竟然是德清禅师。世间之事,回环往复,波翻云涌,岂可度量?

在业师罗汝芳之外,汤显祖认为达观禅师与李贽大师一样,岂止是舌吐莲花,分明是如获美剑,锐利无比,无坚不摧:"见以可上人(达观)之雄,听以李百泉(贽)之杰,寻其吐属,如获美剑。"

从罗汝芳到李贽,从李贽到达观禅师,三颗巨星出于无奈的悲情陨落,在汤显祖的心底激起巨大波澜。

这三位大师对于汤显祖世界观的确立、生死观的反思、性理学的思辨、生命美感的陶醉与幻灭、情感天地的追求与确认,都起到了极大的启蒙作用。即便人生短暂,如露如电亦如梦,那也要认真求索,生死以之。

最可恨的是那无赖的官场,腐败的渊薮,人生的陷阱,黑暗的深洞。朝廷一去深似海,从此真情变无情。

从情场、官场到生死场,无比鲜活的现实化为锦绣文辞和灿烂戏文。有情与无谓、真实与虚妄之体认,生死的追求与镜像化的反映聚焦,种种生命的甘味与无边的苦涩,汇聚在一起,交集成奇幻百端但又逼近现实的构思,及至把所有这一切生活的甘泉加花变奏、点曲成浆,这些气血的生命原浆便生动形象地包含在文辞之内,蕴藏在剧作之中,体现在舞台之上。

三位大师有意无意、自发自觉、有先有后、直接间接地接力赛跑,他们共同助推着汤显祖,点亮了其心志之神灯,让他登上了艺术创作与戏剧创造的至高云台。

第二十八章

星宿陨落，海啸山呼（二）

人生在世，最为悲切之事，莫过于送别自己的血脉至亲。一旦送上黄泉路，从此便无见面时。

泉壤深渊，骨肉分离，音容宛在，天人永隔。

除非在梦魂之中的情思宛转，时空与共，醒来之后若还记得，更是悲情难忍，心酸不已。在现实生活中，与亲人再无相见之时也。

除非死后葬在一处后的彼此依托，土壤连绵，抱团取暖，肥沃花草树木，聆听莺歌燕语，亲人们的魂灵飘荡，随风起舞，家族信息或可互通？

生命的无常，寿命的短促，人世的无奈，疾病的折磨，都随着一位位亲人的离去，给汤显祖终生建构的情感世界之内圈核心，予以了极为巨大、非常沉重的打击。

先是黑发人送白发人。汤显祖目睹自己的长辈，一位位走向凋谢的必然之路。

汤显祖的祖父汤懋昭，又称酉塘汤君，是为明代临川文昌汤氏第四代传人。

此公"自幼性好质朴"，"勤俭自持"，"然犹愧己未遂乎学业"（参见 2016 年临川新发掘墓志铭）。学业未成的原因是价值观的偏移和世界观的疏旷。我们还记得他的座右铭是"金马玉堂，富贵输他千百倍；藤床竹几，清凉让我两三分"。

这位雅好诗文的高士，年幼时便在弟子生员中名列前茅，为一时之翘楚，本地士林，称之为"词坛上将"。

但令人们始料未及的是，风华正茂、势头正旺、获取功名若探囊取物的汤懋昭，不知受到了什么刺激，得到了何种顿悟，居然急流勇退，绝意科考，从四十岁起便离开城东老家，跑到西塘庄过上了长达四十年的漫漫隐居生活。

隐居的日子天天如此，平淡无奇所以无比漫长，只有特别的喜讯方才令他特别地开心。

汤懋昭七十岁时，长孙汤显祖诞生。含饴弄孙的乐趣，血脉的流播，生命迭代的推进，满怀的期望，都因小汤显祖的呱呱坠地而油然生发。

浊酒一杯家万里。血脉偾张之后，激情满怀此时。家族的荣耀和自身的落魄，使得刚刚升级为祖父的汤懋昭，对长孙汤显祖特别器重。

为了让汤显祖打好学问基础，祖父在好长一段时间与长孙"朝夕伴读"，对他的期望值极高。

汤显祖在《酉塘庄池上怀大父作》中，怀念祖父，情不自胜：

> 大酉西南来，林塘伫深仰。
> 一区常自存，百年人独往。
> 清癯自古色，行藏眷幽想。
> 隐几松篁韵，高歌惊鹤乡。
> 琴书久寥寂，桑麻岁兹长。
> 风霜乔木阴，雨露丘园怆。
> 伏腊记耆旧，天水遗真赏。
> 三叹远青绵，千秋发灵爽。

祖父虽已去，千载有余情。

汤显祖承续祖父的重托，绵延家族的生气，最终成为家族的骄傲，民族的诗人，世界平台上的顶级剧作家，足以告慰先祖，光被后世。

祖父的在世与去世，对祖母魏夫人而言，其实是没有多大差别的。四十年啦，魏夫人如何面对丈夫经年累月总不在家的生活？

没有男人撑持家庭的日子，照样得体体面面地过下去。于是，魏夫人独自持家，章法严明。

人到六十三岁，突然喜鹊登枝，大喜过望，长孙汤显祖呱呱坠地，这令魏老夫人大喜过望，无以言表。

如前所述，汤显祖基本上就是祖母亲手带大的。从襁褓中一直到他长到十四岁，汤显祖一直是由祖母在亲自照管、亲手养育。长孙有病，长抱在怀。所以祖孙二人，感情极深。

在二〇一六年汤氏家族墓地出土的六方墓志铭中，由汤显祖撰文并书丹的"两绝碑"，特别值得珍视。

汤显祖在铭文中描述道，即便汤家后来孙子频添，但是祖母在孙子一辈中，最爱最疼的还是长孙。哪怕汤显祖都长到十四岁了，七十七岁高龄的祖母，仍然还要事必躬亲，悉心照料他的饮食起居。

汤显祖认为祖母是他们家中兴的顶梁柱，更是道德的楷模。所以铭文中赞美祖母曰："以孝事父母，对子妇慈而有礼，家事躬亲，严净持家。"

有德者高寿。

万历七年（1579），汤显祖三十而立。去年，汤显祖又为祖母生下了曾长孙汤士蕖。

四代同堂的荣耀，魏老夫人已经享受到了。一辈子的操心，九十二载的辛苦，都在对长孙汤显祖及其后代的无限期望中珍重谢幕。于是，老夫人无比欣慰、了无遗憾地撒手归天了。

现在到了黑发人送白发人的第二序列，送别父母西归的时候了。

万历七年（1579），最疼爱长孙的祖母魏老夫人归山。

万历四十二年（1614）腊月二十一日，老娘吴氏在八十五寿时最终撑不住病体，在凛冽的寒风中惜别子孙，逝世归天了。

有亲娘在，每天都可以看成是晴天。现在汤显祖也成为了没娘的孩子，心头一下子阴沉下来了。

但是万万没有想到，在吴老孺人撒手人寰之后的第十八天，刚刚转年不久的万历四十三年（1615）正月十一日，八十八岁的汤显祖之父汤尚贤（号承塘公，汤氏后人称铭四公）也追随老伴，溘然归天。

垂老夫妻两相看，一方前行一方撵。窃喜夫人前行尚不太遥远，现在大步流星地去追赶，还来得及。

岁末年初，痛失父母，"先慈之哀，继以先严！"汤显祖心中的天地国亲师位序列，就这样轰然倒塌下来了。

汤父之于家族的最大贡献，一是兴办家塾，延请徐良傅、罗汝芳等天下名师，为汤显祖提供了最好的启蒙教育；二是高度关注家族的坟山风水，不惜重金购下家族墓地灵芝园，在此先后葬下了伯清、子高等先人前辈，也为汤家的后人留下了一片身后栖身的产业。

自从父亲购置这块风水宝地、埋葬祖上诸公以来，灵芝园就成为汤显祖家族主要成员的埋葬地。

按照传统的风水说法，祖坟冒青烟，灵芝园结善果，汤显祖才得以成为明代最为光辉无二的文曲星。

人活世上，有生有死。祖父母俱享高寿，父亲也是八十八岁才驾鹤西去，这都是汤家的长寿基因所致。得尽天年再络绎归山，可以说是了无遗憾。

只是送别亲人的第三序列，又特别意外地尽早开始了。

万历十一年（1583），汤显祖才三十四岁，刚中进士不久，家人还没有能充分分享其久旱逢甘霖的尊荣，他的结发妻子吴氏便一命归天。

吴氏与汤显祖做了十四年夫妻，为他生下了三个女儿和两个儿男，平均三年生一个。

可是两个女儿先后在四岁、两岁时早夭，这让汤显祖深刻体会到什么是白发人送黑发人的深刻忧伤。《哭女元祥元英》等系列悲悼儿女的诗作，都是汤显祖"叹我曾无儿女仁"的泣血写照。

一位夫人两房妾，汤显祖一男配三女，先后生下了六个儿子和七个女孩，生育力不可谓不强，造人繁殖的速度不可谓不快。

对孩子们，汤显祖挚爱有加。为了孩子们爱惜粮食、敬惜字纸，他专门写作了儿歌《粒粒歌》：

> 米粒粒，我所入，不爱惜之真可泣。
> 书篇篇，我所笺，不爱惜之真可怜。

他教导孩子们要珍惜读书的好环境和好时光，写出自己的好书法和好文章来。《题窗示儿二首》有云：

> 昔人长有好文章，面面明窗净几张。
> ……
>
> 芸阁钩帘坐夕晖，行吟书带草依微。
> ……

哪怕只有四个儿子活下来，他也要对他们严格要求，希望他们志向远大，长大后能够为天下社稷，做出一番大事业来：

> 有志方有智，有智方有志。
> 珍重少年人，努力天下事。

但是子女们大多达不到汤家作为长寿家族的平均水平，更不以在世大人的意志和期望为转移，大部分孩子在成长的过程中过早夭亡，这总是令汤显祖黯然神伤，触目惊心，呼天抢地，神魂不安。

最令汤显祖濒临崩溃、难于复原的惊天大事件，莫过于寄希望最大、承骨血最先的大儿子汤士蘧的遽然生病，无端逝去。

长子在一个家族中的地位一向很高，例如汤显祖本人便是如此。惟其如此，代际传承，渊源有自，所以他对自己的长子特别重视。

长子汤士蘧，才长到五岁时，母亲便一病不起，撒手人寰。没娘的孩子总是命苦，小小的生命失却了母爱，如若小鸟无枝可依一般，畏畏缩缩，可怜巴巴。

为了弥补长子的痛苦，汤显祖又做爹来又当娘，照料生活，讲习书文，启发其心智，点拨其才华，在他身上寄托了无限的梦想与较高的期望。

汤显祖自己科考不顺，当官不顺，却希望自己的大儿子科考及第，万事达顺，成为辅佐君王的栋梁之材。

在非正统文曲星汤显祖老爸的强力教育与揠苗助长的高压之下，汤士蘧号称三岁可读经，五岁能将左思《三都赋》完整诵读，八岁可以作文，十二岁读完元史之前的全部正史，十六岁中秀才。

在南京太常寺斋宿读书期间，六七岁的汤士蘧因为天资聪慧，同学们都对他刮目相看。由于其八股文得到了父亲亲炙和文坛真传，南京的文人们对于汤士蘧也都十分看好，称之为"人中之小龙"、汤家之祥瑞。

翰林院编修、大书画家董其昌慧眼识珠，他将年方十九的汤士蘧，推荐为南京国子监生员。

问题在于尽管汤家的祖坟灵芝园冒青烟，让中国出了个文坛巨子、戏剧大师汤显祖，但是成功难于复制，功名也看命运，祖坟不能一直冒青烟，家族也不可能代代出英才。

就年轻人而言，往往抬得越高，摔得越重；期望值越大，失望感就越强。心里越是想望子成龙，就越会面临着惨淡的现状。

信心满满但同时也过于紧张的汤士蘧，二十岁参加秋试便发挥不好，成绩不佳，铩羽而归之后甚是狼狈。整个汤家的荣誉都被他消耗殆尽，老爸汤显祖的脸面也挂不住了。

真是竖子难教，斯文扫地。恨子不成材的汤显祖，盛怒之下，情急之中，代表整个汤氏家族，用家法对大儿子予以了严重的体罚。

棍棒出孝子，严父教才人。一晃又是三年，万历二十八年（1600）秋试在即，汤士蘧又在老父亲的严格教育之下，承担着家族的重任和严父的重托，增强了信心，强打着精神，厉兵秣马，跃跃欲试。

论文学才识、文章笔法，士蘧当然没有任何问题。老爸堪称典范的八股文专家，在儿子这里也心领神会，原本就是同一基因的再次表达，好花结好果，好树结好桃，士蘧的应试文章，当然也写得漂亮。

但是士蘧应试的问题与麻烦也不少。

一是精神压力太大。其父汤显祖，尽管在内心深处痛恨科举制度，但他同样也是科举制度的受益者与受伤者。他自己可以在传奇作品中痛骂社会，但又把光耀门楣、光宗耀祖、光大汤族的全部希望，都寄托在长子身上。自己没有能够享有高官厚禄，那就在儿子身上寄托其美妙的梦想吧。问题在于儿子的心理比较脆弱，对挨打的痛楚比较后怕，对失利的后果比较恐怖，急于求成的心态，做任何事情都可能做不好，何况三年一度的大比之考呢。

二是身体的虚弱。士蘧打小就瘦弱，吃什么都长不了肉，免疫能力较差。他的眼睛由于过度劳累，近视程度急剧增加，在一个普遍不佩戴眼镜的时代中，看书写字殊为吃力。

三是气候的炎热。南京的夏天堪比火炉，七月的火炉烤得人人都挥汗如雨。为了弥补体力，需要大补，多吃点烤鸭之类的肉食。

可是吃得太多，消化不良，造成了天天拉肚子的尴尬局面。此时又被可恶的蚊虫叮咬，于是，一场疟疾就不合时宜地降临在士蘧身上。冷热交加极为消耗体力，这种冰火两重天的打摆子就像钟摆一样地催命勾魂。更兼没完没了地拉肚子，那就把固体食物、流质的水状物，一股脑地拉了个山穷水尽。

人算不如天算，一切都是天命，士蘧的命运就是如此不堪。

七月十六日，又是冰火交加，再加上吐下泻，凭你医生开出多好的灵丹妙药，终归是回天乏力，可怜的考生汤士蘧，还是气息奄奄，一命归天了。

有道是父子心连心，不论是现代物理学的量子纠缠还是传说中鬼神托梦，反正八月四日夜，临近五更天，汤显祖居然颇感不适，胸口烦闷，对士蘧赶考的期望，颇感不祥。于是他披衣起床，写下了如下诗句：

> 门栏几尺通天水，不合生儿望作龙。
>
> *（《庚子八月四日五鼓，忽然烦闷，起作三首》其一）*

果然心灵感应关联着天道昭彰，汤翁次日便收到了士蘧夭亡的噩耗。

巨大的打击令汤翁痛不欲生，为了祭奠二十三岁的长子，汤翁一口气写下了《庚子八月九日得南京七月十六日亡蘧信十首》《重得亡蘧讣二十二绝》共三十二首诗歌，痛悼爱子。

马上就是汤显祖的五十一岁生日，去年此时，大儿子赶回来为自己庆寿，今年的寿辰却没有士蘧的恭贺，情何以堪？"如今满屋无知己，得解吾狂是别人"！

他真的希望人鬼可以对话，"我愿定依人作鬼，灯前梦里见来时"。白发人送黑发人，作为父亲，汤翁倍感伤心，自觉可怜之至：

> 从来亢壮少情亲，宦不成游家累贫。
>
> 头白向蘧蘧又死，阿爹真是可怜人。

十年之后，汤翁忽然又想起远隔泉壤的士蘧，他逐一检点大儿子在孩提时代背诵的诗文辞赋，上面还一一用稚嫩的书法，记录着何时背诵完该篇的时间。

摇头叹息，老泪已经哭干，抚摸遗物，情何以堪？

他又担心士蘧在阴曹地府无书可读，乃将孩子遗物珍重包好，焚烧祭儿，希望孩子在九泉之下也可瞑目，感受到父爱的长久乃至永恒。

第二十九章　送罢亲人送自身

连太阳系都有爆炸铺展的星云变幻，地球都有冰河封锁的周期，大地都有沧海桑田的流转，何况于脆弱渺小的人类呢。

遥祭罗汝芳、李贽与达观禅师这三大星座归天之后，点燃心胸的光焰，就这样渐次暗淡了。

送别祖父母、父母、大儿士蘧等至亲归山之后，汤显祖为人之子孙对上尽孝、为人之严父对下泣血送终的责任，都尽到了。

岂止是生无可恋，分明是苟活着都还倍感屈辱，其生活处境与心态，都极其不妙。

官场上的处分与评价、经济上的窘迫与无奈、身心上的痛苦与折磨，都令他贪生无望，但求速死。

万历二十九年（1601），汤显祖已经弃官归里三年之久了。既然官场上等级森严、条例苛刻，我玩不过你们，那么远离红尘，逃避官场，归老田园，难道还不可以吗？

溥天之下，莫非王土；率土之滨，莫非王臣。是的，你汤显祖是主动放弃了县令的职位，可是这也冒犯了朝廷的意志，只要这个编制占位还在，那么也还要由吏部和都察院予以考察和评价。

湖北人李维桢作为浙江按察使，他与两位同僚为汤显祖打抱不平，认为对于去职久矣的汤显祖，就不要再去考察处分了。

但是都察院左都御史温纯却坚决不同意，他坚定地执行前首辅王锡爵的批示，一定要对汤显祖查个水落石出。既然李维桢等人声泪俱下地为汤显祖说话，那么就一定有着某种连带关系，因此李维桢就要官降一级。

对于被考察、待处理的官员，通常分为这样八等评价：

> 一贪、二酷、三浮躁、四不及、五老、六病、七罢、八不谨。
>
> （《明史》卷七十一）

对于这八等的评价，分别予以如下四种处理：年老疾者致仕（退休）、才力不及者降调、素行不谨者冠带闲住、贪酷并在逃者为民。

汤显祖弃官三年，居然被对号入座为"浮躁"，给予其"闲住"的处分。

如此粗暴的处分贯彻下来之后，汤显祖"闻之哑然"，对这种穷追猛打的官场恶习深为愤怒，对李维桢等仗义执言的朋友们引为知己。

考试了大半辈子，只得到一个小小的七品芝麻官，这个官不当都三年了，还要受到朋党的处分，这岂不令汤显祖寒心！

辞官与处分在经济上所导致的后果，便是贫困至极。

弃宦一年，便有速贫之叹。"斗水经营，室人交谪。意志不展，所记书亦尽忘。忽偶有承应文字，或不得已，竭蹶成之，气色亦复何如？"（《答山阴王遂东》）

一个没有正常收入与退休金的人，又要撑持一大家人的生计，那是一种极为艰难的生命体验。就连从县官家眷降为无收入百姓的家人，也为之感叹、难受，免不了嘀咕和批评。

笔者年轻时，曾经多次得到上海戏剧学院《戏剧艺术》主编、著名学者夏写时研究员的教诲与引领。他在《汤显祖死因考》一文中的好多观点，都比较接近事实，令人信服。比方说他给汤显祖算了一笔经济账：

汤显祖三十四岁参加工作，四十九岁下岗，在六品、七品官位上，合计不过十余年。明代中下级官员官俸偏低。查《明史》卷七十二《职官一》，正六品年俸米一百二十石，正七品年俸米九十石。古制三十斤为钧，四钧为石，即一石一百二十斤。汤显祖在遂昌任上，足额拨付，亦不过月米九百斤。汤显祖严于律己，俸外收入可忽略不计。所以人说汤显祖"自平昌赤手归，橐不名一钱"，应当是接近真相的。汤家有没有祖产？梳理汤显祖曾祖、祖、父生平，均耕读为生，乐善好施，且偶有豪举，不可能积聚丰裕的财富；而又经火灾，隆庆六年（1572），"邻火延尽余宅，至旦始息"，重整家业，恐非易事！

实在无奈，汤显祖只得一是借债，二是受朋友所托，写点应用文，也好赚点小小的润笔费用。所以他自己可怜自己，感叹自己"白头还是债随身"。至于一个堂堂正正的文章大家和戏剧星座，却要给人家婚丧嫁娶写点应景的文字，为了赚取一些维持生活的费用，那真是天才的悲哀，更是一个不能善待天才的社会那种不能承受之痛。

好友王宇泰是江苏金坛人，进士居官，从福建布政司右参政任上乞休返乡。当他听说汤显祖的窘迫之境后，便在万历四十一年（1613）写信过来，劝他与地方官员交好，也许会在经济上有所改善。汤显祖在《答王宇泰》信中回复说：

> 宇泰意良厚。第仆年来衰惫，岁时上谒，每不能如人。且近莅吾土者，多新贵人，气方盛，意未必有所抱。而欲以三十余年进士，六十余岁老人，时与末流后进，鱼贯雁序于郡县之前，却步而行，伺色而声，诚自觉其不类，因以自远。

对于这些新权贵们，汤显祖避之唯恐不及，岂能够去曲意奉承、虎口谋食呢？

与官僚新贵们是无法对话了。那么对于昔日的好友，对于演唱汤剧获得盛誉和银子的艺人们，是否有可能给汤显祖一点安慰呢？

答曰不可能。夏写时先生进一步引述道：汤显祖"为情作使，劬于伎剧"，以艺人为友。有位旦角艺人，"病装唱《紫钗》，客有掩泪者。近绝不来，恨之"，为什么不来呢？与"伶因钱学梦耳"有无关系呢？

有钱便是大爷，便是大作家。无钱之后，要想看自己的戏，那就只能是一厢情愿的梦想了。所以汤显祖在《答张梦泽》书中喟然太息："盖唯贫病交连，故亦啸歌难续！"

明末清初的大文人钱谦益《玉茗堂文集序》中说："吾友许子洽氏，以万历乙卯谒义仍先生于临，携所著古文以归，集为十卷，而属予序之。"他在《列朝诗集小传》中关于汤显祖玉茗堂的记述中云：

> ……穷老蹭蹬，所居玉茗堂，文史狼藉，宾朋杂坐，鸡坩豕圈，接迹庭户……

这已经不是昔日里的玉茗堂庭院与园林了，分明只是一座大杂院的感觉了。没有活钱来打理，只能是一座破旧败落的院子而已。

贫困之人，总要有点精神寄托吧。万念俱灰的汤显祖，想与原来的老朋友，南京国子监祭酒汤宾尹、岳元声一起去庐山修行，与庐山栖贤寺的乐愚长老续建白莲社，以求念佛修生，早入西方净土，这亦是一种老去的境界。

白莲社的境界，首先是佛境，其次是诗境。

为了阐述白莲社的古雅境界，汤显祖溯源振古，与汤宾尹分别撰写了《续栖贤莲社求友文》。

大意是讲早在东晋时代，庐山的慧远法师曾以白莲花池为名，约集了一百二十三位僧俗人士，以净土宗作为修炼的皈依。著名的田园诗人陶渊明也被邀约在其中，而且还允许其纵酒向佛。可是尽管陶渊明来过，但却对莲社及其宗旨兴趣不大，周旋了一会儿，就皱着眉头拂袖而去了。

另外一位山水大诗人谢灵运也曾要求入社，但是陶渊明辞社的前车之鉴令大家有所警惕，于是以其"心杂"的理由，谢绝了谢太守的入盟申请。

如今，汤显祖等人要重续莲社，主要还是通过学佛，完成对纯净诗境的融会、对污浊红尘的疏离，寻求精神上的解脱，求得灵魂的永驻。

可是修佛结社，没有钱，还是不容易完成。

为了追求精神境界的高妙，汤显祖也不得不低下一向高昂的头，向江西右参政葛寅亮求助银子。求银子的用途，是为栖贤寺迎请丈六佛像。当时，葛参政倒是慷慨，口头上答应得很爽快，可就是没有及时办理。等到汤显祖急了，要到南昌去找他当面讨要的时候，人家已经诸事解脱，金蝉脱壳，离职返浙了。您总不能再追到浙江去讨要捐资吧？

现任云南副使徐钟汝，也是汤显祖的老友。汤显祖不得已，以其生花妙笔，向他写信募款。可一等再等，对方根本就不回信、不理睬。你汤显祖不是高尚之士吗？既然高尚还向官员们要什么钱呢？给了你钱，你也许还会说这是不义之财，不花白不花。再说了，搞什么白莲社，分明是佛教骗人的把戏，老汤上当了，我们难道还要与他一起去上当吗？休想，不理睬，急死他！

汤显祖果然很生气。他对乐愚和尚写信说："做官人失势，出游亦难如意。况衰飒老僧，数百里外向朱门求亲，能悲施者几何人？"

于是修佛求告，旅游访友，因为贫困，都成为无法完成的梦想。那就乖乖地待在家中，享受贫穷的滋味吧。

汤显祖在《与门人许伯厚》中说："不佞弃一官而速贫。"具体来看，"贫不具三月粮"。可是，等到三月粮吃光之后，又该如何呢？

日薄西山，穷途末路，人命危浅，朝不保夕。汤显祖在《贫老叹》中无奈地感叹道："末路始知难，速贫宁速朽。"如此没有体面和尊严、没有进账和贫困的生活，那还不如死去的好，从此意义上看，速朽也是一种解脱。

至于身心上的痛苦与折磨，往往是相辅相成的合体。

汤显祖自幼体质羸弱，身体瘦瘠，所以祖母常常将其拥在怀中，温暖长孙。他在诗《三十七》中自述"清羸故多疾"，这就清醒地认识到过于消瘦，抵抗力与免疫力都不强，那就多病多灾，身体不够强健。

古人常常会延请画师，给其画像写真，汤显祖也认可此道，《牡丹亭》中的杜丽娘也曾经自画春容。《玉茗堂诗》卷十六《熊墨川写真秣陵，更二十年许赠之二首》中，就曾经提及画像写真之事。此外，万历三十六年（1608），他在遂昌任职时，也曾请名气较大的徐画师为其写真。一般认为清道光十八年（1838）江都陈作霖临摹的汤显祖画像，便是根据以上两幅肖像画临摹所成。面相清奇，身材瘦小，但是双目有神，这就是汤显祖的真实写照。

大凡人体瘦弱者，往往与肺病"一脉相连"。汤显祖的肺病一直就有，他在做知县期间，哪怕遂昌山清水秀，也仍然咳嗽不止，生机衰败，其《何东白太医许开酒口号》二首云"偶然病肺怯春风，避酒嫌歌百兴空"，了无生趣，远避酒色，但怯风寒。

咳嗽的人，还会找相应的患者相与比照，同病相怜。

《闻姜仲文使君卧阁旬时》云："因君病肺两留连……敢言同病一相怜。"

一样的咳嗽，两人的同感，三秋的牵挂，四体的难受，五方的郁闷，六神的无奈，七上八下的呼吸之痛楚，九歌十面的锋利罡风，都令这些咳嗽之人生无可恋，死倒不惧也。

与消瘦咳嗽等征候如影随形、紧密相伴的，还有糖尿病。该病古称消渴症，据传司马相如晚年便因消渴病而亡。所以汤显祖曾自道："时时学病相如渴。"吃得再多也形销骨立，骨瘦如柴。

最令人不堪的还有头上长疮的病痛，"其病为疡于头"。该病发作起来，疼痛不雅之外，还无法医治或曰不敢医治，"古方新病不相能"。

最著名的汤显祖研究专家徐朔方教授，一辈子以汤学知名，但到了晚年却执意要证明汤显祖与屠隆一样，是死于梅毒之病。其《汤显祖和梅毒》一文认为：

一、汤显祖死前，于《诀世语七首》小序说："仆老矣。幸毕二尊人大事。苫块中发疾弥留，已不可起。慎终之容，仍用麻衣冠草屦以袭。厝二尊人之侧，庶便晨昏恒见。达人返虚，俗礼繁窒。怪之，恨之。恐遂溢焉，先兹乞免。"

二、张师绎《月鹿堂文集》卷八《祭故祠部郎临川汤若士先生文》引用汤的弟子朱尔玉语云："其病为疡于头。""疡"正是古代对肿瘤或溃疡的通称。后者是梅毒患者后期常见的症状。

三、汤显祖有一首诗《七年病答缪仲淳》说："不成何病瘦腾腾，月费巾箱药几楞。会是一时无上手，古方新病不相能。""古方新病不相能"，说明这是一种从未在国内发现的新病，用传统的古方无法进行有效的治疗。这种新病只有新从国外传入的梅毒才能得到确切的解释。

四、汤显祖考中进士的那一年，夫人吴氏在家乡病故。他的续娶夫人傅氏是妓女出身。

对于徐教授此说，深通医理、做过多年医生的夏写时先生在与著者耳提面命的过程中，在其《汤显祖死因考》的三篇文章中逐一反驳过，而且言之成理。夏先生反驳的大意是——

诗题之"七年病"，典出《孟子·离娄》："今之欲王者，犹七年之病，求三年之艾也。苟为不畜，终身不得。"孟子本意虽论国家治理，因字面说的是医药之事，医家亦常用之。"七年之病"者，慢性病或顽症也。孟子屡称"七年"，均非实指。

查中国医史，疡既是诸种外科疾病的泛称，又可专指一种头部的疡症，其由来久矣！《说文》："疡，头创也。"《释名》："头有创曰疡。"据《左传·襄公十九年》，荀偃即曾"生疡于头"，史家曰"瘅疽"。瘅，病也；疽，热症肿毒。参照现代医家的诊治经验，汤显祖所患，不外乎头部恶性脓肿或肿瘤，病势凶，病程短，不仅当时，即使今日，似亦为难治之症。

徐朔方先生说，汤显祖"续娶夫人傅氏是妓女出身"。早在《汤显祖年谱》中，徐先生已初露此意。"《少妇叹》……诗又云：'独笑酒醒凉炕上，错呼灯影送鸣珂。'鸣珂里，唐长安贵官所居之坊里，白行简《李娃传》之后遂等同于青楼北里，傅氏殆为个中人也。"《少妇叹》所咏少妇，行迹确可思量，但徐先生之说有严重疏忽：断定此少妇姓傅，根据何在？断定此少妇即汤显祖续娶夫人傅氏，根据又何在？更为严重的疏忽是，此诗之诗题，天启刻本《玉茗堂全集》作《少妇叹，三首》，而万历本《临川汤海若玉茗堂文集》则作《少妇叹，示诸山人，三首》。万历本当经汤氏本人编订。请注意"示诸山人"这关键性的提示：汤显祖有可能向一些山人诉说自己太太曾经的不雅经历并记之以诗吗？据此足可断定《少妇叹》中之少妇与汤显祖家室无关。汤显祖继配傅夫人"父傅淳，盛德士也，母京师人"，出身清白；据王思任《寿汤母傅太夫人六十，二十二韵，海若先生继配》，傅夫人德行，亦可圈可点。

身兼多病的汤显祖，心情自然比较郁闷。恍惚之间，四十年来伤逝的家族亲人们都历历可数，鱼贯出现：

万历三年（1575），二十六岁的汤显祖，痛失四岁的长女和二岁的二女儿。

万历七年（1579），三十岁的汤显祖，与最疼爱长孙的祖母魏老夫人溘然永别。

万历十一年（1583），三十四岁的汤显祖，眼见得结发之妻撒手西去。

万历二十二年（1594），四十五岁的汤显祖，痛别小女儿詹秀，出天花的病症害死了她。

万历二十六年（1598），四十九岁的汤显祖，同样惨别排行第五的小儿子，他也与姐姐一样，得痘夭殇了。

万历二十八年（1600），五十一岁的汤显祖，他所寄希望最大的长子在考试前一命归阴。

万历四十二年（1614），老娘吴氏在汤显祖六十五时归天。

万历四十三年（1615），老父在汤显祖六十六岁时逝世。

四十年间，汤显祖痛失八位至亲，每一次生死送别都给予他沉重的打击。

如今，该送的老人都送走了，不该送的儿女辈也送走了不少，现在，该轮到汤显祖自己了。既然生无可恋，那就早点走吧，到阴曹地府去向父母尽孝，去与儿女们团圆去吧。

死生有命，富贵在天。

原本汤显祖六十五岁时，身体精神看起来还不错。这是万历四十二年（1614），湖广省石首县的文学爱好者王启茂，慕名前来拜汤显祖为师，先后在玉茗堂中小住了近一个月。此行的目的很明确，拜师之后就请汤显祖为其批阅文章，择其美文汇编成集。

此事虽然辛苦，但却颇有体面。于是汤显祖对这位新晋弟子青眼有加，在其文稿中挑选出九十多篇文章，为其选编为《义墨斋近稿》。

王启茂对于师傅的提携和鼓励，感佩不已。回到湖广石首老家之后，驰书给邻县的大文人袁中道，向他汇报了汤显祖老师饮啖愈健的身体情况，及其提携后进的一派美意。

袁中道见信之后十分感慨。人生而有命，命有短有长。二位兄长宗道、宏道都已辞世，往事悠悠，如风吹过，似水流过。如今自己又沉疴在身，日薄西山，气息奄奄，求生不易，去世在即。

袁家兄弟的身体都不硬朗，自己居然比不上年长二十二岁的健朗汤翁。所以他盛赞汤显祖不仅有文章之"异才"，而且有长寿之"异福"。

世事难料。谁都想不到，就在王启茂返乡后不久，汤显祖很快就一病不起，好好坏坏，反反复复，两年后就告辞人间了。袁中道尽管病病快快，但还是比汤显祖多活了七年。

且说汤显祖颇有自知之明。当他预感到自己的命不会太长时，便开始操心孩子们分家的事宜。

分家的基本原则是孩子们大可以自立门户，但是房子千万不要分。辛辛苦苦建成的院落，尽管谈不上豪华，大家聚族而居还好，一分了就各自为政，七零八落了；不分总是好，他年梦魂返乡，心中有熟悉的念记。

至于汤家最为重要的财富与遗产，那就是时代积累、历经劫火的万卷诗书。这是圣贤之物与才子之华，也千万不要分，子孙后代都可以阅读共享，再兴文澜，这就是祖宗的遗风与无量的功德啊。

汤显祖在六十四岁时，对子孙后代，郑重写下其深思熟虑的《癸丑四月十九日分三子口占》：

分器不分书，聊以惠群愚。

> 分田不分屋，聊以示同居。

但是，人算终究不如天算，一厢情愿的想法最终还是会被无情地打破。此后的祝融光顾，大火焚烧，使得汤显祖终生积累的书画几乎全被烧毁。当然，其中最为珍贵的文物是唐朝褚遂良的《兰亭集序》摹本。

也许这些书画作品也能预感到汤翁的寿算，它们在汤翁过世之前，提前化蝶飞舞，为大师的归山，做好了初步的图书资料与文物书画的准备工作。

自知阳寿将尽，便写下七首《诀世语》以为遗嘱。其总的"序"引中云："达人返虚，俗礼繁室。怪之，恨之。"

怎样才是他理想中自己的葬礼呢？简单而言，就是七个免：

> 一祈免号哭。
>
> 二祈免僧人念佛超度。
>
> 三祈免用牲畜祭祀。
>
> 四祈免烧化纸钱。
>
> 五祈免写奠章。
>
> 六祈免用上等棺木。
>
> 七祈免久厝延搁。

总之一句话，让后辈从简从快，早日将其送入地府，朝上可以陪伴祖父母和父母亲，朝下可与结发的糟糠之妻吴氏、大儿士蘧、西儿和爱女詹秀相伴。

他是要走了，可人间还有傅氏、赵氏两位妾会日夜祭奠他；还有大耆、开远和开先三位公子会在事业上告慰他；更有两位千金，贴心的小棉袄，平生的解语花，会一直想着老爸、念着老爸、哭着老爸。

病体愈加沉重，对平生提携他、规劝他的恩师们便越是感激涕零。其《负负吟》近乎无一遗漏地追记道：

予年十三，学古文词于司谏徐公良傅，便为学使者处州何公镗见异。且曰：文章名世者，必子也。

为诸生时，太仓张公振之期予以季札之才，婺源余公懋学、仁和沈公楠并承异识。

至春秋大主试余许两相国、侍御孟津刘公思问、总裁余姚张公岳、房考嘉兴马公千乘、沈公自邠进之荣伍，未有以报之。

四明戴公洵、东昌王公汝训至为忘形交，而吾乡李公东明、朱公试、罗公大纮、邹公元标转以大道见属，不欲作文词而止。

睠言负之，为志愧焉。

少小逢先觉，平生与德邻。

行年逾六六，疑是死陈人。

由于身心的病痛，事业的坎坷，贫困的相逼，师友们的期望，汤显祖并没有对自己在戏曲文词之小道方面所作的贡献，有着更多的自信与太高的评价。

人生匆忙，不舍昼夜。用汤显祖自己的话来说，那就是如花美眷，抵不过似水流年。光阴如梭，白驹过隙，从望七之年一晃过来，就已经实实在在地活到了六十七岁。

在江西临川的六月十五日，夏日炎炎，暑气蒸蒸，但辗转于病榻之上的汤显祖，却丝毫感觉不到炎热逼人。日薄西山，气息奄奄，与生俱来的阳气，已经逐渐消磨殆尽，阴气有若游丝一般缠绕着身躯。

忽然想到弟子甘伯声，难得他一片孝心，有信相问。那么趁着今日精力尚可，那就强撑住病体，予以答复吧："病何足问？旦夕从先人于地下，亦大快也！"

爰作《忽忽吟》，以为绝笔之语：

望七孤哀子，茕茕不如死。

含笑侍堂房，班衰拂蝼蚁。

可以对这一悲欣交集的绝笔诗及序，予以翻译浅解。其大意是：

我已经是快七十岁的人了，先人父母均已归天，自己一人苟活在世，茕茕孑立，倍感孤独，更兼无边的哀伤，挥之不去。不如死，最好死，一死之后可以破涕为笑，可以在九泉之下的堂庑之内，侍奉历代祖宗与父母先人，哪怕与蝼蚁为伍亦在所不辞。

想开了，悟透了，那就无所谓生死亨困，只要能够入班尽孝，那就可以迅速地从孤哀之子的身份中转换过来，与长辈相伴于地下，相守于黄泉，聚族而居，不亦快哉！

按道理，汤显祖的家族有着世代长寿的天然基因，可是哀莫大于心死，既然有了要死的心，那么但求速朽吧。

作为人子，前年送走了八十五岁的母亲，去年送行了八十八岁高寿的父亲，也算是尽到了责任，了却了孝心。

大明王朝万历四十四年九月二十一日（1616 年 11 月 6 日）亥时（夜里九点到十一点），正是人定歇息的时辰。

为心所累、为情所困、为贫所苦、为儿所忧的汤显祖，一辈子劳碌辛苦的汤显祖，哪怕比父母亲短寿约二十岁，也在这个时辰紧紧追随着长辈，在老家临川破败的玉茗堂中，溘然咽气。

刹那间，临川地界红光闪现，浩瀚长空星象变异，但只见一颗东方的戏剧星座冉冉升起，扶摇直上，从此便迅速入轨，与西方的莎士比亚和塞万提斯交相辉映，一直在宇宙蔚蓝色的天幕上熠熠生光，光照后人，启迪梨园。

第三十章　沈汤之争与昆曲代表作

一、沈璟与吴江派

戏曲史上"沈汤之争"的话题，早已被人调说得烂熟，戏曲批评史上的吴江派和临川派的能否成立及其阵营问题，也是今人争论不休的一桩公案。

一般认为，明代戏曲史上的"吴江派"，是以苏州府吴江县著名曲学家沈璟为核心的创作与理论阵营。

沈璟（1533—1610），字伯英，号宁庵，万历二年（1574）进士。起初官运亨通，历任兵部、吏部主事、员外郎。官运亨通的结局是为人有点膨胀，先上疏天子，请旨立储，管到了皇家接班之大事，这种押宝式选边站队的做法，结果总是不妙，朝廷不但不以之为忠臣，反以为逞能多事，别有用心，给予连降三级之处分，回归故里去了。

万历十六年（1588），在老家不生是非的沈璟，又得以还朝任职，先为升光禄寺丞，次年又担任顺天乡试同考官。科场发生舞弊之事，被人诟病之后，沈璟浑身长嘴也辩解不得，被弹劾之后只有告病还乡。

二度返乡之后，心灰意冷的沈璟从此看透官场，无意仕进，爱作

《水调歌头·警悟》云:

> 万事几时足,日月自西东。无穷宇宙,人如粒米太仓中。一葛一裘经岁,一钵一瓶终日,达者旧家风。更著一杯酒,梦觉大槐宫。

喧喧闹闹的政治舞台,从此与他无缘,他便把满腹的聪明才华,把家居三十年的全部精力,都放在编写昆曲剧本,致力于声律研究方面去了。

苏州是昆曲的故里,吴江是昆曲的重镇。作为富庶之地,此间的戏曲活动特别繁盛。

同样是辞官归里的顾大典(?—约1596),成为沈璟志同道合的好友。

顾大典是隆庆二年(1568)进士,历仕会稽教谕、处州推官、福建提学副使。诗文书画俱佳,又作有《青衫记》传奇。弃官返家之后,他在家中的谐赏园、清音阁等楼台亭阁中,蓄家乐、养戏班,"家有清商一部","或自造新声,被之管弦"(潘柽章《松陵文献》卷九)。

沈璟与顾大典同声相应同气相求,"每相唱和,邑人慕其风流。多蓄声伎,盖自二公始也"(同上)。

李鸿在沈璟《南九宫十三调曲谱》序中云:沈璟"性虽不食酒乎,然间从高阳之侣,出入酒社之间,闻有善讴,众所属和,未尝不倾耳而注听也"。

吕天成《曲品》中说,沈璟不仅"妙解音律,兄妹每共登场;雅好词章,僧妓时招佐酒"。兄妹二人,能够粉墨登场,这其中的训练和造化,岂是常人所能望其项背。

王骥德在《曲律》中,评价沈璟"生平故有词癖,每客至,谈及声律,辄娓娓剖析,终日不置"。

他自认为隐士,于是在编写剧本时自署"词隐生",又号词隐先生。他一连写了《属玉堂传奇》十七种,今传全剧七种,残曲十种。

沈璟现在还在被各大昆曲团上演的代表作是《义侠记》。该剧从小说《水浒传》中的武松故事铺展开来，景阳冈打虎便先声夺人，武松杀嫂的戏入情在理，刀光剑影、紧张动人，成为各大剧种改编演出的经典折子戏。至于武松之妻贾氏的寻夫，母亲访儿的戏，也都有感人之处。昆曲、京剧、湘剧、川剧、评剧等剧种的《武松打虎》，几乎都是沈璟剧本的移植改编本。

作为声韵学家和曲论家，沈璟先后编著了《南九宫十三调曲谱》《遵制正吴编》《唱曲当知》《论词六则》《南词韵选》《北词韵选》等多种曲学著作。

沈璟的曲学主张，一是"僻好本色"，提倡晓畅易懂的语言，"摹勒家常语"，反对滥用典故、卖弄学问、一味地掉书袋子，乃至骈丽靡缛、四六骈文的种种做法。他自己所编的诸多戏，就是这一本色论的具体实践。

其次是主张"合律依腔"，反对不遵守格律腔调的做法。他在传奇《博笑记》前附有论曲散套《二郎神》，说明了"合律依腔"的基本规范，极力倡导"词人当行，歌客守腔"的重要性。这种对于格律的追求，有时甚至到了"守协律而不工"的苛刻程度（王骥德《曲律》）。从此意义上言，沈璟将昆曲格律，进一步上升到科学规范甚至是严格的新境界。

一般认为，归附于沈璟大旗下的戏曲家与理论家有顾大典、吕天成、卜世臣、王骥德、叶宪祖、冯梦龙、沈自晋、袁于令、范文若、汪廷讷、史盘等人。

能不能从一种更开阔的视野、更宏观的角度来看待以上问题？或者说，沈汤之争及其派别现象背后，是不是还有着必然的渊源、偶然的契机和一些更为深厚的背景？

如果能从中国文学史、戏曲史发展的动态过程上来看待沈汤之争以及两派的对峙现象，从而对争论本身及其来龙去脉作出一种历史的描述，或许我们对争论自身的品位及其意义的了解，有时反而会更真切一些。

二、源远流长的"文律之争"

文学批评史上论争最多的焦点之一，是文与质的关系问题。同文学批评史上的概念和范畴相应，戏曲批评史上论争最多的焦点之一，则是文、律关系问题。

中国声律音韵学的创立是在魏晋南北朝时期奠定基础的。魏李登《声类》以宫、商、角、徵、羽分韵，齐梁周颙创平、上、去、入之说；沈约《四声谱》论诗律，开辟了"永明体"的四声八病之论，为唐代的律诗理论及其实践准备了条件，也为戏曲曲谱的编制树立了典范。

与之同时，诗歌史上也开始出现了偏重音律的形式主义倾向，音韵学的成果及其严格规范在客观上也对南朝及后来的浮靡纤巧的诗风、词风起了一定的推波助澜的作用。戏曲史上的文律之争，也莫不是以此作为起点的。这个起点的重心，正在于文学史上对文学作品的形式和内容的探讨，即所谓文质关系的探讨。在对文学的一个分支诗学——曲学的研究中，开始展现出文律关系的主题，而这个主题往往是摇摆于形式和内容两大范畴之间，甚至常常是附在表达形式的成形过程中的。

元代以周德清的《中原音韵》①为标志，首先以对沈约韵书的批判和宋代词坛的检讨作为引子和参照系统。周德清认为沈约的韵学只不过是"约之乡里"的语言总结。有的南宋戏文如《乐昌分镜》与沈韵相合，也正反映了一种"东南海南"的"亡国之音"，不能适用于大元统一时中原语言通行的实际情况。所以周德清鉴于沈约之韵"虽渠之南朝亦不可行，况四海乎"的狭隘性，从而以"中原为则，而又取四海同音而编之"，写了影响深远的《中原音韵》。

---

① 《中原音韵》：见《中国古典戏曲论著集成》（一），中国戏剧出版社 1959 年版，第 167 页。

围绕着周德清的创作和理论，虞集提出了"文律兼美"的主张，欧阳玄阐明了"词律兼优"的期望，罗宗信提出了"必使耳中耸听，纸上可观"的两重判定的标准。元代曲论中如钟嗣成《录鬼簿》等书，也从"资性"、"文笔"、音律和曲调上强调了文律的结合，这都为明人在戏曲理论上的进一步开拓、在曲学品位上提供了学理基础。

明人对前代文律双美的理论传统，最先是比较完整地继承下来的。朱权在《太和正音谱》①中就从不同方面对作曲的必要条件作了说明：

（1）有文章者谓之乐府；如无文饰者，谓之俚歌，不可与乐府共论也；

（2）大概作乐府者切忌有伤于音律；

（3）且如词中有字多难唱处，横放杰出者，皆是才人拴缚不住的豪气。然此若非老于文学者，则为劣调矣。

朱权以"文章"和"音律"统一为原则，而又欣赏特定场合中逸出于音律的"豪气"，反映了他对曲学中心问题比较完整周密的思考。

何良俊第一个把音律问题放到了首位。他在对《拜月亭》等九种南戏的推崇中引申说："此九种，即所谓戏文，金元人之笔也。词虽不能尽工，然皆入律，正以其声之和也。夫既谓之辞，宁声叶而辞不工，无宁辞工而声不叶。"从而把音律强调到绝对的地位。从音律本色论出发，他又认为《西厢记》和《琵琶记》算不得一流作品，而只是偏重于情感的挥洒和学问的堆砌。

尽管何良俊从音律绝对论和本色论出发，开言骂倒了"辞工"的戏曲，不满意《西厢》《琵琶》，但王世贞却倡导戏曲的文律并重。针对何氏对《琵琶》的指责，王世贞辩护说："则诚所以冠诸诸剧者，不唯其琢句之工，使事之美而已；其体贴人情，委曲必尽；描写物态，仿佛如生；问答之际，了不见捏造；所以佳耳。至于腔调微有未谐，譬如见钟、王迹，不得其合处，当精思以求谐，不当执末以议本也。"强调重视音

---

① 《太和正音谱》：见《中国古典戏曲论著集成》（三），中国戏剧出版社 1959 年版，第 1—232 页。

律以外的人物和意境的分析。

但在谈到朱有燉的三十余种杂剧时，王氏则称"虽才情未至，而音调颇谐，至今中原弦索多用之"；他还当面相嘲李开先的《宝剑记》等剧"公辞之美，不必言。第令吴中教师十人唱过，随腔字改妥，乃可传耳"，当场使李开先"怫然不乐"，所以王世贞有时重才，有时又重律，不像何氏那么偏颇极端。

要之，从春秋孔子的《论语》中，文学史上引出了影响深远的"文质之争"；从南朝沈约开始，诗史上引出了"文韵之争"；从元代周德清开始，曲学上引出了"文律之争"，在音韵学中增添了音乐性。从明代何元朗、王世贞开始，这种"文律之争"更多地增添了绝对化的趋势和意气的成分，在客观上为之后的"沈汤之争"及其不同派别的形成准备了氛围。

三、沈汤曲论的分歧对峙

在对沈汤之争的历史渊源和时代背景有了一个大致的追溯之后，我们再来看沈汤之争所表现出来的不同品位。或许可以说，沈璟的曲论是建立在曲学品位之上，而汤显祖的曲论更多的是建立在文学品位之上；曲学品位以音韵学和音乐性为重，文学品位是以文学性和情感性为主。这样，作为文学家的汤显祖和作为曲学家的沈璟便在内容与形式的不同着重点上，产生了必然的分歧。

沈汤的分歧，在汤显祖的"四梦"问世之后，较为直接地反映了出来。沈璟曾改动过《牡丹亭》《紫钗记》和《邯郸记》；在沈璟影响下其他一些曲家如吕玉绳、吕天成父子，以及冯梦龙和臧懋循都先后改过汤显祖的剧作。汤显祖对沈璟及其门人的改本多次表示不满，认为这些昆曲化了的改本，已经丧失了自己在原作中所体现出来的精神意趣。

他在《答凌初成》中就曾表示："不佞《牡丹亭记》，大受吕玉绳改窜，云便吴歌。不佞哑然笑曰：昔有人嫌摩诘之冬景芭蕉，割蕉加梅。

冬则冬矣，然非王摩诘冬景也。其中骀荡淫夷，转在笔墨之外耳。"

即使吕玉绳作为汤显祖的"齐年好友"，汤显祖也决不对改作予以承认或特许。

改作"四梦"的风波，根源在沈汤对于文律问题的不同看法。作为当时最负盛名的两位戏剧大师，他们的戏曲观却几乎是针锋相对的。吕天成《曲品》载沈璟语录云："宁律协而不工，读之不成句，而讴之始叶，是曲中之工巧。"为了音律的获得宁可丧失意思的完整。

汤显祖在《答孙俟居》中则说："弟在此自谓知曲意者，笔懒韵落时时有之，正不妨拗折天下人嗓子。"宁为曲意的获得而不顾音律的讲究。尽管两人的讲法都有极大的意气成分，但律先于意和意大于律的不同观念则是实际存在着的。

沈璟的偏执于音律，直接继承了何良俊的极端化说法。但何良俊的力究音律，是叹惜古乐和北曲的衰微，而沈璟的重律贬才，则是力图使南曲音律逐步地系统化和规则化。所以他在《词隐先生论曲》①中云："北词谱，精且详，恨杀南词偏费讲。今始信旧谱多讹，是鲰生稍为更张。改弦又非翻新样，按腔自然成绝唱。语非狂，从教顾曲，端不怕周郎。"因此，沈璟以蒋孝的《南九宫谱》为基础，重新编撰为《增定补查南九宫十三调曲谱》，选列南曲曲牌七百一十九个，成为冯梦龙《太霞新奏自序》中盛赞的作曲法门："先辈巨儒文匠，无不兼通词学者；而法门大启，实始于沈铨部《九宫谱》之修。于是海内人才，思联臂而游宫商之林。"

正是建筑在对南曲声律的研讨成果上，沈璟才不无自负地论曲说："何元朗，一言儿启词宗宝藏。道欲度新声休走样，名为乐府，须教合律依腔。宁使时人不鉴赏，无使人挠喉捩嗓。说不得才长，越有才越当着意斟量。"对才与律的相互关系尚有所讨论。但一旦才律关系出现分离或者冲突的情况，他就要首先捍卫律的尊严了："曾记少陵狂，道细

---

① 《词隐先生论曲》：又称《商调【二郎神】论曲》，《沈璟集》，上海古籍出版社1991年版，第849页。

论诗晚节详。论词亦岂容疏放？纵使词出绣肠，歌称绕梁，倘不谐律吕也难褒奖。"

一五九八年，汤显祖写成了《牡丹亭》，立即轰动了整个戏曲界。据沈德符《顾曲杂言·填词名手》记载："汤义仍《牡丹亭梦》一出，家喻户晓，几令《西厢》减价。奈不谙曲谱，用韵多随意处，乃才情自足不朽也。"在对汤显祖的钦佩中流露出失之音律的些微遗憾。

作为江西戏剧家，汤显祖确实对昆曲音律不如吴门曲家那样熟谙。臧懋循在《玉茗堂传奇引》中对此严厉地苛责说："今临川生不踏吴门，学未窥音律，艳往哲之声名，逞汗漫之词藻，局故乡之闻见，按亡节之弦歌，几何不为元人所笑乎！"

但汤显祖作为一位戏剧文化巨人，同时还是一位进步的思想家。晚明的进步哲学思想对程朱理学传统展开了猛烈的冲击，在客观上反映了新兴的资本主义萌芽对腐朽的封建主义桎梏的冲突。汤显祖在罗汝芳和李贽等启蒙学者的影响下，提出了"情"的哲学观念，以"真情"反对"矫情"，在一定范围内对封建主义专制制度和禁锢身心的禁欲主义道统予以了冲击。这就使得他的"才情"和"文意"超出了戏剧和文学本身的范围，成为一种激荡天下、唤醒人心的至情。这就是他在《牡丹亭题词》中所归纳的，杜丽娘的"情"反映出天下"有情人"的一些精神面貌。"自非通人，恒以理相格耳！第云理之所必无，安知情之所必有邪！"

所以文章戏剧作为一种形式负载，归根结底是要传达出一种深厚的思想内容和沉重的社会责任感，表达出时代新鲜活泼的精神内涵。兢兢于音律之中，唯唯于曲谱之下，往往束缚住了作家自身活泼泼的精神。汤显祖在《答吕姜山》一文中感慨道：

> 凡文以意趣神色为主。四者到时，或有丽词俊音可用，尔时能一一顾九宫四声否？如必按字模声，即有窒滞进拽之苦，恐不能成句矣！

何况曲谱本身既是对既有唱腔的归纳，又有"又一体"之类的偏差和变化。在可能范围下的形式讲求中，汤显祖不愿让曲谱限制了自己无限生动活泼的曲意。

沈汤曲论，各有着重，看起来势不相让。若能从戏曲艺术的总体来考察，则既需要思想性和文学性，又需要音韵学和音乐性。所以齐森华先生在《曲论探胜》中总结说："汤显祖标榜曲意和才情，是着重从剧作的思想内容上，反对了充斥于剧坛的那种封建迂腐的道学气和头巾气；而沈璟鼓吹音律与本色，则着重从形式上反对了创作脱离舞台实际和堆砌典故的颓风。两派理论的提出，都有一定的现实针对性，也各有它们的积极作用。"

沈汤曲论相对立而产生，相对峙而发展，在时代曲坛上，都形成了自己鲜明的理论原则和创作特色，从而为很多剧作家所分别认可、遵循，或者自觉不自觉地追随，终于形成了著名的吴江派和临川派两大曲派。明代戏剧领域中的这些曲派的产生，一方面是出于上述的许多地域、师承与学派原因，一方面是因于深厚的诗文曲的历史背景，还有第三个原因是出于明代文坛上派别丛生的实际情况。在诗文领域中，明代先后出现了前七子、后七子、唐宋派、公安派与竟陵派，客观上也为曲坛上的派别产生准备了条件。

吴江派和临川派的产生，使沈汤之争得到进一步的深化和扩展，成为万历年间乃至整个明清两代最具规模的曲派，也进一步引起了明清曲论的深入发展。

四、后辈曲学的综合发展

明清曲家对戏剧理论的多方建树，大抵都是在总结沈汤之争的历史经验后，在一种比较公允、多元和全面的戏剧观念指导下，所取得的不同程度的进展。

较早对沈汤之争作出公允总结的曲家是王骥德。他虽然与沈汤都有礼尚往来，但还是客观地评道："临川之于吴江，故自冰炭。吴江守法，斤斤三尺，不欲令一字乖律，而毫锋殊拙；临川尚趣，直是横行，组织之工，几与天孙争巧，而屈曲聱牙，多令歌者龃舌。"

他曾把汤显祖的剧作比成是妖冶风流、令人魂销的新出小旦，但误字错步亦有之；沈璟剧作像老教师演出，唱做固然没有破绽，但却很难为人所喝彩。他既尊汤显祖为"今日词人之冠"，又奉沈璟为"词曲之学"的中兴功臣。正因为王骥德的充分学力和持平态度，才使沈汤二人，都十分尊重和服膺王骥德。这其中的秘密所在，恐怕就因为王骥德的戏剧理论既反映了沈汤的对立面，又统一了沈汤的同一面，还在此基础上建立了初具规模的剧论架构，并直接启发了后人的思路。半个世纪之后李渔关于戏剧结构的"立主脑""脱窠臼""密针线"等等完整论述，几乎都可以从王骥德这里找到端倪。

王骥德的好友吕天成，在《曲品》中，谓王氏"松陵具词法而让词致，临川妙词情而越词检"之说为"定评"。他在元人之后，又一次提出了"合之双美"的文律统一论：

予谓二公（按指沈、汤）譬如狂、狷，天壤间应有此两项人物。不有光禄，词硎不新；不有奉常，词髓孰抉？倘能守词隐先生之矩矱，而运以清远道人之才情，岂非合之双美者乎？

他还转述了舅祖孙（金广）的南剧"十要"说，即除了所论文律之外，还有题材、关目、角色、风化等多项戏剧要素。只有以"十要"作为衡量戏剧的标准，才"靡不当矣"。戏剧的优劣只在符合十要的多少与否上。以十要作为标准，《曲品》评戏曲作品二百余种，戏曲、散曲作家百余人，都能给人以耳目一新的感觉。

著名的《初刻拍案惊奇》《二刻拍案惊奇》著者凌濛初，在《南音三籁》的曲选卷首，亦从"戏曲搭架"、当行本色和宾白贴切等方面入手，对汤沈二人都有比较严厉的批评。他认为汤显祖的"使才自造"的地方太多，"随心胡凑"的句、韵太杂。而"彼未尝不自知，只以才足以逞而律实未谐，不耐检核，悍然为之，……而终不悟也"。沈璟则"审于律而短于才，自知用故实、用套词之非宜，欲作当家本色语俊语，却又不能；直以浅言俚句棚拽牵凑，自谓独得其字，号称词隐。而越中一二少年，学慕吴趋，遂以伯英为开山，私相服膺，纷纭竞作"。对沈汤的短处以及派别形成，他同样也不以为然。沈汤曲坛权威的地位，在此已一落千丈。而以沈汤的批判为基点，新的较为完整的剧论则在不断萌生。

如果说晚明戏剧家大多还只是小心翼翼地在沈汤之争的机锋中突出，从而寻求着戏曲理论的更为广阔的天地的话，那么清初以后的戏剧家则往往是站在曲论的新天地中，蓦然回首，更加理智地、客观地反思和评判沈汤之争的故实。

顺治年间，李开先的同乡丁耀亢在自己的一些剧本中，同时表述了自己独到的戏剧理论观念。在《赤松游题辞》中，他认为"凡作曲者，以音调为正，妙在辞达其意；以粉饰为次，勿使辞掩其情。既不伤辞之本色，又不背曲之元音，斯为文质之平，可作名教之助"。正是在"文质之平"的起点上，他奉劝剧作家们务必要走出前人的窠臼，形成自己的特点和风格，妙在"自出机杼"，不要"寄人篱下"，总在汤显祖《四梦》和阮大铖《十错认》的圈圈中环行。

在《啸台偶著词例》中，他独出机杼地阐明了戏剧作法的"三难""十忌""七要"和"六反"，从剧本创作的布局、修辞、结构和宫调以及情景、角色安排等诸多方面，细致地研讨了剧作法的要义。比如"六反"就包括了"清者以浊反，喜者以悲反，福者以祸反，君子以小人反，合者以离反，繁华以凄凉反"，阐明了戏剧情绪、色调、气氛和风格的两极对照和相互转化，在一定程度上显示出戏剧的哲理精神和人生进程。

就理论阐述的头绪和精神而言，丁耀亢似乎是深受明代孙矿"十要"原则的启示；从戏剧作为总体艺术的全面考虑上看，丁耀亢刚好处于王骥德和李渔中间，成为清前期著名的理论中介。明代的诸多戏剧争论可以从明前期李开先那里拉出一条长链，而丁耀亢则代表着清初戏剧理论的多元化趋势。

康熙年间，剧坛上崛起的另外一位骁将则要数王正祥。王正祥的主要贡献，是在清初戏剧发展的实际情况中，看到弋阳腔在民间精神和地方化趋向中所呈现的蓬勃生命力，从而第一次为弋阳腔在北京的一个分支——京腔订正了曲谱，即《新订十二律京腔谱》。他还在对弋阳腔的历史沿革和基本特点的理论探讨中，首次提出了比较完整的"剧场"学说，从角色分工、戏曲音乐、剧目储备等剧场演出的多种要素上进行了阐述，从而对元代杂剧是不是场上之曲提出了怀疑，对沈汤二人也做了比较极端的指责。

从剧场学说出发，他认为"临川四梦"只堪覆瓿，只适于当文学作品看而不能当戏剧作品看。他也同时指出沈璟《九宫》的毛病，首先在于没有看到"南曲通行几三百年矣"的实际情况，以拾"北曲宫调之唾余"而定成南曲曲谱；其次在于"曲体不一""又一体"之类支离不一的情况太多；再次，《九宫》只存昆板，"词隐自藏其拙，竟不能定板核腔，而后人亦无有能著弋谱者"。所以王正祥自己要为作为南曲基本声腔和清初戏曲主潮的弋阳腔定谱，以为补阙之作。

清初为人所熟知的两位戏剧理论大家，当推金圣叹和李笠翁了。金圣叹更多的是以文人的姿态出现。他在对《水浒传》和《西厢记》的定本和评点工作中，显示出最为细致的人物分析手段，从而把王思任、沈际飞等人的人物形象论延伸下来，把形象论发展为自成体系的复杂层次，在一定程度上呈现出文艺理论中人物典型的意义。出于音律流畅、文意必然和剧情要求等各方面的考虑，他把《西厢记》改定为《第六才子书》，使之成为流传十分广泛的《西厢记》版本。

李渔则主要是以一位全面的戏剧实践家和理论家的面貌出现。他的戏剧创作、戏剧理论和戏剧班子是三位一体的。他在《闲情偶寄》的《词曲部》《演习部》和《声容部》中，从剧本创作、戏剧导演和演员教育等方面，第一次使古典戏剧理论形成体系，成为古代戏剧理论发展的一个高峰和终结点。也正是出于对戏剧的全面要求，他对汤显祖的某些剧词的文人化进行了批评；在对音律的尊重和讲求中，也无意作烦琐的绝对论证。在李渔的剧论中，可以在结构宾白等方面，明显地看出王骥德《曲律》的痕迹，然而他又把《曲律》的一些朴素戏剧原则发展得更加全面、深刻和系统。

总起来看，以王骥德为代表的晚明曲家们，在对沈汤之争的总结中，开始纠正两派的偏颇极端之处，逐渐形成更加多元的曲论探讨，并在一定程度上显示出从曲学品位向剧学品位的过渡。而清初的戏剧理论家们，则是在对沈汤曲论的偶然回顾和深刻反思中，逐步形成了比较完备的戏剧学体系，从而使中国戏剧理论的发展，由长期以来裹足于曲学范围的徘徊，阔步进入了戏剧文学、演出、导演和剧场的宽广天地。

我们以"沈汤之争"这个中国戏曲史上的重要现象为中心，上溯到文学史和戏剧史上的"文质论""文律论"的产生及其在争辩过程中的发展，从而可能得出这样的认识：沈汤之争是与整个中国文学史乃至文化史的一些特有的范畴和精神相一致的。沈汤作为文学史与戏曲史的两位中介人，文、律作为不同韵文体的共同范畴，其争论实际是从不同方面对文学和诗学的完整而有深度的总结，从而对曲学之作为诗词曲的一类和作为戏剧学先声作出了奠基式的贡献，并直接导致了清初以后戏剧学从曲学中的逸出和发展。所谓吴江派和临川派的形成及其意义，正展示了沈汤在不同曲学阵营上的领袖地位，以及晚明曲坛的千军万马在对沈汤的归附中，朝戏剧学的方向迈进的浩荡历史过程，从理论的一致性以及历史逻辑的统一性看，沈汤之争为中国戏剧学的成熟大合奏，预演了一个冲突的局面，提供了一个辉煌的声部。

五、昆曲代表作的确立与流播

与《紫钗记》边写边演的情况相似，《牡丹亭》的文本创作与舞台上演也近乎于同步。前者因为涉及可能遇到的政治麻烦戛然而止，后者则从汤家班到吴江班，从宜黄腔到昆山腔，《牡丹亭》的演出几乎与其文学本的创作同步。

诚如汤显祖自道，他本人就是一个循循善诱的说戏人与教习者：

> 玉茗堂开春翠屏，新词传唱牡丹亭。
> 伤心拍遍无人会，自掐檀痕教小伶。

除了在文意、声腔上教习小演员之外，汤显祖还在《寄嘉兴马乐二丈兼怀陆五台太宰》诗中道："往往催花临节鼓，自踏新词教歌舞。"由此看来，他还对排练"四梦"的歌舞排场有整体的调度。

前引邹迪光《临川汤先生传》云："公又以其绪余为传奇，若紫箫、二梦、还魂诸剧，实驾元人而上。每谱一曲，令小史当歌，而自为之和，声振寥廓。"这就指出了汤显祖将创作与演出一体化，相得益彰以便进一步修改的特点。

清初吴县籍的著名诗人石韫玉（1756—1837），也在《吟香堂曲谱序》中，对汤显祖的创作与演出状态深有研究："汤临川作《牡丹亭》传奇，名擅一时。当其脱稿时，翌日而歌儿持板，又翌日而旗亭已树赤帜矣。"

把案头之作与舞台之演结合起来，汤显祖既是创作者和教习者，也是张罗者和组织者。江西的本地艺人诸如王有信、于采、许细、罗章二等，都是汤显祖戏剧的早期排练者。

从临川到南昌的演出，汤显祖有《滕王阁看王有信汪牡丹亭二首》《伤歌者》和《听于采唱牡丹亭》等三首诗，关于"牡丹魂梦去来时"的神秘、"花神留玩牡丹魂"的华丽，雅韵清微，慢舞凝歌，盈盈魂梦，离情幽冥，令人动容。

正是因为各地搬演汤剧者甚多，苏州的昆山腔演出之风大盛，所以汤显祖才要守住正统、保障原意，所以他非常认真地致书给宜伶罗章二：

> 章二等安否？近来生理何如？《牡丹亭记》要依我原本，其吕家改的，切不可从；虽是增减一二字以便俗唱，却与我原

做的意趣大不同了……如今世事总难认真，而况戏乎。

无论沈汤之争如何激烈，无论这种隔空叫战的态势如何具备戏剧性，汤显祖为家乡戏宜黄腔所写的《临川四梦》，特别是其中的《牡丹亭》，总是受到以沈璟为核心的吴江派的厚爱。

沈璟自己对《牡丹亭》就十分欣赏。他率先将该剧串改为《同梦记》，又名《合梦记》。《南词新谱》云："《同梦记》，词隐先生未刻稿，即串本《牡丹亭》改本。"此剧卷十六【越调】选【蛮牌令】一支，即《牡丹亭》第四十八出《遇母》中【番山虎】。卷二十二【双调】选【真珠帘】一支，即《牡丹亭》第二出中【真珠帘】。

吕天成（1580—1618），别号郁蓝生，明余姚县城人。他也校订改编过《牡丹亭》。

作为沈璟的学生，王骥德的好友，吕天成的传奇早年有绮丽之风，后来才转变为本色浅显、恪守宫调格律的特色。早年"所著传奇，始工绮丽，才藻烨然；后最服膺词隐，改辙从之，稍流质易，然宫调、字句、平仄，兢兢愿，不少假借"。

吕天成创作的《烟鬟阁传奇十种》，包括《神女记》《金合记》《戒珠记》《神镜记》《三星记》《双阁记》《四相记》《四元记》《二淫记》与《神剑记》。他还创作了杂剧八种，今存《齐东绝倒》。

吕天成《曲品》收录了元末至当时传奇、散曲家一百二十人、作品二百三十种。这是研究明代曲学绕不开的史论评著作。

其父吕允昌（玉绳）曾与汤显祖有过交往，曾经校订改编过《牡丹亭》。

吕天成子承父业，他从经典价值、商业价值出发，也校订过南戏和传奇作品二十八种，其中就包括了《浣纱记》《荆钗记》《拜月记》《杀狗记》《还魂记》和《义侠记》等经典名作。

"荆刘拜杀"作为南戏在民间广为流传的代表作，吕天成将其大部分内容校订整理，这是题中应有之义。

《浣纱记》作为第一部搬上舞台且有较大影响的昆曲剧本，校订更是必须的功课。

接下来就是他最为服膺的汤沈代表作，汤显祖的《牡丹亭还魂记》、沈璟的《义侠记》。

吕玉绳的《牡丹亭》改本与演出，没有全本传世。《南词新谱》中还能看到残曲数支，未能窥其全貌。

但是对于吕家父子的《牡丹亭》改本与传播，汤显祖不但不领情，反而予以了坚决的回击。

浙江余姚有位大名人孙如法（1559—1616），字世行，号俟居，别署柳城翁，当地人称机智强硬的"孙鬼头"。

万历十一年（1583），二十五岁的孙如法与表弟吕允昌同科登第，双中进士。这一年，汤显祖也在春试中列名为三甲第二百一十一名。

次年，孙如法授刑部山西司主事。后被降为潮阳典史。曾为潮州故友林大春捐资，将其《井丹集》刊布流传。

在绍兴，孙如法建有柳城、孙庄两处别墅群，《越中园亭记》云其"相地合宜，构园得体"，"巧于因借，精在体宜"，"柳城近海，孙庄临山，尽得山海况味"。

万历十九年（1591）春，同一年得中黄榜的挚友汤显祖，与黄两高、钱楯等人结伴前来绍兴拜访孙如法，四人登兰亭，赏名胜，赋新诗，品酒茶，青春作伴，好不快哉。

在别墅群落中，王骥德与吕天成是孙如法的常客。诗酒归于戏曲，"清吹发于榈楹"。

王骥德所校注的《古本西厢记》，得到了孙如法的对面相授和书信指点。"此绝学，非君其谁任之！"没有孙钤与孙如法叔侄对于王骥德的启发，就没有《曲律》的呱呱落地。

同样，吕天成的曲学造诣，也在很大程度上得益于孙如法的欣赏、鼓励与悉心传授。

万历三十四年（1606），好友沈璟将《南曲全谱》寄给孙如法。如法大喜过望，以其著述尺度，复将沈璟的传奇剧本予以订正，"又以歌者有抑扬音节，析字之阴阳"，非常讲究昆曲的声韵规律与填词法则。

作为汤显祖的同年进士与好友，孙如法又将沈璟的《南九宫十三调曲谱》、吕家父子的《牡丹亭》改本等寄到玉茗堂去。

一向对吴江派对于音韵声律的斤斤计较耿耿于怀的汤显祖，终于把心中的积怨爆发出来。他在回信中声称："曲谱诸刻，其论良快……彼所引曲未满十，然已如是，复何能纵观而定其字句音韵耶？弟在此自谓知曲意者，笔懒韵落，时时有之，正不妨拗折天下人嗓子。兄达者，能信此乎？"

对于吕家父子的改本，汤显祖决不承认。他在《与宜伶罗章二》中云：

> 《牡丹亭记》要依我原本，其吕家改的，切不可从。虽是增减一二字以便俗唱，却与我原做的意趣大不同了。

在《答凌初成》的信里，汤氏又愤愤不平地指出"不佞《牡丹亭记》，大受吕玉绳窜""却愧王维旧雪阁""割蕉加梅"嗟何及？

《牡丹亭》的昆曲改本，除了沈璟、吕家父子之外，还有臧懋循和冯梦龙的改本。

臧懋循（1550—1620）是汤显祖的好友，他于六十七岁时编成《元曲选》一百卷、图一卷。他还为好友汤显祖出版过《玉茗堂四梦》剧本集。如前所述，汤显祖也是湖北麻城元曲宝藏的见证者，也是臧懋循编书的重要声援者之一。

作为一位见识过人的出版家，臧懋循的《元曲选》中引用了不少演出本，也有自己改定的痕迹。

同样，他所编印的《还魂记》中，也适当采纳了昆曲演出本的成果，间或参以己见。

臧懋循的改本既重文情，又订格律，亦合搬演，所以其大笔一挥，将《牡丹亭》五十五出删削合并成三十六出；他又觉得原作唱词太多，便将原本四百三十四曲只留下二百四十一曲；此外，他还对过于晦涩的曲词，予以了通俗化的部分改动。

改本的归并很精彩。例如《闺塾》并入《延师》、《诊祟》并入《写真》、《拾画》并入《玩真》等，使得剧情更加紧凑。对于杜丽娘在场次删并之后，引起的《惊梦》《寻梦》《写真》前三出主戏的相连，后两出《魂游》《幽媾》的相连，生、旦戏《冥誓》《回生》《婚走》的相连等问题，臧懋循想出了平移插花演出的办法，这就使得不同的角色，尽可能轮流上场，有效调节和缓解了演员的演出疲劳和观众的审美疲劳。

《盛明杂剧》的编校者之一、与汤显祖和沈璟都是好友的潘之恒（约 1536—1621），在《亘史》《鸾啸小品》两集中，品评过大量戏曲活动。其中，对客居金陵的徽州人吴越石家班有着详尽记录。石家班演戏"先以名士训其义，继以词士合其词，复以通士标其式"。潘之恒在《亘史·杂篇》中，记载过大约万历三十六年（1608）的汤家班演出盛况，认为悲情动人、惊心动魄：

> 余友临川汤若士，尝作《牡丹亭还魂记》。是能生死死生，而别通一窦于灵明之境，以游戏于翰墨之场。同社吴越石，家有歌儿，令演是记，能飘飘忽忽，另番一局于缥缈之余，以凄怆于声调之外。一字无遗，无微不极……乃今而后，知《牡丹亭》之有关生情，乃为惊心动魄者。

明天启年间徐日曦的硕园改本《牡丹亭还魂记》，因为被毛晋《六十种曲》收进，所以流传甚广。这一改本将五十五出的汤剧删减为四十三出，几乎每一出的曲文都根据昆曲格律的规范、场上演出的需要，都有着不同程度的删改，因此成为较为流行的舞台演出本和文学观赏本。

冯梦龙（1574—1646），字子犹，号墨憨斋主人、顾曲散人。他自己创作过《双雄记》和《万事足》。

在戏曲改编方面，冯梦龙提倡调、韵、词相统一的"词学三法"，案头可把玩，场上好演出。因此，他至少改编过包括汤显祖《牡丹亭》《邯郸梦》在内的十七种剧作。

冯梦龙《风流梦小引》中，认为《牡丹亭》才情无限，但却只是"案头之书，非当场之谱"，所以他要更定改编，以便更好地呈现在昆曲舞台上。

因此，冯梦龙将《牡丹亭》改名为《风流梦》，改本只剩下了三十七折，诸如《劝农》《虏谍》等他认为无关宏旨的戏，悉数消失。又将《闺塾》《肃苑》合并为《传经习字》。不仅在回目上调整，词句上增删，他还在总评和每出眉批中，解释剧情、分析人物、指点表演，因此成为一个非常实用的导演本。现在昆曲上演的《春香闹学》《游园惊梦》《拾画叫画》等核心折子戏，基本上都采用了冯梦龙的定本之成果。

明万历十六年（1588），长洲桐泾人钮少雅（1564—？）年方二十五岁。他有志于曲学，先是去太仓向魏良辅弟子张小泉之侄张新进士学曲，后向同乡吴芍溪习艺。万历二十一年（1593），他又拜任小全、张怀仙为师，转益多师，勤勤恳恳地研究曲律。如此这般，学而不厌，意图继承魏良辅先贤的嫡脉真传。所以他自称云：

> 晨夕研磨，继以岁月。虽不能入魏君之室，而亦循循乎登魏君之堂。

天启二年（1622），钮少雅成为饱学之士，乃由博返约，杜门谢客，专心致志地从事昆曲曲谱的深入研究。

天启五年（1625），松江华亭著名的戏曲家徐迎庆，力邀钮氏参稽汇订《南曲九宫正始》。

徐先生慧眼识传人。崇祯九年（1636），徐氏去世，书犹未成。

自此，少雅继承徐先生之事业，独立担纲，编纂该书。前后共历二十四春秋，增益删补，至少在九次以上。

清顺治八年（1651），少雅在八十八岁高龄时，终于完成《汇纂元谱南曲九宫正始》共十册。该书根据元本《九宫十三调谱》、明《乐府群珠》以及《传心要诀》《遏云奇选》《凝云奇选》等古本，逐一考证南曲曲牌的源流，使"宫无舛节，调有归案"。

此外，钮少雅还与其他苏州著名戏曲家徐迎庆、李玉、朱素臣密切合作，同修《北词广正谱》。

再大的昆曲曲家，都不能无视《牡丹亭》的存在，都必须解决《还魂记》牌名杂糅、格律违和的严峻问题。

于是，钮少雅先后用了十年工夫，字斟句酌，调和律吕，最终以《小雅格正牡丹亭》为名，完成了最早的第一部昆曲《牡丹亭》全谱。

由此出发，清代的苏州著名清曲家叶堂，先是于乾隆五十四年（1789）与冯起凤合订《吟香堂曲谱》，将《牡丹亭》《长生殿》中将近一百折的曲子予以校订。后来，他又再度向舞台演唱靠拢，整理、制谱《纳书楹曲谱》，汤显祖的《玉茗堂四梦》的谱曲订正工作才大功告成。

叶派特别严谨地考究韵律的清曲唱法，对民国时期的昆曲演唱有着较大影响。但是《牡丹亭》的昆曲化，既非从叶堂开始，近日传唱的舞台版《牡丹亭》，也未必与清曲家的路数完全吻合，这也是需要特别指出的重要话题。

据东南大学赵天为在《同梦记及其背景》中统计，沈璟之后的《牡丹亭》改编本大约有三十种。

所有这些《牡丹亭》改编本大概有三个特点：

一、使之更适合于昆曲演出；

二、更适合于地方戏演出；

三、更具备舞台性和雅俗共赏的特质。

由此，一部并非为昆曲演出而写的宜黄腔剧本，居然成为昆曲的第一代表作。一部文学性与浪漫特质最强的戏，同样也成为舞台上最能够被古今中外的观众们所喜闻乐见的佳作。

第三十一章

朝野各界树碑立传

对于芸芸众生而言，人生一世，草长一秋，活过了，死去了，来来去去，极其自然。

有孝顺子孙的，可以念祖德继香火；无儿无女的，自认为灭门绝户，上对不起祖宗，下对不起自身。

但是对于帝王将相、王公贵族、文人士子和各业高人而言，他们的功业、事业和文名、艺名，常常可以在家乡、行省乃至国家与世界范围内，传之于后世，流芳于永恒。所谓民族在，斯人在，人类在，功业在是也。

汤显祖的官自然做得不大，但是品格却高；诗文也许在明代未能跻身于一流，但是戏曲创作却成为明代不可逾越的高峰、中国昆曲的宠儿、人类爱情的见证、世界戏剧的高峰。

歌功颂德，需要树碑立传。屈指算来，不同样式的重要汤显祖传记，至少有十种不可或忘。

一、邹迪光《临川汤先生传》

老话说，活不立传，死可封神。盖棺论定，客观当真。

可是第一位给汤显祖写传记，而且是在汤显祖还健在的时候为之写传的先知先觉者，便是无锡籍的进士邹迪光。

邹迪光（1550—1626）字彦吉，号愚谷，明无锡人。万历二年（1574）进士。授工部主事，官湖广提学副使。此公罢归之后在惠山下，修建愚公谷别墅园林，音乐歌舞，诗文绘画，无一不佳。

作为文人，其山水画颇佳，力追宋元之格局气象，古风俨然，颇有大画家黄公望、倪云林的感觉。哪怕一树一石，一山一水，必求精妙，不敢懈怠。以此造园，极尽精美之求，渲染层次之妙。更为重要的是多与文士觞咏其间，极园亭歌舞之胜，始终把园林作为文人吟诗答对的风雅之处，一直把庭园和歌舞艺术、昆曲笙歌结合起来，山水便有了人文的气息，具备了艺术的活态生命。

明代官员富户，家里蓄养戏班者甚多，蔚为一时之风气。邹迪光的家班，其卓尔不群之处，一在于规模庞大而演员优秀"优童数十，极一时之选"；二在于能够排练搬演汤显祖的剧作。

为此，他还特意驰书汤显祖，请他到无锡来观演出："所为《紫箫》《还魂》诸本，不佞率令童子习之，以因是而见神情，想丰度。诸童搬演曲折，洗去格套，羌亦不俗。义仍有意乎？鄱阳一苇直柢梁溪，公为我浮白，我为公征歌命舞，何如？何如？"

尽管汤显祖未能一行，但却在心理上引为知音，感到无限宽慰。

绚烂至极归于平淡。此公晚年极为信奉佛教，斋名也改为"调象庵"。著《劝戒图说》《太上诸仙法语补集》（二卷）、《良常仙系记》、《台雁游记》（二卷）、《愚谷口乘》、《始青阁稿》（二十四卷）、《天倪斋诗》（十卷）、《郁仪楼集》（五十六卷）、《石语斋集》（二十六卷）、《调象庵稿》（四十卷）、《文府滑稽》（十二卷）。

当然，他最出名的文章，还是《临川汤先生传》。

万历四十年（1612），六十三岁的汤显祖，在老家临川收到邹迪光为之写的《临川汤先生传》，真是不负壮志，不负文才，自信满满，文心振振，读之感激莫名，真的知音原本就在世间，就在邹迪光的评鉴之中：

先生名显祖，字义仍，别号若士，豫章之临川人。

生而颖异不群。体玉立，眉目朗秀。见者啧啧曰："汤氏宁馨儿。"

五岁能属对。试之即应，又试之又应，立课数对无难色。

十三岁，就督学公试，举书案为破。曰："形而上者谓之道，形而下者谓之器。"督学奇之，补邑弟子员。

每试必雄其曹偶。彼其时，于帖括而外，已能为古文词；五经而外，读诸史百家汲冢、连山诸书矣。庚午举于乡，年犹弱冠耳。

见者益复啧啧曰："此儿汗血，可致千里，非仅仅蹀躞康庄也者。"

彼其时，于古文词而外，能精乐府、歌行、五七言诗，诸史百家而外，通天官、地理、医药、卜筮、河渠、墨、兵、神经、怪牒诸书矣。

公虽一孝廉乎，而名蔽天壤，海内人以得见汤义仍为幸。

丁丑会试，江陵公属其私人啖以巍甲而不应。庚辰，江陵子懋修与其乡之人王篆来结纳，复啖以巍甲而亦不应。曰："吾不敢从处女子失身也。"

公虽一老孝廉乎，而名益鹊起，海内之人益以得望见汤先生为幸。

癸未举进士，而江陵物故矣。诸所为席宠灵、附薰炙者，骎且渐没矣。公乃自叹曰："假令予以依附起，不以依附败乎？"而时相蒲州、苏州两公，其子皆中进士，皆公同门友也，意欲要之入幕，酬以馆选。而公率不应，亦如其所以拒江陵时者。

以乐留山川，乞得南太常博士。至则闭门距跃，绝不怀半刺津上。掷书万卷，作蠹鱼其中。每至丙夜，声琅琅不辍。家人笑之，老博士何以书为？曰："吾读吾书，不问博士与不博士也。"

闲策蹇驴，探雨花木末，乌榜燕矶，莫愁秦淮，平陂长干之胜，而舒之毫楮。都人士展相传诵，至令纸贵。时典选某者，起家临川令。公其所取士也。以书相贻曰："第一通政府，而吾为之怂恿，则北铨省可望。"而公亦不应，亦如其所以拒馆选时者。

寻以博士转南祠部郎。部虽无所事事，而公奉职愍慎，不以闲局故，稍自隤陁，谓两政府进私人而塞言者路，抗疏论之，谪粤之徐闻尉。

徐闻吞吐大海，白日不朗，红雾四障，猩猩狒狒，短狐暴鳄，啼烟啸雨，跳波弄涨。人尽危公，而公夷然不屑。曰："吾生平梦浮丘罗浮，擎雷大蓬，葛洪丹井，马伏波铜柱而不可得，得假一尉，了此夙愿，何必减陆贾使南粤哉！"

居久之，转遂昌令。遂昌在万山中，土风淳美，其民亡羯夷之习，雕劫流穴之患，不烦衡决、劳摛伏。相与去钳剌，罢桁杨，减科条，省期会，一意拊摩噢咻，乳哺而翼覆之。用得民和。日进青衿子秀扬榷议论，质义斧藻切劘之，为兢兢。一时醇吏声为两浙冠。

而公以倜傥夷易，不能卷韝鞠跽，睨长吏色而得其便。又以矿税事多所蹠戾，计偕之日，便向吏部堂告归。虽主爵留之，典选留之，御史大夫留之，而公浩然长往，神武之冠竟不可挽矣。

已抵家，浙开府以复任招，不赴。浙直指以京学荐，不出。已无意仕路，而忌者不察，惧捉鼻之不免而为后忧，遂于辛丑大计，褫夺其官。

比有从旁解之者曰："遂昌久无小草意，何必乃尔。"

当事者曰："此君高尚，吾正欲成其远志耳。"

居家，于所居之侧，小结莬裘，延青引翠，英巨灵谷之胜，发牖而得。

中丞惠文，郡国守令以下，干旄往往充斥巷左，而多不延接。亡论居闲谢绝，即有时事，非公愤不及齿颊。

人劝之请托，曰："吾不能以面皮口舌博钱刀，为所不知后人计。"指床上书示之："有此不贫矣。"朝夕与古人居。评某氏某氏，谁可谁否。雌黄上下，不遗余力。千载如对。

与乡人居，则于于逅逅，屏城府，去厓略，黜形骸，而一饮之以醇。

与家人居，嗃嗃熙熙，相剂而出，笑謈不假，而光霁自若。

与其两尊人居，则柔气愉色，逆所欲恶而先意为之。小不谐怿，栗栗忧虞，若负重辜。

然其与五兄弟俱，解衣分餐，弥其违而补其缺失，务令得两尊人欢。以一人而兼兄弟五人以事其亲，故两尊人老而致足乐。

公又喜任达，急人之难甚于己。人有困斗，昏夜叩门户而请。即有弗逮，必旁宛助之，不以贫无力解。人谓公迂。公曰："施济不系富有力，必富有力，安所得信义之士乎？"

公于书无所不读。而尤攻汉魏《文选》一书，到掩卷而诵，不讹只字。于诗若文无所不比拟，而尤精西京六朝青莲少陵氏。为西京而非西京，为六朝而非六朝，为青莲少陵而非青莲少陵。其洗刷排荡之极，直举秦汉晋唐人语为刍狗，为馂余，为土苴，而汰之绝糠秕，熔之绝泥滓，太始玉屑，空蒙沆瀣，帝青宝云，玄涯水碧，不可以物类求，不可以人间语论矣。

公又以其绪余为传奇，若《紫箫》、"二梦"、《还魂》诸剧，实驾元人而上。每谱一曲，令小史当歌，而自为之和，声振寥廓。识者谓神仙中人云。

邹愚公曰："世言才士无学，故戴逵、王弼之不为徐广、殷亮。而公有其学矣。又言学士无才，故士安、康成之不为机、云。而公有其才矣。又言文人学士，无用亦无行。而公为邑吏有声，志操完洁，洗濯束缚，有用与行矣。公盖其全哉。世以耳食枕衾之不惬，而饰貌修态，自涂涂人，人执外而信其里。公与予约游具区灵岩虎丘诸山川，而不能办三月粮，逡巡中辍。然不自言贫，人亦不尽知公贫。公非自信其心者耶。予虽为之执鞭，所忻慕焉。

（沈际飞辑《玉茗堂选集》卷首）

这一传记既为信史，又是美文，写得生动自然，灵动开朗，将汤显祖的形状性格与生命历程，写得活灵活现。

诸如"生而颖异不群。体玉立，眉目朗秀"的素描，见出画家评人的本色。再如见者啧啧曰："汤氏宁馨儿。"这就带有说书人的口吻，感动人的画面。

邹迪光借旁人的口吻，说见之者都啧啧称赞少年汤显祖，"此儿汗血，可致千里"，就是一匹日行千里的汗血宝马，前程不可限量。

至于两次强调，汤显祖名益鹊起，海内之人益以得望见汤先生为幸，描摹出一位文星的光华，尤其令人神往。

面对权相张居正的接纳，汤显祖"吾不敢从处女子失身也"的说法，舌吐莲花，令人叹服。这也是后人引用最多的汤氏名言。

他如关于博士的调侃，关于南海的描摹，关于遂昌为官的政声，关于辞官之时主爵留之，典选留之，御史大夫留之，而公浩然长往，神武之冠竟不可挽矣的飘然返乡，都是绘声绘色的人格状态之描摹。

再如抒写汤显祖对长辈的轻声弱语，以及与家人的开心，与乡邻的酒宴之乐，急公好义的救助他人，写剧听曲的神仙景象，都令人为之神往。

当然，邹迪光对汤显祖最为恰当的定位，是十分公允地认为其剧作可以凌驾于元杂剧之上："公又以其绪余为传奇，若《紫箫》、'二梦'、《还魂》诸剧，实驾元人而上。"

他还在《寄赠临川汤义仍》诗中有云："匡山产芝秀，豫章挺楠梗。物品溉未尽，郁为绝代贤。……词坛勿朽事，匪尔孰与肩。"（《调象庵稿》卷四）

这一评价，掷地有声，不是无聊的吹捧，而是千古的确评，是对汤显祖之剧作相比于元杂剧非但绝无愧色而且才华过之，比肩于名山大川与绝代贤人，实乃对汤显祖作为明人剧作家之翘楚的严肃认定。

这一认定经得起历史的考验。

二、过庭训《汤显祖传》

汤显祖的另外一位当代知音，是嘉兴平湖人氏过庭训（？—1628）。此公字尔韬，号成山，早在明万历三十二年（1604）便得中进士，授湖广江陵知县。

江陵乃江汉平原之中心地带，古云梦泽之侧，文化传统上追屈宋，阳春白雪流传千古。此地湖泊连片，不可胜数。县中有淤田数万亩，尽皆湿地良田，居然为颇有背景的土豪劣绅所强取豪夺，尽皆霸占。

过庭训以一小小知县，居然在上任后，以廉政清明的作风，紧紧攥住百姓的命根子——土地这一核心问题，派遣人等精准地清丈田亩，勘明归属。他对豪强地主晓以利害，凡属平民被抢夺的土地，悉数归还之，不得延误。一时间百姓高呼过青天在世，幸福感爆棚。

民心安则政声好，政声好便官运通。此公的事迹得到朝廷嘉许，很快就青云直上，升为云南道御史。

万历四十四年（1616），乃是汤显祖大限已到的归天之年。

这一年，过庭训又奉旨赴山东赈灾救饥，起死回生。当他听说泰安、安丘一带，四处饿殍，而豪强们居然见死不救，囤米待沽，以求在米价最高时卖出，寻求利益的最大化。

此公闻此，勃然大怒。谁敢置百姓的生死于不顾，谁敢挑战朝廷的权威？他迅速下令，截留漕米四十万石，积极备赈。到底还是国家的力量大，消息传出来后，富商大户哪个再敢囤积米粮，一时间恐慌性地竞相将家里的粮仓敞开来，以低廉的价格仓皇出粜，以救生民。

天启初年（1621），盛誉之下的过庭训，又得以调任湖广参政、福建按察使。作为地方官员，此公目睹宦官魏忠贤专权之后的种种弊端，毅然上书，议论国事。

他的骨气和正义感，得到大家的认可，于是又升任应天府丞。但是好人命不长，尚未上任，便因病而亡。到了崇祯二年（1629），此公又被追赠府尹，备极尊荣。

过庭训做官顺风顺水的原因，在于他出身名门，家有万卷藏书，所以见闻广、底气足。早在嘉靖年间，家里丰富的藏书惨遭倭寇焚掠，所藏尽失，当时心灰意冷，痛不欲生。但在万历初年（1573），他因授经于南大司寇孙简肃和佑山冯给谏家，这两家人都是诗书门第藏书大户，因此过庭训得以再度博览群籍，择善而从。

读书的底气，文化的追求，不仅使得他能够做好官，更为了不起的还在于做官之后，始终坚持著书立说，广采博录，随笔札记，集腋成裘，聚沙成塔，从未间断。尤其对于他所钦佩的本朝人物，他居然都能够搜集材料，为之考订写传，著作有《直省分郡人物考》《圣学嫡派》《性理翼明》《平平草》《名臣类编》等，是一位人物传记型的文章大家。

在他的《本朝京省人物考》卷六十一中，便收有《汤显祖传》：

> 汤显祖，字义仍，临川人。十三岁补邑弟子员，已能为古文词，读诸史百家诸书。庚午举乡，癸未成进士。
> 时相蒲州、苏州两公子皆中进士，为显祖同门友，意欲要之入幕，酬以馆选，而率不应。
> 乐留都山川，乞得南太常博士，转南祠部郎，谓两执政进私人而塞言者路，抗疏论之，谪粤之徐闻尉。
> 徐闻吞吐大海，白日不朗，红雾四障，人尽危之，夷然

就道。

久之，转遂昌令。

在万山中，土风淳美，相与去钳剧，罢桁杨，减科条，省期会，一意拊摩噢咻，乳哺而翼覆之，用得民和。日进青衿子秀，扬榷论议，斧藻切劘之为兢兢。一时醇吏声为两浙冠。

而以倜傥夷易，不能希韝鞠跽，睨长吏色而得其便。计偕之日，向吏部堂告归，留之不得。

已抵家，浙开府以复任招，不赴。浙直指以京学荐，不出。已无意仕路，而忌者不察，遂于辛丑大计，褫夺其官。

比有从旁解之者曰："遂昌久无小草意。"

当事者曰："此君高尚，吾正欲成其远志耳。"

家居，于所居之侧，小结菟裘，与其两尊人居，柔气愉色，逆所欲恶而先意为之。

性喜奖与后进，又喜任达，急人之难甚于己，不以贫无力辞。

其食贫二十余年，而阮啸自如，莱舞无阕。

易箦之夕，尚为孺子哭，命以麻衣冠就殓。

长子士蘧，有异才，肝胆酷似其父，年十九，早亡。

季子开远，乙卯举于乡。

过庭训的传记，基本上是邹迪光《临川汤显祖传》的简本，但是作为在职在任的官员，其牵涉到上级与朝廷的用语，显得更加谨慎一些。

关于汤显祖后来的骨气，例如二十多年的居家贫困生活与铮铮铁骨，其死前的歌哭与孩子们的情况，这里有增添。

此公的传记，总体上来看，来自于第二手材料，但是体现出当时官员们对于汤显祖的关注、对于其身世的了解。

当然，作为一直在任、死于上任之前的当红官员，过庭训摘录的汤显祖传记，对其在戏剧与诗文方面的建树，一字不提，这也见出官员们的人生价值观原本不在于戏曲诗文之小道也。

三、钱谦益《汤遂昌显祖传》

无论如何，明末清初的文坛盟主，非钱谦益（1582—1664）先生莫属。但是作为文坛盟主和《明史》副主编，如果不关心戏曲大师汤显祖，那就是盟主的巨大缺漏，钱谦益便以其精致的文字和博大的史识，为我们刻画出了其关于汤显祖的生平。

先生字受之，号牧斋，晚号蒙叟，东涧老人，人称虞山先生。苏州府常熟县鹿苑奚浦（今张家港市塘桥镇鹿苑奚浦）人。

论学问才情，先生自不待言。他是明万历三十八年（1610）的探花（一甲三名进士），官至礼部侍郎。作为东林党的领袖人物之一，他代表着知识分子官员的利益，但是在与温体仁争权的过程中还是败北，很快就被革职了。

大明亡国后，南明小朝廷又在马士英、阮大铖等人的张罗下，在南京拥立福王。钱谦益审时度势，及时依附，官至礼部尚书。

当南明灭亡之际，钱谦益与爱妾柳如是再三商议，决定投水殉国。可是钱先生到底爱惜生命，不肯自尽。死到临头，他却先试了一下水温，立马就止步不前，接连说道："水太凉，不能下去啊！"

气节胜于钱氏的柳如是，倒是非常坚定地要为他做个榜样，"奋身欲沉池水中"，但是先生却又割舍不下，他使出全身的力气，把柳如是生拉硬拽，死活不让其殉节。

与此同时，钱谦益的好友们相继殉国。河南巡抚越其杰（马士英妹夫）、河南参政兵巡道袁枢（兵部尚书袁可立子），誓不仕清，绝食而死。

先生爱惜身体，不自裁、不殉节，便必然要及时投降。

在五月十五日这一历史的关节点，钱谦益率领不肯自尽的一干明代与南明大臣，顾不得寒风飕飕，顾不得滂沱大雨，打开城门，向雄赳赳气昂昂的清军统帅多铎迎降。时人有诗，嘲讽先生曰：

> 钱公出处好胸襟，山斗才名天下闻。
>
> 国破从新朝北阙，官高依旧老东林。

当年秋天，先生北上京城。柳如是却坚持不去，留居南京。

顺治三年（1646）正月，清廷任其为礼部右侍郎管秘书院事，充修《明史》副总裁。

作为三朝高官，先生无所谓气节可言，但他在学界文坛的盟主地位，依然巍巍耸立。

在其八十华诞时，归庄送寿联云："居东海之滨，如南山之寿。"

黄宗羲在先生逝世之后作《八哀诗》，不仅将其引为"平生知己"，且继续认定其"四海宗盟五十年"不可变易的文坛地位。

昆山的顾炎武，尽管他平常高喊"天下兴亡，匹夫有责"，尽管他终身不肯仕宦清廷，也以作为先生"门生"为不然，但他同样肯定钱谦益作为"文章宗主"的不可撼动的地位。

我们来看文坛宗主钱谦益的《汤遂昌显祖传》：

> 显祖字义仍，临川人。生而有文在手，成童有庶几之目。
>
> 年二十一，举于乡。尝下第，与宣城沈君典薄游芜阴，客于郡丞龙宗武。江陵有叔，亦以举子客宗武。交相得也。
>
> 万历丁丑，江陵方专国，从容问其叔："公车中颇知有雄骏君子晁、贾其人者乎？"
>
> 曰："无逾于汤、沈两生者矣。"
>
> 江陵将以鼎甲畀其子，罗海内名士以张之，命诸郎因其叔延致两生。
>
> 义仍独谢弗往。而君典遂与江陵子懋修偕及第。
>
> 又六年癸未，与吴门、蒲州二相子同举进士。二相使其子招致门下，亦谢勿往也。
>
> 除南太常博士。朝右慕其才，将征为吏部郎，上书辞免。
>
> 稍迁南祠郎。抗疏论劾政府信私人，塞言路。

谪广东徐闻典史，量移知遂昌县。用古循吏治邑，纵囚放牒，不废啸歌。

戊戌上计，投劾归，不复出。辛丑外计，议黜。李本宁力争："遂昌不应考法，且已高尚久矣。"主者曰："正欲成此君之高耳。"

里居二十年。年六十余，始丧其父母。既葬，病卒。自为祭文。遗命用麻衣冠草屦以敛。年六十有八。

义仍志意激昂，风骨遒紧。扼腕希风，视天下事数着可了。其所投分李于田、道甫、梅克生之流，皆都通显，有建竖。而义仍一发不中，穷老蹭蹬。所居玉茗堂，文史狼藉，宾朋杂坐，鸡坍豕圈，接迹庭户。萧闲咏歌，俯仰自得。

道甫开府淮上，念其穷，遗书相迓。

义仍谢曰："身与公等比肩事主。老而为客，所不能也。"

为郎时，击排执政，祸且不测。诒书友人曰："乘兴偶发一疏，不知当事何以处我？"

晚年师盱江而友紫柏，翛然有度世之志。

胸中魁垒，陶写未尽，则发而为词曲。"四梦"之书，虽复留连风怀，感激物态，要于洗荡情尘，销归空有，则义仍之所存略可见矣。

尝谓："我朝文字，以宋学士为宗，李梦阳至琅琊，气力强弱巨细不同，等赝文耳。"

万历间，琅琊二美同仕南都。为敬美太常官属。敬美唱为公宴诗，不应。又简括献吉、于麟、元美文赋，标其中用事出处及增减汉史唐诗字面，流传白下，使元美知之。元美曰："汤生标涂吾文，异时亦当有标涂汤生者。"

自王、李之兴，百有余岁，义仍当雾霭充塞之时，穿穴其间，力为解驳。归太仆之后，一人而已。

义仍少熟《文选》，中攻声律。四十以后，诗变而之香山、眉山，文变而之南丰、临川。尝自叙其诗三变而力穷。

又尝以其文寓余。以谓"不蕲其知吾之所已就,而蕲其知吾之所未就也"。于诗曰变而力穷,于文曰知所未就。

义仍之通怀嗜学,不自以为能事如此。而世但赏其词曲而已。不能知其所已就,而又安能知其所未就?可不为三叹哉!

义仍有才子,曰士蘧。五岁能背诵"二京"、《三都》。年二十三,客死白下。

次大耆,才而佻,然有父风。

次开远,以乡举官监军兵使,讨流贼死行间。开远好讲学,取义仍续成《紫箫》残本及词曲未行者,悉焚弃之。大耆实云。幼子季云,亦有隽才。

(录自《列朝诗集小传》丁集中)

相比邹迪光的原创性传记、过庭训的简练型传记,钱谦益的汤显祖传记还是卓尔不凡。

首先,他以汤显祖的最高官职遂昌县令为题,主要是为了突出其在任的风范俨然,令人称道。

其次,他能够把大家都知道的事件,用寥寥数笔的对话白描出来,便有太史公的笔法,生动自然,令人看得下、记得住。

再如,先生能够抓住细节来写人的性格。例如汤显祖对当年的文坛大家王世贞的刻薄标涂,而王世贞只是轻轻一句话带过此事:"汤生标涂吾文,异时亦当有标涂汤生者。"汤的顽皮挑战,王的大气与聪明,文人之心,才子之美,各得其妙,昭然若揭。

先生把汤显祖与自己的交往也联系起来,对其诗歌的"三变"与成就非常看重。先生认为,"而世但赏其词曲而已。不能知其所已就,而又安能知其所未就?"这样的话,不仅是对汤显祖诗文的看重,更是一种哲理的推论。

对于汤显祖的戏曲成就,钱谦益以胸中魁垒,陶写未尽,则发而为词曲,作为汤显祖的创作动力论。

"四梦"之书,虽复留连风怀,感激物态,要于洗荡情尘,销归空有，从情转空，由空生情，爱与死、理与情，皆为汤显祖所道尽，这更是钱谦益的高明之点评。

关于汤显祖的三个儿子，先生也有记载。尤其是其第三子开远好讲学，取乃父义仍续成的《紫箫》残本及词曲未行者，悉焚弃之。

这一信息值得重视。三儿子把老父最为得意的戏曲创作，焚为一炬，这说明他心中的郁闷与牢骚，也说明价值观的巨大偏移。

钱谦益对汤显祖最为重要的评价，便是认为汤显祖的剧作，乃为"大雅"之作、"峥嵘"词章。

他在《姚叔祥过明发堂共论近代词人戏作绝句十六首》第二、第三两首说：

> 一代词章孰建镳，近从万历数今朝。
> 挽回大雅还谁事，嗤点前贤岂我曹。

> 峥嵘汤义出临川，小赋新词许并传。
> 何事后生饶笔舌，偏将诗律议前贤。

　　　　　　　　　　　　　　（钱谦益《初学集》卷十七）

在《有学集》卷四《辛卯春尽歌者王郎》，钱谦益抒发观演《邯郸梦》后的感慨："邯郸曲罢酒人悲。"

在《初学集》卷十六《春夜听歌赠秀姬十首》之二，其观演《牡丹亭》后的诗句有："台上争传寻梦好，恰留残梦与君看。"

总之，汤显祖没有白白地向钱谦益写信寄书，向文坛宗主敬上投名状。钱谦益的笔法之妙，词语之美，认定之确，细节之真，感慨之深，很少有人能够与之比拟。

作为《明史》的副总裁，他还请宁波才子万斯同为汤显祖作传，并在最终稿件上予以了简练删正。

四、万斯同《明史·汤显祖传》

现在该轮到宁波才子万斯同（1638—1702）来为汤显祖写传了。

因为明史副总裁钱谦益写过汤传，因为他万斯同受命撰写明史稿，所以对汤传他必须慎重其事，得先写一遍，再删正一遍，副总裁钱谦益，也许还要再润色一遍。

万斯同，字季野，号石园，门生私谥贞文先生，浙江鄞县（今宁波市鄞州区）人，清初著名史学家。万泰第八子。

清代大学问家钱大昕，曾经写过《万斯同先生传》：

> 万先生斯同，字季野，鄞人。高祖表，明都督同知。父泰，明崇祯丙子举人，鼎革后以经史分授诸子，各名一家。先生其少子也，生而异敏，读书过目不忘。八岁在客坐中背诵扬子《法言》，终篇不失一字。年十四五取家所藏书遍读之，皆得其大意。
>
> 余姚黄太冲寓甬上，先生与兄斯大皆师事之，得闻蕺山刘氏之学，以慎独为主、以圣贤为必可及。是时甬上有五经会，先生年最少，遇有疑义，辄片言析之。束发未尝为时文，专意古学，博通诸史，尤熟于明代掌故，自洪武至天启实录皆能闇诵。
>
> 尚书徐公乾学闻其名招致之，其撰《读礼通考》，先生予参定焉。
>
> 会诏修《明史》，大学士徐公元文为总裁，欲荐入史局。先生力辞，乃延主其家，以刊修委之。元文罢，继之者大学士张公玉书、陈公廷敬、尚书王公鸿绪，皆延请先生有加礼。
>
> 先生素以明史自任，又病唐以后设局分修之失，尝曰："昔迁、固才既杰出，又承父学，故事信而言文。其后专家

之书，才虽不逮，犹未至如官修者之杂乱也。譬如入人之室，始而周其堂寝庖湢，继而知其蓄产礼俗，久之，其男女少长性质刚柔、轻重贤愚，无不习察，然后可制其家之事。若官修之史，仓卒而成于众人，不暇择其材之宜与事之习，是犹招市人而与谋室中之事也。吾所以辞史局而就馆总裁所者，唯恐众人分操割裂，使一代治乱贤奸之迹暗昧而不明耳。"

又曰："史之难言久矣！非事信而言文，其传不显。李翱、曾巩所讥魏晋以后，贤奸事迹暗昧而不明，由无迁、固之文是也。而在今则事之信尤难，盖俗之偷久矣，好恶因心，而毁誉随之，一家之事，言者三人，而其传各异矣，况数百年之久乎！言语可曲附而成，事迹可凿空而构，其传而播之者，未必皆直道之行也；其闻而书之者，未必有裁别之识也。非论其世、知其人而具见其表里，则吾以为信而人受其枉者多矣。吾少馆于某氏，其家有列朝实录，吾读而详识之。长游四方，就故家长老求遗书，考问往事，旁及郡志邑乘、杂家志传之文，靡不网罗参伍，而要以实录为指归。盖实录者，直载其事与言而无所增饰者也。因其世以考其事、核其言而平心察之，则其人之本末十得其八九矣。然言之发或有所由，事之端或有所起，而其流或有所激，则非他书不能具也。凡实录之难详者，吾以它书证之，它书之诬且滥者，吾以所得于实录者裁之，虽不敢谓具可信，而是非之枉于人者鲜矣。昔人于《宋史》已病其繁芜，而吾所述将倍焉，非不知简之为贵也，吾恐后之人务博而不知所裁，故先为之极，使知吾所取者有可损，而所不取者必非其事与言之真而不可益也。"

建文一朝无实录，野史因有逊国出亡之说，后人多信之，先生直断之曰："紫禁城无水关，无可出之理，鬼门亦无其地。《成祖实录》称：'建文阖宫自焚，上望见宫中烟起，急遣中使往救，至已不及，中使出其尸于火中，还白上。'所谓中使者，乃成祖之内监也，安肯以后尸诬其主？而清宫之日，中涓、嫔御为建文所属意者逐一毒考，苟无自焚实据，岂肯不行大索之令耶？且建文登极二三年，削夺亲藩，曾无宽假，以至燕王称兵犯阙，逼迫自殒。即使出亡，亦是势穷力尽，谓之逊国可乎？"由是建文之书法遂定。

在都门十余年，士大夫就问无虚日，每月两三会，听讲者常数十人。于前史体例贯穿精熟，指陈得失，皆中肯綮，刘知几、郑樵诸人不能及也。马、班史皆有表，而《后汉》《三国》以下无之，刘知几谓："得之不为益，失之不为损。"

先生则曰："史之有表，所以通纪传之穷，有其人已入纪传而表之者，有未入纪传而牵连以表之者，表立而后纪传之文可省，故表不可废。读史而不读表，非深于史者也。"

康熙壬午四月卒，年六十，所著《历代史表》六十卷、《纪元汇考》四卷、《庙制图考》四卷、《儒林宗派》八卷、《石经考》二卷，皆刊行。又有《周正汇考》八卷、《历代宰辅汇考》八卷、《宋季忠义录》十六卷、《六陵遗事》一卷、《庚申君遗事》一卷、《群书疑辨》十二卷、《书学汇编》二十二卷、《昆仑河源考》二卷、《河渠考》十二卷、《石园诗文集》二十卷，予皆未见也。乾隆初，大学士张公廷玉等奉诏刊定《明史》，以王公鸿绪史稿为本而增损之，王氏稿大半出先生手也。

（《四部丛刊》本《潜研堂文集》）

万斯同是位有骨气的大家。他一向以大明遗民自居，哪怕康熙十七年（1678），浙江巡抚推荐他去应博学鸿词科，他也不以为然，力辞不就。

次年，清廷诏修《明史》。总裁官徐元文荐他入史馆，以翰林院纂修官受七品俸。面对这天上掉下来的馅饼，面对高官厚禄的诱惑，他还是坚决不领情面，予以推辞。

一直这样坚持下去，清高过头，一是有人身安全之虞，二是也辜负了他对于明史的深刻研究。在父亲和老师的嘱托之下，万斯同终于答应了修史的重托，但是坚决不署衔、不受俸，始终保持其布衣的身份与平民的立场。

《明史》修撰的四任总裁徐元文、张玉书、陈廷敬、王鸿绪等人，对布衣万斯同以礼相待，委以重任。

就这样，万斯同在明史馆一干就是十九年，先后撰成《明史列传》三百卷、《明史表》十三卷、《宰辅汇考》八卷、《河渠志》十二卷，最终编辑并改定《明史稿》五百卷。

居京期间，士子们闻名请教，不绝于缕。万斯同乃于空闲时分开讲席，启后学，"万先生"之大名名传遐迩。

由于天天写稿，时时编书，黄卷青灯审阅蝇头小字，夙兴夜寐撰写人物传记，未免过度操劳，元气大伤，布衣万斯同终于在修史的漫漫长路上双目失明，一位文人失去了最可宝贵的视力！

即便如此，万布衣仍然依凭着难得的记忆力，答疑解惑，指错辨谬，常常不差分毫。

《明史》总体杀青，使命基本完成之后，以此作为职业和生命的万先生了无牵挂，溘然长逝，卒于明史馆之内。

万斯同所撰《汤显祖传》如下：

> 汤显祖，字若士，临川人。少善属文，有时名。
>
> 张居正欲其子及第，罗海内名士以张之。闻显祖及沈懋学名，命诸子延致。
>
> 显祖谢弗往，而懋学遂与居正子嗣修，偕及第。
>
> 显祖至万历十一年始成进士。张四维、申时行之子，皆同年生也。各承其父命招诣门下，亦皆弗应。授南京太常博士。朝右慕其才，欲召为吏部，辞不就。稍迁礼部主事。
>
> 十八年，帝以星变严责言官欺蔽，并停俸一年。
>
> 显祖上言曰："陛下降谕切责言官，甚感心也。顾今日言官，岂尽不肖罔识君臣大义哉？盖陛下威福之柄，潜为辅臣所窃，故言官向背之情，变为之默移。夫人自非天性中

直，大都慕富贵而已。使忠直者不失富贵，谁为奸邪？奸邪者不获富贵，谁非忠直？今则不然。御史丁此吕首发科场欺蔽，时行恐其妨己，属吏部杨巍劾去之。御史万国钦极论封疆欺蔽，时行恨其毁己，讽同官许国远谪之。其他偶一言相侵，无不出之于外。虽为陛下输忠，而陛下力不能庇之。使言官皆同心愒息，而时行安然无指责之虞矣。于是无耻之徒，但知自结于执政。所得爵禄，直以为执政与之。纵他日不保身名，而今日固已富贵矣。臣不暇远举，即如吏科都给事中杨文举，奉诏理荒政，所至征贿巨万。比抵杭州，娱晏西湖，乐而忘返，竟不知衔使何事。且鬻狱市荐，渔利无穷。东南之人，痛疾深矣。辅臣岂不闻之？及其报命，居然擢首谏垣。彼既以贷取，明年大计天下吏臣，恐文举家无地著金也。至若礼科都给事中胡汝宁攻击饶伸，不过权门鹰犬耳，以其私人，猥见任用。夫陛下方责言官欺蔽，而辅臣欺蔽自如。夫今不治，臣谓陛下可惜者四：朝廷以爵禄为雨露，所以滋植善类，今直为私门蔓桃李，是爵禄可惜也。群臣风靡，罔识廉耻，是人才可惜也。辅臣不越例予人富贵，不见为恩，是成宪可惜也。陛下御天下二十年，前十年之政，张居正刚而多欲，以群私人，嚣然坏之；后十年之政，时行柔而多欲，以群私人，靡然坏之。此圣政可惜也。乞立斥文举、汝宁，诚谕辅臣，省愆悔过，慎保晚节。"

帝怒，谪徐闻典史。稍迁遂昌知县。

二十六年，上计京师，投劾归，不复出。

又明年大计，主者议黜之。

李维祯为监司，力争不得，竟夺官。

家居二十年卒。显祖意气慷慨，少有志天下事。所交李化龙、李三才、梅国桢，皆通显有建竖。显祖一发不中，蹭蹬穷老。所居玉茗堂，文史狼藉，宾朋杂坐，俯仰啸歌，萧然意得。

三才开府淮上，念其穷，遣书迎之。谢曰："身于公等比肩事主，老而为客，所不能也。"

少以文章自命。其论古文，则谓本朝以宋濂为宗，李梦阳、王世贞辈，虽气力强弱不同，等赝文耳。识者鄙之。

子开远，自有传。

万氏的《汤显祖传》语言精到，指事明确，详略分明，对传主的高尚人格与文论审美，多有赞扬。

但其最为独到之处，是大段引用汤显祖的上书直言，借以表现汤显祖看事之准，辨识之明，为人之耿耿忠心，上书之浩然正气，借以表达其对因此遭贬的深深惋惜。

至于汤显祖的戏曲创作之小道末技，并无半句提及，这也是主流文人价值观在写作人物传记时的狭隘之处。

在此稿的基础上，万先生又将文字予以简练约束之，这便是著名的《明史》之《汤显祖传》：

汤显祖，字若士，临川人。少善属文，有时名。

张居正欲其子及第，罗海内名士以张之。闻显祖及沈懋学名，命诸子延致。

显祖谢弗往，懋学遂与居正子嗣修，偕及第。

显祖至万历十一年始成进士。授南京太常博士，就迁礼部主事。

十八年，帝以星变严责言官欺蔽，并停俸一年。

显祖上言曰："言官岂尽不肖，盖陛下威福之柄潜为辅臣所窃，故言官向背之情，亦为默移。御史丁此吕首发科场欺蔽，申时行属杨巍劾去之。御史万国钦极论封疆欺蔽，时行讽同官许国远谪之。一言相侵，无不出之于外。于是无耻之徒，但知自结于执政。所得爵禄，直以为执政与之。纵他日不保身名，而今日固已富贵矣。给事中杨文举奉诏理荒政，征贿巨万。抵杭，日宴西湖，鬻狱市荐以渔厚利。辅臣乃及其报命，擢首谏垣。给事中胡汝宁攻击饶伸，不过权门鹰犬，以其私人，猥见任用。夫陛下方责言官欺蔽，而辅臣欺蔽自如。夫今不治，臣谓陛下可惜者四：朝廷以爵禄植善类，今直为私门蔓桃李，是爵禄可惜也。群臣风靡，罔识廉耻，是人才可惜也。辅臣不越例予人富贵，不见为恩，是成宪可惜也。陛下御天下二十年，前十年之政，张居正刚而多欲，以群私人，嚣然坏之；后十年之政，时行柔而多欲，以群私人，靡然坏之。此圣政可惜也。乞立斥文举、汝宁，诚谕辅臣，省愆悔过。"

    帝怒，谪徐闻典史。稍迁遂昌知县。

    二十六年，上计京师，投劾归。

    又明年大计，主者议黜之。

    李维桢为监司，力争不得，竟夺官。

    家居二十年卒。显祖意气慷慨，善李化龙、李三才、梅国桢。后皆通显有建竖，而显祖蹭蹬穷老。三才督漕淮上，遗书迎之，谢不往。

    显祖建言之明年，福建佥事李琯奉表入都，列时行十罪，语侵王锡爵。言惟锡爵敢恣睢，故时行益贪戾，请并斥以谢天下。帝怒，削其籍。甫两月，时行亦罢。琯，丰城人。万历五年进士，尝官御史。既斥归，家居三十年而卒。

    显祖子开远，自有传。

（《明史》卷二百三十《汤显祖传》）

    一个小小县令，七品芝麻官，却能够以人格事迹，入选国家级的正史，汤显祖是幸运的存在。

    终是堂堂国史，不顾戏曲小说之小道末技，因此未将汤显祖在戏曲创作方面所取得的巨大成就予以提及，这也是遗憾的事实。

五、查继佐的《汤显祖传》

官史上的遗憾,在民间高士的私史之中,也许可以有所弥补,查继佐的汤传,就是显例。

查继佐(1601—1676),初名继佑,初字三秀,更字支三,又字伊璜,号与斋,别号东山钓叟、钓玉。浙江海宁袁花人。

查家原非富足人家,尽管其父查尔翰曾于崇祯六年(1633)中举,但到了查继佐这一代,却还是清贫之家。

查继佐五岁时,父亲教他读四书;七岁时,母亲教他写诗文;十一岁时就读于学馆;十五岁"文誉日起";二十岁开始做私塾老师,赚钱养家;三十三岁考中举后,在西湖南屏读书讲学。

病弱之书生,却有勇武之气节。查继佐在明亡之后,毅然投奔一六四五年闰六月朱以海在绍兴"监国"的鲁王政府,初任兵部职方主事,监郑义兴军,后迁职方员外兼御史监军,官至兵部职方司郎中。他也曾督兵在赭山打败过小股清军,复又联络过太湖反清势力,又从御史黄宗羲出师渡海,意图斡旋于碧海蓝天之间。

然而历史大潮岂可逆转,清军终于在顺治三年(1646)攻占绍兴,鲁王政府昙花一现,寿终正寝。

查继佐与同仁们审时度势,便急流勇退,隐居于海宁硖石东山之万石窝,潜心治学。从顺治九年(1652)起,查继佐先后于西湖觉觉堂、铁冶岭之敬修堂讲学,人称敬修先生,追慕之门生甚众。

康熙元年(1662),南浔庄廷鑨私刻《明史》,查继佐居然列名于参校之列,有过一段下狱论死、起死回生的经历。

查继佐治学著述,集中在撰写以明清易代为主的历史书籍方面。据沈起《查东山年谱》统计,查继佐所编"全集一百二十册,约八千余页"。流传下来的只有《罪惟录》《鲁春秋》《班汉史论》《东山国语》《钓业》等寥寥数种而已。

《罪惟录》作为私家明史巨著，查继佐整整花费了二十九年时间，访问数千人，乃其毕生呕心沥血的大作。

查继佐同时又是一位全能的艺术家。他的书画作品非常有名，还是一位精音律、喜弹唱的拍曲家。其家养有戏曲女乐班，演员们蒙其亲自指点，所以演出震烁浙江，蜚声江南。

仅仅在戏曲创作方面，查继佐便有杂剧《续西厢》《鸣鸿度》，传奇《三报恩》《非非想》等作品问世。

当然，查继佐在当代仍然有着最大的名声，一是因为他曾经为汤显祖做传记，二是因为当代著名武侠小说家金庸（原名查良镛）是他直系的子孙后代，血脉基因之嫡传。

作为查继佐的贤良后人，金庸也对《牡丹亭》非常钟爱。我曾在香港的剧场里，见过金先生与昆曲《牡丹亭》的主演之一沈丰英握手，表达他对汤显祖剧作与昆曲的敬意。

我们来欣赏查继佐的汤传原文：

> 汤显祖，字义仍，号海若，江西临川人。
>
> 万历丁丑会试，江陵以其才，一再啖巍甲，不应。
>
> 癸未成进士。时同门中式蒲州、苏州两相公子，啖以馆选，复不应。
>
> 自请南博士，览胜寄毫末，转南礼部郎。
>
> 以建言谪徐闻尉。久之，令遂昌。哺乳其民；日进儒生，论贯古义。
>
> 性简易，不能睨长史颜色。
>
> 入计，辄告部堂归。留不得。
>
> 抚按复荐起，不赴。
>
> 忌者犹于辛丑大计，夺其官。
>
> 筑小室，藏书其中，尝指客："有此不贫矣。"
>
> 喜任侠，好急人。博洽，尤耽汉魏《文选》。
>
> 以其绪余为传奇。每制一令，使小史歌之，和不工飒飒

乐也。

以不慕东林，终身宦不达。

论曰：海若为文，大率工于纤丽，无关实务；然其遣思入神，往往破古。相传谱四剧时，坐舆中谒客，得一奇句，辄下舆索市廛秃笔，书片楮，粘舆顶；盖数步一书，不自知其劳也。

余评其所为《牡丹亭》一词，谓慧精而稍不择。

海若初见徐山阴《四声猿》，谩骂此牛有千夫之力，遂为之作传。

（《罪惟录》卷十八）

查公的汤传，就文字来看不多，但却句句紧要，章法俨然。他把前人所述的汤显祖事迹，用最精简的语言表达出来，但却具备戏剧性和跃动感。

最精彩的新鲜点放在小传后面，那就是记叙汤显祖写曲，令人当场歌唱，大有白居易诗歌，可以使得老妪读之听之的感觉。

另外一个新鲜点，是说汤显祖车舆访客时，想到好句子就当场停下来，借市井之笔，书写粘贴于自己的车顶上。数步一停，不辞辛劳，简直是晚唐诗人苦吟诗句的翻版。

查公的小传，把汤显祖当成明代最有名的戏剧家来看，把传主的古风古韵加以梳理，这是其独到的解说。

此外，关于汤剧才华词语的倩丽，关乎《牡丹亭》的慧精，都有其精微的点评。他还将汤显祖为徐渭写传的佳话，作为小传的结局之句，这就把唐诗宋词和徐渭杂剧之于汤显祖的渊源，做了一个大致的梳理，见出查公的历史感，他善于在大背景下挖掘出人物的精气神。

六、蒋士铨《玉茗先生传》

在江西的才子中，蒋士铨的《玉茗先生传》以及汤显祖传记类剧本

《临川梦》，值得大家重视。

蒋士铨（1725—1784），字心余、苕生、蕖生，号藏园，又号清容居士，晚号定甫。江西铅山人。

此公年少时便与汪轫、杨垕、赵由仪合称"江西四才子"，又与袁枚、赵翼合称江右三大家。乾隆二十二年（1757），三十三岁的蒋士铨得中进士，曾任翰林院编修。

乾隆二十九年（1764），蒋士铨辞官返乡。其自撰《清容居士行年录》云：江西乡贤、工部侍郎"裘师颖荐予入景山为内伶填词，或可受上知，予力拒之。八月遂乞假去，画《归舟安稳图》"。

作为一位著名的戏曲家，蒋士铨不愿为内廷伶人写戏，还为此辞官归里，此语可备一说。

翰林院同仁赵翼《送蒋心余编修南归》云"敏捷诗如马脱衔，才高翻致谤难缄"；另外一位编修王文治送蒋士铨离京诗曰"亦有达官遭面斥"，"难免谣诼加蛾眉"。凡此种种，可见蒋士铨性子太直，遭受到不公正的待遇，所以才不得不毅然告归。

乾隆四十二年（1777），皇上南巡时嘉奖彭元瑞与蒋士铨为"江右两名士"，为报皇恩，蒋士铨五十七岁又作为国史馆纂修官编修《开国方略》。兹因劳累过度，两年后中风难言。返乡后，六十一岁死于南昌，归葬于铅山县永平镇文家桥。

作为有影响的戏曲作家，他撰有杂剧、传奇十六种。《一片石》《雪中人》《空谷香》《临川梦》《香祖楼》《冬青树》《第二碑》《桂林霜》《四弦秋》，合称为《藏园九种曲》。

尽管蒋士铨一辈子不够顺畅，一旦皇帝赏识他，就感激涕零地工作，导致病体早夭，但是他的文名还是盛传天下。

上海青浦朱家角人王昶（1725—1806）先后任内阁中书、刑部郎中和大理寺卿，乾隆皇帝都称其为"人才难得"。王昶对蒋士铨的诗心服口服，认为其诗乃"当代之首"；

一向与张问陶（张船山）、彭端淑合称"蜀中三才子"的李调元（1734—1803），作为著名诗人和曲论家，也认为蒋士铨的戏曲创作为

"近时第一"。

至于近代学者梁启超，称道蒋士铨为"中国词曲界之最豪者"；日本著名汉学家青木正儿称赞他为"中国戏曲史上的殿军"；清诗专家、苏州大学钱仲联教授也公允地评价说："蒋士铨以诗曲成就双双得到同时著名评论家的充分认识和最高评价，这在整个清文学史上，恐怕不得不指为绝无仅有的一家。"

乾隆时代的著名诗人与剧作家蒋士铨，对于汤显祖，敬畏有加。他的一传一剧，写尽对汤公的知音理解之情。其传记云：

> 汤显祖，字义仍，一字若士。江西临川人。生嘉靖二十九年庚戌，有文在手。
>
> 年二十一，举于乡。忤陈继儒，遂以媒蘖下第。
>
> 万历五年，再赴会试。张居正欲其子及第，罗致海内名士以张之，延显祖及沈懋学。
>
> 显祖谢弗往，懋学乃与居正子嗣修偕及第。
>
> 显祖归六年，迨居正殁之明年癸未，始成进士，与时宰张四维、申时行之子为同年。二相招致之，又不往。
>
> 除南京太常博士。久之，稍迁祠部。朝右慕其才，将征为吏部郎，上书辞免。
>
> 十九年闰三月，以慧星变，诏责谏官欺蔽，大开言路。显祖抗疏，论劾政府信私人，阴扼台谏。语忤直数千言。
>
> 谪徐闻典史。至任日，立贵生书院讲学，士习顿移。
>
> 升遂昌知县，灭虎放囚，诚信及物，翕然称循吏。
>
> 二十六年戊戌，投劾归，不复出。
>
> 辛丑外计，追论议黜之。
>
> 李维桢为监司，力争曰："此君高尚久矣，不应考法。"
>
> 主计者曰："正欲成其高耳。"竟削籍。
>
> 里居二十余年。父母丧时，显祖已六十七龄，明年以哀毁卒。遗命以麻衣草屦殓。

显祖志意激昂，风节遒劲，平生以天下为己任；因执政所抑，遂穷老而殁，天下惜之。

所善同邑帅机及李三才、梅国桢、李化龙，后皆通显，各有建竖。

三才督漕淮上，招之。

答曰："身与公等比肩事主，老而为客，所不能也。"

论文以本朝宋濂为宗，李孟阳、王世贞气焰虽盛，皆斥之为伪体。

当雾雺充塞之时，能排击历下者，只显祖与归有光二人而已。

所居玉茗堂，文史狼藉，鸡坿豕圈，杂沓庭户，萧闲咏歌，俯仰自得。

胸中魁垒，发为词曲。所著"四梦"，虽留连风怀，感激物态，要于洗荡情尘，销归乌有，作达观空，亦可悲矣。

子四人：士蘧五龄，能背诵《三都》《二京》，年二十三死。

次大耆，才致有父风。

次开远，崇祯五年，由乡举为河南推官。奏论时事，屡忤上怒，责令指实，开远抗论不少屈。上命削职逮治，左良玉率将士七十余人、士民数百人，合奏乞留。上为动容，命带罪办贼。十年讨平舞阳大盗，以功擢安庐三郡监军。史可法荐其治行卓异，晋秩副使。十三年与黄得功大破诸贼，将用为河南巡抚，竟以劳瘁卒。哭声震郊野。赠太仆少卿。

弟季云，亦有隽才云。

（《临川梦》卷首）

蒋士铨的汤传，皆与前辈传记，大同小异，只是增添了得罪陈继儒导致下第的说法。

传记中最有价值的新见，在于关于其"胸中魁垒，发为词曲。所著'四梦'，虽留连风怀，感激物态，要于洗荡情尘，销归乌有，作达观空，亦可悲矣"。胸中不平发为词曲，元明清曲论中多作此论。只是他认为汤剧在张扬情感之能事之后，偏能够因情转空，复归乌有，达观之后复有悲慨，这是关于汤显祖剧作悲剧精神的精到点评。从浓得化不开的情感乃至男女欲望，转而为乌有世界的万事皆空，无比达观之后，偏忍不住悲从中来，这个三段论的转化，颇有见地。

这也与汤显祖自己的观点高度契合。汤公在《答李乃始》中，就曾伤感地自叙"词家四种，里巷儿童之技，人知其乐，不知其悲"。

蒋士铨的《临川梦》，其灵感取材源于焦循《剧说》。其中关于载娄江女子俞二娘与内江女子，先后读剧而亡，访公投水的传说，引起蒋士铨的注意，乃踵事增华，敷衍成剧。其中的说白唱词，多是汤剧的延伸：

【过曲】【金络索】春从想处归，爱向缘边起。生自何来，死又因何及？这情丝一线微，受风吹，逗入花丛幽梦里。寻来觅去浑无迹，病重愁深只自知。难回避，仗花神老判暗扶持。可怜咱一个魂儿，可怜他一个人儿，不再向亭中会。〔旦〕这柳生，一发痴得奇妙哩。

【前腔】心从好梦依，像自荒园拾。一朵花魂，紧紧跟随你。这珊珊影渐移，下来迟，叫得他金蚕绕墓飞。这《幽媾》《冥誓》两篇，比《惊梦》《寻梦》时，愈觉缠绵凄楚也。揾得他红生腮斗春回体，漾得他喜透眉涡暖到脐。绸缪细，约来朝活转做夫妻。闪尸尸一个魂儿，软丢丢一个身儿，向泉下偎扶起。官人文心之妙，一至于此，只怕没有这等可意之事哟。〔生〕娘子，但云理之所必无，不妨情之所或有，管他则甚？〔婢捧茶上，即下〕〔生〕

【前腔】情将万物羁，情把三途系。《小雅》《离骚》，结就情天地。娘子，这丽娘与柳生，是夫妻爱恋之情；那杜老与夫人，是儿女哀痛之情；就是腐儒、石姑，亦有趋炎附势之情。推而至于盗贼虫蚁，无不各有贪嗔痴爱之情，惟有忠臣孝子、义夫节妇，能得其情之正耳。人苟无情，盗贼禽兽之不若；虽生犹死，富贵寿考，曾何足云！是生来觉与知，共迷

痴。认不出鬼做人身人做鬼。那一边兵戈扰攘加官职，这一搭
云雨荒唐怕别离。难收拾，有谁能参透箭锋机。娘子，我这一
本《牡丹亭》呵，几年间拨尽寒灰，吸尽空杯，成一串鲛人泪。

关于夫妻情、儿女情、趋炎附势之情、贪嗔痴爱之情、正情与邪情
的种种戏剧性阐述，以及转而为悲剧性的哀音，引人涕泪滂沱的三段论
转化，都在剧中有着生动反映。

甚至可以说，以上所引的蒋士铨戏词，简直就是以思考入局、因议
论入剧，借人物抒情，可以与其传记中的悲剧论相映成趣，这是值得我
们为之三思，从悲剧哀音方面作别样观的深刻论断。

七、一府两县之汤显祖传

1.《抚州府志·汤显祖传》:

汤显祖字义仍，号若士，一称海若。临川人，生而有文
在手，成童有庶几之目。隆庆庚午举于乡。

与宣城沈懋学游芜阴，客于郡丞龙宗武处。江陵有叔，
亦以公车客芜，交相得也。尝语江陵，今日晁、贾，无逾汤、
沈两生者。江陵令其子延致之，谢不往。而懋学遂与江陵子
同及第。

越癸未始成进士，与时宰张四维、申时行之子为同年。
二相招致之，亦不往。

除太常博士，将征为吏部郎，上书辞免。稍迁南祠部郎。
抗疏论劾政府，信私人，塞言路。

谪广东徐闻典史，量移知遂昌县。灭虎纵囚，诚信及物，
翕然称循吏。

二十六年上计，投劾归。家居二十余年。父母丧时，显

祖已六十七岁。明年以哀毁卒。

显祖意气慷慨，以天下为己任。因执政所抑，天下惜之。少以文章自命。其论古文，谓本朝以宋濂为宗，李梦阳、王世贞辈等赝文也。当时能排击历下者，唯显祖、归有光二人。

见人寸长，如己不及。事亲柔声怡色，门庭肃寂。

长子士蘧有异才，早卒。次大耆，以文学显。次开远，别有传。

（《抚州府志》卷五十九）

家乡抚州的传记，几乎照抄了《明史》和前辈汤传的内容，只是增加了他见贤思齐、善于学习他人之"寸长"的态度和努力，也再次重申了汤显祖对父母亲人温和至孝的赤子之心。

2.《徐闻县志·汤显祖传》：

汤显祖，字义仍，临川人。
由进士任礼部主事，以建言谪徐闻添注典史。
雅负才名，淹贯文史。延引士类，海之南北从游者甚众。
建会馆曰"贵生书院"，自为说以记。刘兑阳祭酒有记。
迁遂昌知县。

（《徐闻县志》卷九）

徐闻县关于汤显祖的传记，简练清晰，增添了汤显祖朋友遍天下、交游皆高人的元素，记载了这位才高学博的典史，在本县建立贵生书院的过程。

3.《遂昌县志·知县汤显祖传》

汤显祖，临川人。万历癸未进士。授博士，升南仪郎。

建言谪尉徐闻，升县令。

才名节概，海内想望丰采。下车惟较文赋诗，讼狱庶务
迎刃立解。

创尊经阁于学中，建象德堂于射圃，置灭虎祠、启明楼，
种种美政，士民就射堂而尸祝焉。督学吴公饬建祠于堂后。
以建言追赠光禄寺丞。

祀名宦，复祀遗爱祠。入通志。

（《遂昌县志》卷六）

文中所提到的遗爱祠，位于遂昌县城小学路，现在是浙江省丽水市
遂昌县的文物保护处。早在明万历三十六年（1608），即便汤县令已经
返乡长达十年之久，当地人还是感念其恩德，缅怀其德政，延请著名画
师徐侣云，前往临川汤显祖的住所，为其画像写照。遂昌为之立生祠，
挂画像，隆重祭拜，以为一方之神圣。

清康熙五十一年（1712），新任知县缪之弼继续修祠奉祀汤翁，并
题"遗爱祠"额书，刻碑作《遗爱祠记》。如今门墙犹存，挂牌为遂昌
县的省级爱国主义教育基地。当地从上到下，纪念汤显祖、供奉这一任
县令，在明清两代是为了缅怀其德政。至若高度重视其作为国际知名戏
剧家的贡献，那倒是当代的风气。

相对而言，一府二县关于汤显祖的传记，遂昌县写得较好。所谓海
内向往其风采的才名节概，所谓诉讼庶务的迎刃而解，所谓较文赋诗的
文人风度，皆描摹得有声有色。

关于汤显祖尊经建堂、灭虎启明的种种美政，遂昌县志也有言简意
赅的记载。

至于现代人为汤显祖写的传记，各有特色，另有评述。

但是现当代人所写的文言体汤传，还是笔力有所不逮，热情自然可
嘉也。

第三十二章 清代民国的汤剧搬演与酷评

尽管吕天成在《曲品》中感叹汤剧："丽藻凭巧肠而濬发，幽情逐彩笔以纷飞"，尽管邹迪光认为汤显祖可以比肩名山大川，但是因为沈璟的影响太大，所以明代人特别容易陷进"临川四梦"才华过人但音韵有失的惋惜圈子中去。

清代文人在肯定汤显祖的声音当中，更多的还是集中在人物风流、才华横溢、奇思妙想、浪漫感人、浓情蜜意、感天动地等方面。

江西南昌的另外一位贰臣熊文举（1595—1668），字公远，号雪堂，崇祯四年（1631）进士，合肥县令。明末曾经归附李自成，后又降清，先任吏部左侍郎，后转兵部，因病归乡里。此公著有《雪堂文集》《耻庐近集》等，对于戏曲艺术，有着浓厚的兴趣和爱好。

他的同乡好友李明睿（1585—1671），字虚中，号太虚，乃明末清初著名的诗人、史学家，天启年间进士。李进士在南昌老家建起沧浪亭，养了戏班子，邀请熊文举等好友一起观演《牡丹亭》。

熊文举在酒酣耳热中看戏、写诗，感慨系之。

其一

沧浪亭外晚春晴,一抹云依舞袖轻。

惆怅采菱人已远,相携来听断肠声。

其三

杜鹃残梦许谁寻,痴绝临川作者心。

却忆扶风有高足,十年邗水问知音。

其四

不关生死不言情,情至无生死亦轻。

大地山河情不隔,教人何处悟无明。

其七

香魂断续烛光残,来往幽冥夜色阑。

欲赋小词翻玉茗,从来学步愧邯郸。

其十一

愁他幽折复离奇,梦里丹青醒后诗。

好酌金樽酬玉茗,唤回清远道人知。

（《春夜集李太翁沧浪亭观女伎演还魂诸剧,

太翁索诗纪赠,次第赋之》）

　　熊兵部的过人之处,是从《牡丹亭》这部所谓的风月戏中,品出了令人惆怅"断肠"的悲音,感觉到情的超越死生的崇高,从而引汤显祖为知音,同时又自愧弗如,学步不得。

　　泰州如皋文士冒襄（1611—1693）,在其水绘园中先后演出过《浣纱记》《红梅记》《玉簪记》《清忠谱》《秣陵春》《燕子笺》等整本戏,汤显祖的《牡丹亭》《邯郸梦》《紫钗记》更是常演的剧目。《步和许漱雪先生观小优演吴梅村祭酒秣陵春十断句原韵》诗,其第三首云:

　　一部清商九曲珠,含毫花唾玉蟾蜍。

　　临川妙好千秋擅,此日红牙字字如。

冒襄原注云：吴梅村《秣陵春》寄托遥深，词场独擅。前有元人四家，后与临川作勍敌矣！他把关马郑白与汤显祖当成标杆大旗，予以崇高的敬意。

与同里陆世仪、江士韶、盛敬齐名，被称为"太仓四先生"之一的举人陈瑚（1613—1675），也经常到冒家来观剧论艺。他在顺治十七年（1660）《得全堂夜讌后记》中云：

> 伶人歌邯郸梦，……主人（指冒襄）顾予而言曰，嗟乎，人生固如是梦也！今日之会其在梦中乎？予仰而叹，俯而踌躇，久之乃大言曰：诸君子知临川作此之意乎？临川当朝廷苟安之运，值执政揽权之时，一时士大夫皆好功名，嗜富贵，如青蝇，如鸷鸟，汲汲营营，与邯郸生何异？
>
> 若临川者亦可为狂流之一柱也。其作《邯郸》也，义形于外，情发于中，冀欲改末俗之颓风，消斯人之鄙吝。一歌之中，三致意焉。呜呼，临川意念远矣。

受到钱谦益关于汤显祖乃大雅之声的影响，与顾炎武、黄宗羲并称为明清之际的三大思想家之一、湖广衡州府衡阳县人王夫之（1619—1692），治学不可谓不深，反清不可谓不烈，其著作《周易外传》《黄书》《尚书引义》《永历实录》《春秋世论》《噩梦》《读通鉴论》《宋论》等书，流播不可谓不广。

但是他也在《夕堂永日绪论》中，认为李梦阳、何景明、王世贞等属于艺苑教师之列，局格甚多，自缚缚人。

但是类似高启、徐渭、汤显祖等人乃风雅之士，性情之人，灵性之才，有如绝壁孤骞，无可攀登。

恰如李文饶所云"好驴马不逐队行"，逐队而行便非好驴马。教师人人可做，风雅之士学他不来。

明末清初直隶真定人梁清标（1620—1691），原为明崇祯十六年（1643）进士，后于清顺治元年（1644）补翰林院庶吉士，授编修，历任宏文院编修、国史院侍讲学、詹事府詹事、礼部左侍郎、吏部右侍郎、吏部左侍郎、兵部尚书、礼部尚书、刑部尚书、户部尚书、保和殿大学士等职。其《蕉林诗集》中的"七言绝句二",载有《刘园观陈伶演秋江剧次雪堂韵》十首,第八首诗云:

> 词场玉茗古今师,继起阳春更在斯。
> 吏部文章司马泪,秋塘萧瑟柳丝丝。

　　这样一位重量级的大臣,哪怕在看《玉簪记》中的《秋江》一场,也不忘感念到戏曲创作、词山曲海中的古今之师汤显祖,这样的评价不仅毫不过分,而且还经得起时间的考验。之所以能做两朝的高官,其智慧与见识,到底有着无与伦比的过人之处。

　　清初著名诗人之一谢良琦(1624—1671),字仲韩,一字石臞,广西全州人。明崇祯十五年(1642)中举。入清后历任淳安、蠡县县令,后调常州府通判,兼司狱讼,继任宜兴县令,后补延州通判。其《醉白堂诗集》九集中,有《崔郡丞席上观邯郸梦歌》之长歌,引汤显祖为知己云:

> 玉茗才子生花笔,堂上芙蓉丽初日。
> 四梦争传错采新,埋愁寄慨情非一。

　　明代大学士朱国祚曾孙朱彝尊(1629—1709),浙江秀水人。康熙十八年(1679)举博学鸿词科,除翰林院检讨。《明史》的纂修人之一。"浙西词派"的创始人,与陈维崧并称"朱陈",与王士禛称南北两大诗宗("南朱北王")。著有《曝书亭集》八十卷、《日下旧闻》四十二卷、《经义考》三百卷;选《明诗综》一百卷、《词综》三十六卷(汪森增补)。这样一位大词人,同样对汤显祖甚为敬仰。但他还是认为元曲明传奇当中有着源流关系:

义仍填词，妙绝一时。语虽斩新，源实出于关、马、郑、白。

汤显祖的临川同乡李茹旻（1659—1739）字履如，号鹭洲，康熙五十二年（1713）进士，官内阁中书。雍正年间，主宣城书院讲席。雍正十二年（1734），应博学鸿词试，北上，至杭卒。有《李鹭洲诗集》二十卷、《二水楼诗集》十八卷。《二水楼诗集》卷十三《临川十咏》之八，专咏汤显祖之《玉茗堂》诗并注释云：

祠郎乘兴上封章，兴尽归来卧此堂（原注：义仍为南部祠郎，抗疏论劾政府信私人，塞言路。谓友人曰：乘兴偶出一疏，不知当事何以处我。谪徐闻典史。量移遂昌知县。及上计，遂投劾归，不复出）。

直道自甘士师黜，私门争斥正平狂。

金枙草阁收棋局（原注：先生别有金枙阁，示不复出意。《三十七》有诗云：神州虽大局，数着亦可毕。了此足高谢，别有烟霞质），玉茗檀心喷笔床。

独挽颓波还大雅，后先七子逊琳琅（原注：弘治中，北地李梦阳献吉，信阳何景明仲默，武功康海对山，鄠杜王九思敬夫，吴郡徐祯卿昌谷，仪封王廷相子衡，济南边贡廷实，以诗古文结社京师，号七子。嘉靖末，王李诸人结社都下，东都布衣谢榛茂秦，济南李攀龙于鳞，吴郡王世贞元美，长兴徐中行子舆，广陵宗臣子相，南海梁有誉公实；已而谢李交恶，遂黜榛而称五子。又益以武昌吴国伦明卿，南昌余曰德德甫，先生少熟文选，中攻诗律，四十以后，诗变而香山眉山，文变而南丰临川。钱牧斋曰：自王李之兴，百有余岁，伪体滋蔓。义仍当霜茅充塞之时，穿穴其间，力为解鲛。归太仆之后，一人而已）。

这样的评价，是对汤显祖诗文词曲极为崇高的整体评价。当然，这样的评价，未免有点言过其实。汤显祖的戏曲创作，无论怎样评价都不为过分；但是其诗文八股，则未必高出俗流太多。

曾经在万斯同北京家中直接受教过的大学者万经（1659—1741），也在《听曲》诗中，毫不掩饰地表明《牡丹亭》是他的最爱：

> 江湖旧曲甚支离，只爱还魂玉茗词。
>
> 此曲做腔都各别，全凭闪赚少人知。

哪怕曾预修《佩文韵府》的康熙五十一年（1712）进士、常州音韵大家顾嗣立（1665—1722），也在《秀野草堂诗集》中的《读玉茗堂集有感二绝》中云：

> 公孙东阁为谁开，不放贤人一个来。
>
> 收拾雄心传四梦，枉教玉茗费仙才。
>
> 平生百拜服临川，屈抑虽同亦偶然。
>
> 欲续还魂才思减，空将哀怨托湘弦。

顾先生一生最大的悲哀，就是无法再续《牡丹亭》，只有对着汤翁的绝唱而俯首百拜。

清初著名学者、词人和戏曲批评家吴人（1675—？），又名仪一，字舒凫，钱塘人氏，居住在苏州吴县吴山草堂，故又号吴山。所作《吴山草堂词》十八卷已佚，但在清初的各种词选集中，往往可以窥其一斑。陈其年高度夸赞他，认为吴词乃天下第一。王士禛有诗赞云："稗畦乐府紫珊诗，更有吴山绝妙词。"

作为知名的戏曲批评家，吴人在稗畦草堂原刻本《长生殿》中写的评语遍布于每折之间，一共五百七十五处，长达一万四千零六十四字，赢得了大家的珍视。

受到吴人的亲炙与影响，其三位夫人潜心研读《牡丹亭》，这就有了《三妇合评牡丹亭还魂记》。吴人为该书作了卷首语，在第十七条中云：

> 或谓《牡丹亭》多落调出韵，才人何乃许邪？
>
> 曰：古曲如《西厢》"人值残春蒲郡东"，"才高难入俗人机"，"值"字俗作平，则拗。《琵琶》支虞歌麻诸韵互押，正不失为才人。若断断韵调，而失斐然之致，与歌工之乙尺四合无异，曷足贵乎？

古来的才子，不管王实甫、高则诚，还是汤显祖，也许都有音韵不合之处，但是他们与那些斤斤于曲谱的人比，完全不具备可比性，相去不能以道里计。这就是天才与凡人的巨大区别。

再大的昆曲曲家，都不能无视于《牡丹亭》的存在，都必须解决《还魂记》牌名杂糅、格律违和的严峻问题。

前面指出，著名苏州曲家钮少雅先后用了十多年工夫，字斟句酌，调和律吕，最终以《小雅格正牡丹亭》为名，完成了最早的第一部昆曲《牡丹亭》全谱。但是流传到后世的该谱，并没有工尺谱的对应，这就缺乏音乐上的对应唱法。

于是就有了浙江平湖人冯起凤《吟香堂曲谱》和叶堂《纳书楹曲谱》的问世。这两部曲谱都成于乾隆末年，都保留了有《牡丹亭》文辞对应的音乐总谱。

一般认为，冯、叶二谱将全本《牡丹亭》乃至其他三梦的曲文，从宜黄腔改成昆山腔，从弋阳调改成水磨调，既有记录旧谱的继承，又有重订新声的创造，既要总体保持汤显祖原作的文字精神，又要使之全部契合昆曲的格律，能够让清曲家唱曲，艺术家演戏，真是非常艰辛的谱曲工程。

有谱可依就有戏可唱。所以叶堂《四梦全谱自序》云，陈竹香刺史就以其《紫钗记》总谱为依据，召集了一应名优，完美演出了叶派新谱《紫钗记》。

著名书法家、江苏丹徒人王文治（1730—1802），乾隆二十五年（1760）进士，授编修，擢侍读，官至云南临安知府。他曾与翰林侍读全魁至琉球群岛，当地人不惜重金购买其墨宝。

在浙江，王文治曾经观摩过《牡丹亭》全本的演出。其《冬日浙中诸公，叠招雅集，席间次李梅亭观察韵》其四歌咏道：

> 稗畦乐府绍临川，字字花萦柳絮牵。
>
> 芍药栏低春是梦，华清人去草如烟。

最末一句，有注云："时演《牡丹亭》《长生殿》全本。"

近人蒋瑞藻《小说枝说》引《缺名笔记》谓："《牡丹亭》自'言怀'迄'圆驾'，都五十四出，洋洋数万言，诚才大如海；姑勿论作者之难，即把读亦不易也。乾、嘉、道、咸之际，昆剧盛行，此戏比演全本，今则割裂散漫矣。"

所谓割裂散漫，是说《牡丹亭》演出，往往是以折子戏的面貌出现。

陆萼庭先生的《昆剧演出史稿》认为，康熙末叶以迄乾嘉之际，昆剧进入折子戏时代。

早在万历十三年（1585），四十五岁的江苏常熟人钱岱（1541—1622），从明代隆庆五年（1571）进士、授广州府推官、侍御史的辉煌经历告假返乡。此公人缘甚好，路经扬州时，商人送礼六千两，扬关监税徐太监奉送昆曲演员四名。以此起兴，钱岱回乡后置备了戏班，沈娘娘等女教师二人教习，女伎童十三人学戏。钱家班尽管可以上演《西厢记》《牡丹亭》等十余种传奇，但该班的特点是"戏不能全本，只摘演一二出或三四出而已"，主要是上演折子戏。

再如清初文学家余怀（1616—1696）在观看吴三桂的女婿王永宁戏班，在苏州拙政园演戏之后，也有"丽人演《牡丹亭·惊梦》《邯郸梦·舞灯》，娇艳绝代，观者消魂"的记载。

晚清民国以来，随着京剧作为国剧的地位如日中天，昆曲的地位和影响日益式微。舞台上能够上演的昆曲剧目包括《牡丹亭》在内，基本上是以折子戏上演作为观赏对象。

光绪年间（1875—1908）以来，汤剧上演得最多的还是《牡丹亭》。该剧的折子戏选出一般还是《学堂》《游园》《惊梦》《寻梦》《拾画》《叫画》《圆驾》等。

《京报》的创始人徐凌霄（1882—1961）的昆剧《无福之人》（《剧学月刊》第一卷第十期），从《闺塾》《学堂》和《春香闹学》等场景出发，以"有福之人人服侍，无福之人服侍人"为起点，抱着"以审察剧中深刻的涵义，引起普遍之联想为要义"，作为案头文学，在当时有一定的影响。

一九二八年秋韩世昌（1897—1976）与二十多位昆曲名角赴东瀛演出，为汤显祖的《牡丹亭》折子戏和昆曲艺术赢得了巨大声誉。

一九三六年至一九三八年，韩世昌又率领祥庆社到江南六省演出汤剧，极大地刺激并且影响了南方昆曲的复苏。。

此外，梅兰芳一九二九到一九三〇年在美演出，载歌载舞的昆曲剧目如《春香闹学》折子戏等，也是他特别钟爱的首选剧目。

《牡丹亭》折子戏的演出，在清末民初蔚为风气。例如《申报》一九一二年四月二十五日第八版"自由谈"之《无题》诗："迷离青草满山青，金屋无人玉漏停。我有三生盟誓在，不教闲读《牡丹亭》。"借汤剧而抒情，也是一时之风尚。

如果说清代的学者诗人，更多的是追步元人的戏剧地位、古今剧师的历史标高、浪漫悲音的人生感慨等不同纬度上，在多方位地认识汤显祖的文化地位坐标，那么清末民初的浙江海宁人王国维，则是从人格状态与生命追求上在看待汤翁。

他在《录曲余谈》中，从汤显祖不受张居正、申时行等明相的拉拢，又不附和王世贞、李攀龙等文坛领袖的高风亮节与人格状态上来看，对其甚为佩服："义仍应举时拒江陵之招，甘于沉滞。登第后，又抗疏劾申时行。不肯讲学，又不附和王、李。在明之文人中，可谓特立独行之士矣。"

尽管王国维一向推重元杂剧，看轻明清传奇，但是他还是引汤显祖的特立独行为知音，并在《录曲余谈》中否认刺王锡爵女昙阳子说、刺经略郑洛以女谋官并结纳三娘子等传闻，认为这些捕风捉影的说法、影射附会的想象并不可取，认为《牡丹亭》的主旨还是在于生死之至情，在于汤显祖本人的《牡丹亭自序》之中。

近现代曲学大师吴梅在《曲学通论》《霜涯曲跋》《顾曲麈谈》等论述中，对《牡丹亭》进行了如下探究：

其一，从王世贞《昙阳大师传》等材料考定，杜丽娘与昙阳子绝不相干，不能混为一谈。

其二，《牡丹亭》所叙乃生死之情，故此为历来曲家所未及，能雄踞剧坛，历千古而不朽。

其三，该剧之排场结构之妙难于望其项背，曲辞宾白之妙之佳，为人之所倾倒。宫调格律，长短不一，可以商榷。

与吴梅主张相近者，尚有王季烈、卢前两位曲学大家。

吴梅的学生之一俞平伯（1900—1990），原籍浙江湖州，乃清代朴学大师俞樾曾孙，生于苏州，学于北大，教于北大、燕京和清华大学。其《牡丹亭赞》发表于一九三五年《武汉大学季刊》第四卷第三期，收于俞平伯《论诗词曲杂著》。

吴梅先生的又一学生万云骏先生认为，一般文学史未必把《牡丹亭》当成了高峰之作，但是如果从俞氏《牡丹亭赞》所论来看，那么，以《牡丹亭》为代表的汤氏的剧作，确实当得起"高峰"二字。

俞氏认为《牡丹亭》自成一家，独有千古，都有新意。黛玉必死之道与丽娘必生之情对比，生死虽相反，尽情则一致，尤为独到。他在《牡丹亭赞》中云：

> 窃观于文则有盲左（《左传》）；于辞赋则有三闾（屈原）；于诗则有彭泽（陶渊明）、则有杜陵（杜甫）；于词则有清真（周邦彦）。此数子者，所拳拳服膺，乃文章百代之师，旷世而一见者也。
>
> 而《牡丹亭》出，竟以荒远梦幻之事，俚俗俳优之语，

一举而遂掩前古，盖其幽微灵秀，姚冶空蒙，自成一家，独有千古，不特昔人展齿所未尝到，即后之人亦难仿其颦眉也。

夫曲，晚近之作，小道也，得《牡丹亭》而与诗、古文辞抗颜接席，登临纵目，指点青螺，下视《西厢》薄矣，元人诸曲伧矣，《琵琶》拙矣。其他纷纷造作，皆等诸"自郐"，直舆台耳，乌足数哉，乌足数哉！吾谓《牡丹亭》非他，盖直接《诗三百》之法乳者也，思无邪之一化身也。是圣贤之心肠也，是豪杰之血气也，是才子之才、佳人之佳，兼此二者之无奈之情也，是能将闺门风雅，情性之本原，宛转曲折而书之，缠绵低徊而度之，明目张胆地而扮演之者也。宁非天下之才耶？非天下之奇才而能如此耶？

万云骏教授求学时代，经常住在吴梅先生家中。他认为老师最赞赏汤显祖的戏曲，说"临川天才，不甘羁鞠，异葩耀采，争巧天孙"。并肯定他的戏曲乃是融合本色与艳词，秾丽与疏隽为一家的集大成式的戏曲家。"余尝谓工词者或不能本色，工白描者或不能作艳词，惟此记秾丽处实合玉溪诗、梦窗词为一手，疏隽处又似贯酸斋、乔梦符诸公。或云刻画太露，要非至言"（吴梅《中国戏曲概论》）。这就是说汤显祖熟悉元曲（"各本佳处，一一能口诵之"），沈潜反复，心领神会，含英咀华，因此在创作上有充分的表现。

一九三二年，郑振铎在《插图本中国文学史》中，认为《牡丹亭》无一出不隽美可喜，如危岩的孤松、绿波上独有的一株芙蕖。

张友鸾的《汤显祖及其〈牡丹亭〉》作为最早研究《牡丹亭》的一本专著，认为此剧是写情的，是写精神恋爱的，不是攻击人的，所以种种影射之说都不能成立：但顺义王、忠顺夫人、战守和三策等情节虽然也不著史迹，却比本事上的武断揣测要靠得住些。在曲律上，汤显祖不是不谙曲谱，而是不愿勉强苟合；其词不是不能唱，而是不便俗唱。汤氏自我作古，放纵自如，不但不为病，反倒成其妙。总之，它既是知识阶级享受的纯文学，也是普通百姓享受的平民文学。一句话，是一部伟大的作品。

中山大学的资深教授吴重翰先生，在《汤显祖与〈还魂记〉》文章中指出："《牡丹亭》所言之情，是描写一个才色双全的女子，哀其不得其偶之情。它与同类题材作品相比更令人哀怜惋惜；与《西厢记》相比，它更重于写意，因而少见形秽，与杂剧相比，《还魂》重藻丽，其心花笔蕊散见于前后各折，这恰是南曲本色。失掉心花笔蕊，它就不为人传诵；没有临川，传奇则未必能与杂剧争衡。"

在国际汉学界，汤显祖的影响也日益扩大。

一九三〇年，日本国立山口大学教授青木正儿的《中国近世戏剧史》出版。在此书中，他第一次把汤显祖与莎士比亚加以比照：东西剧坛两伟人，双星并照，同时出现，这是世界戏剧史上的奇迹。

这一看似无心实则有意的平行比较论断，此后得到了中国学界的一致认同、国际学界的广泛认可。比较戏剧、戏剧比较学、东西方戏剧学、人类戏剧学的宏大视野，都可以借此获得生动的例证和不停的推进。

第三十三章 新中国的汤剧出版演出、影视传播与研究

二十世纪五十年代以来，关于汤显祖及其作品的出版、演出和研究，总体上来看呈现出这样的特点：

从出版上看，经过钱南扬、徐朔方等先生的精心校订，汤显祖的戏曲集和全集出版，构成了新中国以来出版界的瑰丽风景。这一时期汤剧片段、折子和全剧的外国语翻译，已成为以前无法比拟的大观。

一、新中国的汤剧出版

新中国以来的《牡丹亭》与汤剧出版特点，一是善本影印；二是精心校注；三是出版了较为精良的外译本和汤剧全译本。

一九五四年，上海商务印书馆出版《牡丹亭》《墨憨斋三会亲风流梦》的影印本；一九五八年，古典文学出版社出版由徐朔方、杨笑梅校注的《牡丹亭》；钱南扬、徐朔方先生还分别校注了《汤显祖戏曲集》《汤显祖全集》。

在《牡丹亭》译本中，美国汉学家白芝（Cyril Birch）的全译本成

就较高。汉学界与翻译界认为"如果说霍克斯英译的《红楼梦》代表了中国小说的最高成就，那么白芝英译的《牡丹亭》则是中国戏剧的里程碑"。

中国科技大学的张光前教授的《牡丹亭》全译本一九九四年由旅游教育出版社出版，二〇〇一年外文出版社再版。张教授古文修养深厚，翻译唱词有莎士比亚诗剧之风，能够让西方读者喜闻乐见。

苏州大学的著名翻译家汪榕培教授所完成的第三轮《牡丹亭》英文全译本，于二〇〇〇年由上海外语教育出版社出版。汪教授的译文生动可读，郭著章教授称"汪译本是迄今最令人满意的全译本"。

许渊冲、许明父子的第四个《牡丹亭》英文全译本二〇〇九年由中国对外翻译出版公司出版。他们的译本秉承意美、音美、形美三原则，语言流畅，有后来居上的感觉。

作为世界文学的经典之作，《牡丹亭》英文版选段与选场，被收入了在西方广为流行的《中国文学瑰宝》《中国文学选集》《哥伦比亚中国古典文学选集》《诺顿中国文学选集》《简明哥伦比亚中国古典文学选集》之中。至于《印第安纳中国传统文学指南》《哥伦比亚中国文学史》《剑桥中国文学史》等文学史与工具书中，也对该剧予以了恰如其分的论述与较高的评价。

二〇一七年八月二十三日，在第二十四届北京国际图书博览会上，由汪榕培先生翻译、上海外语教育出版社有限公司出版的《汤显祖戏剧全集》（英文版）一书，其版权授权给英国布鲁姆斯伯里出版集团（Bloomsbury Publishing PLC），该出版集团将以纸质图书和电子书的形式通过其英国公司、美国公司和印度公司出版发行《汤显祖戏剧全集》（英文版），并把该书收入该公司的"在线戏剧图书馆"。从此，汤显祖的作品与莎士比亚、布莱希特、田纳西·威廉姆、易卜生、契诃夫、阿瑟·米勒等世界各国戏剧大师又相聚在一起，传播到全球。

二、近百年汤剧改编与"全本"演出

在海外，比较知名的《牡丹亭》演出有德国版、欧版和美版三种。

德国版《牡丹亭》是德国汉学家洪涛生（Vincenz Hundhausen）创办的北平德国剧团排练演出。该剧于一九三六年先后在德国、奥地利和瑞士等国上演，德语版《牡丹亭》体现出中国式生死不渝的爱情，引起了德语戏剧界和文化界的一片惊艳之声。

欧洲版《牡丹亭》由世界级前卫导演彼得·谢勒（Peter Sellers）执导，谭盾作曲，英语和中文双语演出为主，全部时长三小时。该剧于一九九八年夏首演于伦敦巴比肯中心，一九九九年春于美国柏莱克演出，在欧美戏剧界都有较大的影响。该剧的特点是西洋美声歌剧、话剧和昆剧三线并行。其中昆剧部分由华文漪饰杜丽娘、史洁华饰春香。不仅许多西方观众被感动得热泪盈眶，就连身穿紧身衣、水袖化作两缕纱的华文漪本人都沉浸其中而难以自拔。黄英的歌剧版杜丽娘也引人入胜，《华尔街日报》评论说："黄英丝绸般的音色对杜丽娘角色的诠释，是歌剧《牡丹亭》最吸引人的一部分。"

美国版《牡丹亭》由旅美华人陈士争执导，演出时长为二十小时，由温宇航（原北昆演员）、钱熠（原上昆演员）主演，评弹辅演。该剧原本是林肯艺术中心与上海昆剧团的合作项目，后来因故辍演，引起了国际文化界和欧美政要的极大关注。林肯艺术中心独家打造的《牡丹亭》参加了欧美诸多主流艺术节，在国际上影响较大。

新中国以来汤剧演出的特点，一是以昆曲折子戏的经典演出，绵延不断地赓续了明清汤剧演出的精华；二是有关剧种对于汤剧予以了一个晚上的浓缩版；三是昆曲对"临川四梦"予以了尽可能接近全本的浓缩演出。

在汤显祖的江西老家，长期担任省文化局长和省文联主席的石凌鹤，从二十世纪五十年代到八十年代，为汤显祖及其"临川四梦"的改编上演，持之以恒地做出了巨大的努力和贡献。

早在一九五七年，为纪念汤显祖逝世三百四十周年，石凌鹤就整理改编了《还魂记》，上演之后得到了各方面好评。

一般认为，赣剧和采茶戏这两个剧种的定名，都是他的提议。如今天下剧团在演出时都要打字幕，国内剧团最早使用字幕的团，便是江西省赣剧团。

一九五九年庐山会议召开期间，毛主席看字幕，赏赣剧，对江西省赣剧团的《还魂记·游园惊梦》赞不绝口，称其演出风格给人"美秀娇甜"之感，叹为观止。

此后，长春电影制片厂又将该剧拍成了同名舞台艺术片。

二十世纪六十年代，石凌鹤又将汤显祖的一生，在舞台上呈现出来，这就是其得意之作之一的《玉茗花笑》。

石凌鹤的"临川四梦"改编，都是根据现代观众的审美习惯，把每部戏用八场左右的结构加以简化，把相关语词予以通俗化，便于大家一个晚上便可看完。

《紫钗记》简化成紫钗双燕、折柳阳关、侠气豪情、卖钗泣玉、睹玉拒婚、醉侠挥刀、郎归欢庆共七场。

《牡丹亭》原本五十五出，石凌鹤本将其简化为训女延师、春香闹塾、游园惊梦、寻梦描容、言怀赴试、秋雨悼殇、拾画叫画、深宵幽会、花发还魂一共九场，演出效果颇为可观。

《南柯记》简化成槐荫慨叹、金殿成婚、新婚受命、太守劝农、歌功报警、罚罪惊心、明褒实贬、梦醒南柯共八场。

《邯郸记》同样简化为炊粱入梦、捉贼成婚、夺魁遭拒、诰命荣身、凿河邀幸、大捷蒙冤、刑场悲愤、梦醒黄粱八场。

一九八一年，江西省崇仁县采茶剧团上演了张齐移植的采茶戏版《牡丹亭》。

一九八四年，江西省赣剧团上演了黄文锡编剧的《还魂后记》。

一九八六年，江西省赣剧团又上演了黄文锡编剧的清唱剧《还魂曲》。

在江西之外，全国各地剧团上演汤剧的情况，总的趋势是愈来愈多。这为二十一世纪《牡丹亭》的爆发性全国乃至全球化演出，提供了坚实的基础。

一九五六年，广东仙凤鸣剧团上演了唐涤生编剧的粤剧《牡丹亭·惊梦》。同年，广东粤剧院也上演了谭青霜的粤剧《牡丹亭》。

一九六一年，包头市晋剧一团上演了由项在瑜移植改编的《牡丹亭》。

一九六二年，青海平弦实验剧团上演了《游园惊梦》。

就昆曲界而言，《牡丹亭》是永恒的经典，各大昆曲院团用各种积木组合式的改编，上演《牡丹亭》也是永恒的金子般的饭碗。

早在一九五七年，上海戏曲学校便上演了苏雪安缩编的《牡丹亭》。

一九五九年，实力强大的北京昆剧研习社上演了华粹深版《牡丹亭》。

江苏省昆剧院以张继青为代表的旦角艺术享誉海内外，一九八一年开始该院的"精华版"《牡丹亭》便盛演不衰。

浙江省昆剧团一向以周传瑛、汪世瑜等著名小生作为领军人物，于是就有了一九九三年的小生版为主的《牡丹亭》演出。

一九八〇年，北方昆曲剧院上演了时弢版《牡丹亭》。一九八二年，该团又上演了陆兼之《牡丹亭》。一九九四年，上海昆剧团上演了唐葆祥版《牡丹亭》。五年之后，该团又上演了王仁杰版《牡丹亭》。

一九八二年，江苏省昆剧院上演了胡忌版《牡丹亭》。该院一九八六年又上演了丁修询版《牡丹亭》。

一九九三年，浙江昆剧团上演了周世瑞版《牡丹亭》。

一九九九年，由美国林肯艺术中心委派的陈士争导演，在与上海昆剧团合作未成之后，组合了原上昆的钱熠、原北昆的温宇航等旅美艺术团队，在林肯艺术中心和相关的国际艺术节上，上演了接近于全本的美国版《牡丹亭》。

当时代滚滚的车轮转动到二十一世纪之后，汤显祖"临川四梦"的演出，成为中国戏剧中前所未有的中外上演之大观。

在地方戏方阵中，演过汤剧的剧种方兴未艾，新的剧种又加入《牡丹亭》上演的大观之中。

汤显祖的江西老家，依然是一马当先地改编演出"临川四梦"。

二〇〇三年，江西师大推出了新版赣剧《牡丹亭》。

二〇一〇年，黄文锡缩编的临川版采茶戏《牡丹亭》上演。

二〇一六年，中国文艺评论中心、中国戏曲学院，在抚州举行了各剧种杜丽娘回娘家演出的晚会。

二〇一七年，抚州推出了曹路生缩编的盱河高腔乡音版《牡丹亭》。该剧先后到京沪大学上演，还参加过二〇一九年中国艺术节的献演盛典。

新世纪以来的各地剧种包括话剧、舞剧、歌剧、音乐剧和肢体剧在内，越来越多地推出了《牡丹亭》乃至全部"临川四梦"的国内外演出。

在京沪话剧界，二〇〇四年，上海戏剧学院演出了郭晨子版的话剧《还魂记》。二〇一一年，北京繁星戏剧村上演了由胡一飞等人的话剧《牡丹亭》。

二〇〇二年，安徽省黄梅戏剧院上演了林青版《牡丹亭》。

这一时期，越剧改编汤剧的势头在地方戏中独占鳌头。

二〇〇四年，上海刘平的戏剧工作室版越剧《牡丹亭》上演。

二〇〇五年，浙江越剧团上演了吕建华版《牡丹亭》。二〇一〇年，该团上演了胡小孩本的《牡丹亭》。二〇一四年，该团又推出了陶铁斧版的《牡丹亭》。

同年，中国戏曲学院越剧班也上演了颜全毅版《牡丹亭》。

二〇一六年，由沈林等人推出、浙江小百花越剧团的《寇流兰与杜丽娘》上演。

北方的秦腔，也开拓了汤剧演出的新剧目。二〇〇六年，由七一秦腔剧团移植的《牡丹亭》上演。

南国的粤剧，继续推出汤剧的新版本。二〇一二年，温志鹏的粤剧《还魂记梦》上演。

古典的芭蕾舞和时尚的音乐剧，也推出了属于自己的《牡丹亭》新作。

二〇〇八年五月，中央芭蕾舞团上演了大型芭蕾舞剧《牡丹亭》。该剧把戏曲音乐和西方音乐有机结合起来，把昆曲和芭蕾交织起来，先期就在北京、深圳、香港、澳门等地演出六十场。二〇一一年八月，该剧在英国爱丁堡国际艺术节作为开幕演出的大型剧目，将中国的艺术实力在欧洲的大舞台上令人惊艳地精彩呈现。

二〇〇八年七月，南京军区前线文工团上演了由应志琪等人导演、郑欣编剧、胡琴心等人主演的民族舞剧《牡丹亭》。

二〇一一年，北京当代芭蕾舞团也在意大利举办的"中国文化年"活动中演出了该团的重要剧目《惊梦》。该剧融合了芭蕾、戏剧、现代舞等诸多元素，也是汤剧走入芭蕾舞天地的多元化探索。

作为"2016 上海国际汤显祖·莎士比亚戏剧节"参演剧目，由上海话剧艺术中心与英国壁虎剧团联合制作的肢体舞台剧《惊梦》，号称为热演热搜的"一场视觉风暴"。中国剧作家喻荣军从汤显祖和莎士比亚戏剧中找剧本创意，英国壁虎剧团的里奇·鲁斯克与克里斯·埃文斯分别担任导演及形体导演，艺术家们把《仲夏夜之梦》和《牡丹亭》交织起来，流光溢彩，引人深思。

除了舞蹈类剧目之外，二〇一一年，北京市怀柔区投资，由美国百老汇亚洲国际有限公司与北京开心麻花文化发展有限公司打造的音乐剧《牡丹亭》，将古老的昆曲经典与百老汇音乐剧相嫁接，以中英文两个版本先后在国内外演出，这也成为音乐剧在中国发展的一大盛事。

作为昆曲的代表剧目，新世纪以来昆曲的《牡丹亭》搬演繁花似锦，精彩纷呈。

二〇〇一年，浙江昆剧团推出了古兆申版《牡丹亭》，江苏省昆剧院演出了张弘整理本《牡丹亭》。

二〇〇三年，上海昆剧团推出了王仁杰版《牡丹亭》。

二〇〇四年，苏州昆剧院开始隆重献演体制完备、影响巨大的青春版《牡丹亭》。

二〇〇五年起，演员众多、实力雄厚的北方昆曲剧院版《牡丹亭》上演，成为这家剧院的看家剧目之一。

二〇〇七年开始，在北京东城的著名文化遗产皇家粮仓，推出了厅堂版《牡丹亭》。六百多年的明代仓库和六百多年的昆曲邂逅，浅吟低唱，轻歌曼舞，便再也割舍不开。胡哲行、曾杰等人自此出发，先后在此演出了近十年逾八百场的《牡丹亭》。

这一版本的特点，是把汤剧经典和商业演剧完整地结合起来，把内行观演和吸引广谱多元的社会各界人士结合起来。商务套餐和豪华观剧，类似于高级文化沙龙的审美聚集，吸引了包括政界、商界等在内的社会精英人士过来看戏，这就更加广阔地扩大了受众面。一般认为，这是古典戏剧精品商业化上演的成功例证，也是艺术价值物有所值的充分对应。

把年轻演员的选定尽可能和剧中人的年龄对应起来，把演出的场地和小剧场戏剧的近距离审美结合起来，衣香鬓影，宛然若真。两位分别饰演杜丽娘和柳梦梅的主演，比青春版《牡丹亭》的演员又小一代，莺声燕语，呢喃婉转，在近距离的观赏过程中看得更加真切，在演员们从身边穿行而过的花道行进中带入戏情。

笔者曾经与首都文化界与该剧组的主创人员，在北京大学召开过这一版本的专题学术研讨会，大家对该剧的异军突起，从历史定位、人文价值、青春气息、近距离观演、商务审美乃至剧场回报、票房收益等诸多方面都评价较高。

继皇家粮仓版《牡丹亭》之后，上海张军的昆曲团队，也在二〇一〇年六月开始，在上海的著名古镇朱家角，上演了园林实景版《牡丹亭》。随后，他又在昆曲的故乡——昆山的亭林公园遂园之中，上演了园林实景版《牡丹亭》。园林版汤剧代表作的演出，将经典剧目与旅游景点结合起来，将园林的美感与剧中人物的美感结合起来，如诗如画，令人陶醉。当然，这样的演出，也与游客的多少、季节的转换、晴雨的天气变化息息相关。

当皇家粮仓版《牡丹亭》合约到期之后，二〇一四年四月十三日起，杭州南宋御街的古老御乐堂中，就开始上演"体验版"《牡丹亭》。还是曾杰演柳梦梅，他曾经在皇家粮仓演了二百一十五场《牡丹亭》，如今又和演杜丽娘的胡娉搭档，继续在杭城的古建筑中，连续上演古色古香的《牡丹亭》。

所谓"体验版"，是通过答题、讲解、互动等方式，最大限度地让观众参与体验，彼此互动。除了吃饭品尝之外，观众还可以一起答题，把剧中较为生僻的语词与典故做成问卷，让观众参与，答对有奖，引起大家的兴趣。

二〇〇八年，有感于《南柯梦》的四十四折唱词与曲牌俱在，但却在近现代舞台上未能连贯演出过的遗憾，江苏省昆剧院在台湾两厅院、建国工程文化艺术基金会与江苏省演艺集团的策划、支持与合力打造下，开始筹划、排练全本《南柯梦》。其中的淳于棼由施夏明扮演，瑶芳公主由单雯扮演。

二〇一四年，打磨得较为精致、表演得比较成熟的《南柯梦》先后在北京、广州等地巡回演出，雅俗共赏，受到了各方面的一致好评。

从二〇一六年起，上海昆剧团厉兵秣马，排练了"临川四梦"四部大戏，分成四个晚上演出。这一版本先在北上广深四大都会演出，又于二〇一八年到柏林演出，二〇一九年再赴德国演出。

在柏林，著名的德国戏剧导演安娜女士，在"临川四梦"的每一场演出之前，都与一名上昆演员一起说明剧情，展示要点；团长谷好好与导演倪广金，更是不忘为德国观众详尽讲解中国昆曲艺术和汤剧的精髓之所在。连续九场的互动和四场的演出，使得认真严谨的德国人专心听讲、认真记录，所以才看得懂、记得住、体悟得深。

爱做功课的德国人甚至还掏出了小本子，认真记录。巴伐利亚广播电台、《德国图片报》、《德国戏剧杂志》等严肃杂志与媒体，都对"临川四梦"在柏林演出的盛况做了详尽的报道和专业评述。

谷好好对此非常感慨："上昆'临川四梦'的全球巡演计划中，以完整版形态到柏林演出，还是第一次。'临川四梦'在国内引发轰动，也在海外引起热潮。"

三、第五代坂东玉三郎的《牡丹亭》演出

第一位把汤显祖与莎士比亚相提并论的是日本的青木正儿教授，第

一位上演《牡丹亭》的歌舞伎艺术家是坂东玉三郎。

坂东玉三郎从六岁开始，拜日本歌舞伎世家第四代坂东玉三郎学艺，经过艰难的努力与转型，最终成为世袭的第五代坂东玉三郎、日本"国宝级的大师"、东瀛的"梅兰芳"。

二十世纪二十年代，梅兰芳访日演出，就曾与坂东的祖父十三世守田勘弥同台演戏，歌舞伎与京剧就此结缘。所以坂东玉三郎在家就挂着梅兰芳的剧照，一九八七年又到北京来，向梅葆玖先生认真学戏，并把《贵妃醉酒》当中的一些表演元素化用到其歌舞伎剧目《玄宗与杨贵妃》之中。

坂东玉三郎认为："梅兰芳当年对我们家族乃至对于日本歌舞伎界的影响，延续了几十年，至今仍在。""当初，梅兰芳学习昆剧以滋养京剧，现在我却把从梅葆玖那里学习得来的京剧元素再还给昆曲，这确实很有意思。"

二十二年之后，坂东玉三郎终于找到机会，得以学习昆曲，演出中日版《牡丹亭》。

二〇〇七年，应中国对外文化交流协会邀请，中日文化交流使者靳飞牵线搭桥，使得坂东玉三郎有了到苏州观看昆曲《牡丹亭》的机缘。他原本想把该剧移植为歌舞伎演出，但后来又发愿，还是以昆曲的样式来合作演出。

在苏州昆剧院，坂东玉三郎拜昆曲名家张继青为师，学习杜丽娘的吐字归音、声歌舞蹈。张老师的弟子顾卫英，也帮着教坂东玉三郎学演昆曲。

不会说中文的日本艺术家要学好昆曲，谈何容易。但是坂东玉三郎以最大的毅力，在苏州当面学戏，回日本反复练习。他一次又一次地听张继青老师的唱词和念白，按照日语的寄注音法予以苦学，对照录像中的口型练习发音。

设若不懂唱词，那就很难唱出情感来。于是，他每天都要打漫长的长途电话，与导演靳飞等人沟通交流，理解唱词。

二〇〇八年三月六日至二十五日，坂东玉三郎扮演昆曲杜丽娘，与苏州昆剧院的柳梦梅扮演者俞玖林合作，成功地在京都南座演出了二十场中日版昆曲《牡丹亭》、歌舞伎《杨贵妃》。

日本的杜丽娘，总要回到老家来。于是，五月六日至十五日在北京湖广大戏楼，中日合演版《牡丹亭》又接连演出了十场。他还与苏昆的另外一位小生周雪峰，合演了歌舞伎《杨贵妃》。

一位日本的歌舞伎演员，能够在中日两地连续演出三十场昆曲《牡丹亭》，这开创了汤剧走向世界、外国人演出原汁原味汤剧的历史纪录。

所以张继青老师高度评价道："坂东玉三郎是一个了不起的演员，他对艺术非常执着，自我要求非常严格。他的表演，让身边其他演员都显得渺小。"

坂东玉三郎则无比清醒地答曰："我只是一个初学者，只能是努力而又努力地想办法接近它，但距离表现昆曲之美的要求，还差得很远。"

中日版昆曲《牡丹亭》的执行导演靳飞对坂东玉三郎的评价很高。他认为这一版本体现出来的文化历史意义前所未有："坂东的演出使这一经典焕发出独特的美感，昆曲的舞台魅力得到了淋漓尽致的体现。"甚至可以从他那表演的神态当中，依稀找到梅兰芳舞台表演的美感。

中日版的《牡丹亭》一共有坂东玉三郎、中国国家京剧院的刘铮、中国艺术研究院研究生董飞三人出演，形成了全部男旦担纲的艺术特色。坂东自己演《惊梦》《离魂》两折，刘铮演出《写真》，董飞演出《游园》，这也是梅大师男旦表演的风格之继承。

昆曲和歌舞伎，都是人类口头与非物质文化遗产的代表作。两大代表作的携手合作，在东方戏剧史和世界戏剧史上，都有着兼容对话、融合发展的重要意义。

四、青春版《牡丹亭》铸就中国文化品牌

《牡丹亭》诞生以来，制作阵容最豪华、演出场次最多、国内外影

响最大的版本，就是苏州昆剧院的青春版《牡丹亭》。

二〇〇四年四月，该剧开始了全球巡回演出的漫长征程。

由著名作家白先勇主持制作，由昆曲旦角皇后张继青、小生大家巾生魁首汪世瑜二位担任总导演和艺术顾问，华玮等人缩编的"青春版"昆曲《牡丹亭》，堪称一流的美术总监、服装设计王童，舞美灯光设计林克华，编舞吴素君，书法家董阳孜，都齐心合力地共襄盛举，形成了较为豪华的编创团队。

汤显祖原剧一共五十五出，青春版将其删减为二十九折，分成上中下三本连台戏，连续三天演完。该剧以汤显祖"情至""情真""情深"作为着力刻画的重点，第一本大戏起始于"梦中情"，第二本大戏深化为"人鬼情"，第三本大戏回归到"人间情"。

《牡丹亭》的演出，一向以旦本戏为重，青春版则强化了柳梦梅的《拾画》《叫画》等长达半小时的小生独角戏，从而形成了生旦并重、阴阳平衡的爱情双美局面。

截至二〇一九年六月，青春版《牡丹亭》一共在海内外演出了三百五十场，开创了在海内外巡回演出正本大戏前所未有的历史纪录。

"青春版"《牡丹亭》的最初含义，一是起用芳龄正青春的演员，演绎青春的爱情故事，从而获得同样是年方青春的观众的青睐。二是表明汤剧对爱情的生死追求，是一个永远青春而庄严华美、起死回生而神圣感人的伟大精神。

从苏州到台北，从中国到海外，青春版《牡丹亭》引起了大学生群体和年轻人的极大关注，从而使得昆曲由曲高和寡到年轻观众们的趋之若鹜。昆曲，由此成为最为时尚而广谱、最为高雅而动人的古典戏曲。

二〇〇六年秋，青春版《牡丹亭》剧组在旧金山、洛杉矶等地的高校鱼贯演出，广受好评。

白先勇发表感言说，《牡丹亭》是老祖宗几百年前留下来的东西，昆剧是中国所有表演艺术中最高层次的，它结合了音乐、美术、戏剧的所有精华。一个国家无论政治、经济如何强大，最后地位的判断还在于文化，没有文化就不能在强大国家中排上名。青春版《牡丹亭》的成功，是一种文化的感动，文化艺术的亲和力、凝聚力是胜过一切的。他希望青春版《牡丹亭》的巡演，成为中美文化交流的里程碑。

在加州大学伯克利分校，该剧从九月十五日演到十七日，该校两千多座位的大剧院座无虚席，一票难求。每场长达三个多小时的演出，这在美国的观演习惯中已经是超长的演出，但是该剧的精湛表演感动了观众，甚至出现了只嫌其短、意犹未尽的遗憾和叹息。雷鸣般的掌声经久不息，久久不愿离去的流连忘返，完全改变了美国观众的观演习惯。

斯坦福大学的戏剧系主任麦克·伦斯观剧之后，啧啧称赞道："该剧的演出太完美了！""我看得目瞪口呆，怎么会有这么好的艺术，昆曲艺术实在太美了！"

在加州大学洛杉矶分校的大剧院，该剧同样赢得了诸多大学生们的芳心，打动了他们的情怀，泪湿了大家的衣襟。

十五年来，这一版本的《牡丹亭》演出，几乎参加过海内外各大艺术节，在东西方的广大舞台上都获得了一致的赞誉。

有意栽花花不发，纽约林肯艺术中心与上海昆剧团联袂合作的全本《牡丹亭》绽放出了美丽的蓓蕾，但却因为种种原因没有完美的结果，无疾而终。陈士争的海外联军版《牡丹亭》却只盛演过一时。

无心插柳柳成荫，因为林肯上昆版的无果凋谢，因为陈士争海外联军版的散兵游勇不足以一直支撑起演出的费用，也因为白先勇先生在示范讲课中对俞玖林的赏识和青睐，青春版《牡丹亭》后来居上，演出方兴未艾，上演的档期正没有穷期。

需要说明的是，在全部青春版《牡丹亭》的创作与演出过程中，白先勇先生起到了至关重要的引领作用。

该剧的导演与演员主体是苏州昆剧院，苏州市、江苏省以及文化和旅游部，这三级管辖部门也对该剧给予了文化上的支持、荣誉上的奖掖、团队上的支撑，还有经济上的充分投入与补贴。

应该说，该剧是海峡两岸共同架起来的文化之桥，共同打造的中国昆曲代表作之艺术名片。

在北京大学等一批高校中，昆曲的审美与学习，已经成为一门必修的课程。北大学生的校园版《牡丹亭》，也在大学生当中获得了较好的口碑。

五、昆曲《牡丹亭》的影视传播

《牡丹亭》的电影传播，最早起源于一九二〇年梅兰芳主演的昆剧无声影片《春香闹学》。该片的拍摄场地是在上海的书房内景、私家花园的外景完成的。京剧青衣姚玉芙、京剧名角李寿山与梅兰芳配戏，相映成趣。

一九五七年，江西省赣剧团排演了由石凌鹤缩编的弋阳腔《还魂记》。一九六〇年，由黄粲和王家乙联合执导的长春电影制片厂的《还魂记》戏曲电影拍摄完成，为汤剧的电影呈现做出了有益的探索。

一九五九年岁末至一九六〇年初，由许珂导演主持，梅兰芳、俞振飞和言慧珠主演的电影版《游园惊梦》正式开拍。该剧试图把戏曲表演的审美规则和镜头语言的电影艺术结合起来，开了汤剧电影化的新生面。

一九六一年，由平弦戏剧团移植改编和上演的《游园惊梦》，被青海电影制片厂搬上了银幕，开创了西北文化与汤剧交融的戏剧化、电影化的新篇章。

一九八五年，一向默默无闻的南京电影制片厂，向传统致敬，在胡忌缩编版昆曲《牡丹亭》的基础上，拍摄了该厂的电影版《牡丹亭》。

一九八六年，南京电影制片厂又以张继青的精彩表演为焦点，摄制了新一版昆剧电影《牡丹亭》。该剧的特点是不以大团圆告终，从而更多地具备了凄美的风韵。

二十世纪末，伴随着电视传播成为千家万户的新闻与艺术的主通道，《牡丹亭》的电视化进程也得到了迅速推进。一批电视剧也与之拈花一笑，相携而行，开枝散叶，硕果累累。

一九九七年，上海电视台在上海昆剧团方家骥缩编本的基础上，拍摄了四集电视昆剧《牡丹亭》。该剧由张洵澎和蔡正仁分别饰演杜丽娘与柳梦梅。两位老艺术家功力十足，电视剧的摄制也比较精良。由此，开拓了《牡丹亭》的电视剧拍摄的先河。

由于越剧的审美气质与昆曲息息相关，早在二十世纪八十年代，上海静安越剧团就推出了《牡丹亭还魂记》，大受越剧观众的追捧。

二〇〇九年，由CCTV新影制作中心作为摄制主体的高清版越剧电视连续剧《牡丹亭还魂记》拍摄完成。该剧主演是越剧新秀金静、王君安，由当之无愧的国宝级昆剧表演艺术家华文漪、岳美缇担任该片的艺术指导。

由于越剧观众与昆曲观众的审美趣味不一样，所以该剧的唱词说白源于汤剧，但是有了好多的改写与变动。这部电视剧共分上下两部共三个多小时。由于金静和王君安的扮相清丽，年轻貌美，在电视上的近景特写显得特别靓丽。该剧又得到昆曲名家的悉心指点，在表演的细腻与传神、拍摄外景的美化与诗画意境的营造等方面，虚实相生，人景相映，各方面的配合创作都特别用心，所以在播出后赢得了大家的交口称赞。

六、新中国成立以来的东西方汤显祖研究

新中国成立以来，在汤显祖的研究方面，取得了前所未有的成果，展示出云蒸霞蔚的学术景观。

首先是关于汤显祖剧本与著作的全面校订，这方面用功最多的是钱南扬和徐朔方两位浙江籍的学者。

天下治词曲者，率多出于吴门。作为吴梅先生在南京大学的弟子，钱南扬先生在戏曲方面的专攻，一是关于南戏的系统研究，二是关于汤显祖戏曲集的校订出版。上海古籍出版社从一九七八年开始，多次出版钱先生校订的《汤显祖戏曲集》。以该社二〇一〇年版的《中国古典文学丛书：汤显祖戏曲集》为例，该书收录了《牡丹亭》《紫钗记》《南柯

记》《邯郸记》《紫箫记》，一共五十多万字的篇幅，以繁体竖排本的方式面世。

浙江大学的徐朔方教授，一九五八年便在古典文学出版社出版了《牡丹亭校注》，一九八〇年在上海古籍出版社出版了《汤显祖年谱》，一九八二年在上海古籍出版社出版了《汤显祖诗文集》，一九八三年在上海古籍出版社出版了《论汤显祖及其他》，一九九九年在北京古籍出版社出版了《汤显祖全集》（全三册笺校），二〇〇一年在南京大学出版社出版了《汤显祖评传》等一系列汤学研究著作。

作为一位将汤显祖研究作为毕生事业之一的大家，徐朔方先生在晚年坚持发表了《汤显祖和梅毒》（《文学遗产》二〇〇〇年第一期），认为其续娶的北京小妾傅氏是妓女出身，因此汤显祖和屠隆一样，均是死于梅毒。此文发表之后，上海戏剧学院《戏剧艺术》主编夏写时，已表达过完全不同的观点。前已论述。

由中国戏曲研究院学术委员黄芝冈所著的《汤显祖年谱》，早在一九五七年便有铅印本问世，现藏上海图书馆。在此基础上，由黄芝冈原著、吴启文校订的《汤显祖编年评传》，一九九二年于中国戏剧出版社出版。

湖北浠水人徐扶明先生，他于一九四八年毕业于浙江大学中文系。先后在华东戏曲研究院、上海市文化局剧目室任职。他后来担任上海市戏曲学校戏曲史论教师，著有《元明清戏曲探索》《红楼梦与戏曲比较研究》《昆剧史论新探》《元代杂剧艺术》等书。一九八四年曾荣获"全国戏剧理论著作奖"。在汤学方面，其《牡丹亭研究资料考释》和《汤显祖与牡丹亭》，分别于一九八七年、一九九三年在上海古籍出版社出版，既有资料，也有见地。

毛效同先生的《汤显祖研究资料汇编》（上海古籍出版社 1986 年版），出版之后很受欢迎。当时的戏曲研究者们，几乎人手一册，以便实时查阅研究垂询。

日本学者岩城秀夫早年在京都大学攻读时，就以《汤显祖研究》作为学位论文，并于一九七〇年一月获得文学部文学博士学位。

一九七二年，岩城秀夫翻译了日文版《牡丹亭》，并在日本创文社出版了《中国戏曲演剧研究》。该书以十章二十多万字的篇幅对汤显祖及其剧作做了文学史上的比较研究。

孙楷第早在一九三二年《日本东京所见中国小说书目》，论及何大伦《燕居笔记》中有"杜丽娘慕色还魂"，谭正璧先生一九五九年有《传奇牡丹亭和话本杜丽娘记》，初疑晁瑮《宝文堂书目》所录《杜丽娘记》为孙氏所论之话本。姜志雄一九六三年撰《一个有关牡丹亭的话本》，认为何本《燕居笔记》中的《杜丽娘慕色还魂》应该是汤显祖《牡丹亭》的蓝本。到了岩城秀夫的著作中，这一假设与推论，得到了较为肯定的论证。

在西方汉学界，加拿大英属哥伦比亚大学的史恺悌（Catherine C. Swatek），对于《牡丹亭》的演出史颇有研究。

二十世纪末，笔者在上海戏剧学院教书时，曾经两次邀请美国籍的加拿大学者史恺悌前来上海研究访问。回国之后，她的英文专著《场上〈牡丹亭〉——一部中国戏剧的 400 年生涯》（*Peony Pavilion Onstage:Four Centuries in the Career of a Chinese Drama*, Michigan :the University of Michigan,2002）应运而生，成为北美汉学界影响较大的一部汤显祖专著。

此外，先后担任哥伦比亚大学东方语言文化系教授和台湾"中央研究院"院士的夏志清教授，其《中国现代小说史》和《中国古典小说》在学界脍炙人口。香港中文大学出版社于二〇一六年出版了《夏志清论中国文学》（万芷均等译、刘绍铭校订），都是其在哥伦比亚大学教书时的讲稿，书中的第二部先讨论元代爱情史诗《西厢记》，接下来探讨《汤显祖笔下的时间与人生》，在中英文学术世界中都颇有影响。

在教育部部颁教材中，游国恩、王起、萧涤非、季镇淮、费振刚主编的《中国文学史》（人民文学出版社 1963 年版），将《汤显祖》单列为一章，体现了对汤显祖的高度重视。

一九九九年，另外一部教育部部颁教材袁行霈主编的《中国文学史》在高等教育出版社出版，我承担了其中的明代戏剧史部分，在第七章中，我分四节专章介绍汤显祖。

这两套《中国文学史》，基本上成为高校使用率最高、较受师生欢迎的基本教材。

另外，陆萼庭的《昆剧演出史稿》，胡忌、刘致中的《昆剧发展史》，江巨荣作《〈牡丹亭〉演出小史》，也都从不同方面对汤剧特别是《牡丹亭》展开了论证研究。

附录一 汤显祖大事年表

明世宗朱厚熜嘉靖二十九年庚戌（1550） 一岁

八月十四日，汤显祖出生于江西抚州府临川县城东文昌里。

祖父汤懋昭约七十岁，祖母魏夫人六十三岁。父亲汤尚贤二十三岁，母亲吴氏二十一岁。

西班牙的塞万提斯三岁。

嘉靖三十一年壬子（1552） 三岁

汤显祖聪慧初显。同乡帅机中举。

二人同为家乡父老夸奖，称之为"帅博汤聪两神童"。

三岁看到老，汤显祖长大后与帅机、邱兆麟、祝徽齐名，被誉为临川前四大才子。

嘉靖三十三年甲寅（1554） 五岁

家塾读书。开始学会属对，对仗联句，颇有感觉。

嘉靖四十年辛酉（1561） 十二岁

两广民兵冯天爵等人在闽清县起义，打到江西，攻克临川。

作诗《乱后》，收入《红泉逸草》诗集。汤氏现存诗文最早有年代可考者。

嘉靖四十一年壬戌（1562） 十三岁

汤显祖从徐良傅学古文辞，乃汤氏第一位启蒙名师。

泰州学派之三传弟子罗汝芳返乡省亲。汤父邀请他到文会书堂，讲授王学左派的理学。

嘉靖四十二年癸亥（1563） 十四岁

因作八股文出道，补县学诸生。督学何镗对汤显祖欣赏有加。

在县学写诗《入学示同舍生》，大有得意之情。

嘉靖四十三年甲子（1564） 十五岁

从徐良傅先生学《书经》、学诗词歌赋与文字变迁。

威廉·莎士比亚诞生。

嘉靖四十四年乙丑（1565） 十六岁

启蒙老师徐良傅，身患毒疮逝世。

痛作追悼，写《挽徐子拂先生诗》。

嘉靖四十五年丙寅（1566） 十七岁

罗汝芳父丧，返乡守制，在从姑山建前峰书屋。

汤显祖大喜过望，前来拜师深造。

南昌举行乡试，汤显祖生病，未能前往。写诗《明河咏》。

皇帝朱厚熜服食丹药过多，中毒而亡。

汤显祖悲痛至极，写诗《丙寅哭大行皇帝》。

隆庆二年戊辰（1568） 十九岁

与汤显祖、邱兆麟、祝徽齐名的临川前四大才子之一帅机（1537—1595）中进士。

隆庆三年己巳（1569） 二十岁

腊月，迎娶东乡吴氏为妻。

隆庆四年庚午（1570） 二十一岁

秋考，获选江西省乡试第八名。

在西山云峰寺题诗《莲池坠簪题壁》。

冬天抵京，准备次年的春试，与姜奇方同一旅舍，同屋而眠。

隆庆五年辛未（1571） 二十二岁

汤显祖长女出生。

春试不利，名落孙山。

隆庆六年壬申（1572） 二十三岁

除夕夜，隔壁人家失火，导致汤家文昌里被烧。

神宗万历元年癸酉（1573） 二十四岁

二女儿元祥出生。

万历二年甲戌（1574） 二十五岁

第二次参加春试，再次失败。

前往南京国子监深造。

万历三年乙亥（1575） 二十六岁

三女儿元英诞生。

首部诗文集《红泉逸草》刊行。

万历四年丙子（1576） 二十七岁

将南京时期写作之诗文集为《雍藻》。

前往宣城，与沈懋学、梅鼎祚、龙宗武等交好。

万历五年丁丑（1577） 二十八岁

传首相张居正听闻汤显祖与沈懋学乃青年才俊，命张居谦到宣城招揽之。

沈懋学接纳得当，当年便殿试第一，授翰林修撰。

张居正次子嗣修以第二名及第。

傲慢不善接纳的汤显祖，没有任何悬念地春试落第。爰作《广意赋》，自我解劝，乃以海若为号。

汤显祖与屠隆结识。迎娶赵氏为妾。

在南京国子监游学，师从张位先生。

访友人黄冈知县龙宗武于黄州。为麻城刘守有选定金元杂剧近三百种。

万历六年戊寅（1578） 二十九岁

夫人吴氏生下长子士蘧。

万历七年己卯（1579） 三十岁

祖母魏老夫人，以九十二岁高龄去世。

《问棘邮草》结集，请友人谢廷谅作序。副本寄往徐渭。

九月初一，南京清凉寺讲经。

万历八年庚辰（1580） 三十一岁

夫人吴氏生子，名大耆。

赴京参加会试，但却临阵弃考。

再游南京国子监。翰林院编修戴洵，对汤显祖颇为欣赏。

编写《紫箫记》，合作者有谢廷谅、吴拾芝、曾粤祥。

万历十年壬午（1582） 三十三岁

应邀在杭州同知姜奇方处读书写作一个多月。准备明年春试。

万历十一年癸未（1583） 三十四岁

春试告捷，第三甲第二百一十一名赐同进士出身。

夫人吴氏亡于临川。

在帝京纳傅氏。

屠隆升任北京礼部仪制司主事。汤显祖于礼部实习观政。

万历十二年甲申（1584） 三十五岁

汤显祖不受内阁大臣申时行、张四维笼络，自请南京太常寺博士。

万历十三年乙酉（1585） 三十六岁

前临川知县、现任史部郎中司汝霖（张汝济）来信，好心奉劝汤显祖与当朝通好，许诺内调他为吏部主事。

汤显祖继续不领好意，不识抬举，回信《与司吏部》，婉言谢绝。

万历十四年丙戌（1586） 三十七岁

八月十四日过生日，作诗《三十七》，不甘心沉潜下僚，郁闷至极。

同父异母弟汤寅祖出生，小其三十七岁。

梅鼎祚来访，为其作《玉合记题词》。

沈璟上疏，请立朱常洛为太子，遭致贬官三级。

老师罗汝芳在南京城西小寺与汤显祖相见。

老师严厉批评汤显祖的生活状态："子与天下士日泮涣悲歌，意何为者，究竟于性命何如，何时可了？"

这一年，莎士比亚来到伦敦的剧院打杂。

万历十五年丁亥（1587） 三十八岁

将《紫箫记》未成稿，润色丰富为《紫钗记》。

返乡后与帅机相见，有《赴帅生梦作》《二京归觉临川小》《京察后小述》等诗。

万历十六年戊子（1588） 三十九岁

改官南京詹事府主簿，从七品。

傅氏生第三子开远。

赵氏生詹秀。

罗汝芳老师于九月初二归天。

莎士比亚开始创作剧本。

万历十七年己丑（1589） 四十岁

升任南京礼部祠祭司主事，正六品。

徐渭在京，收到汤显祖《问棘邮草》，深为抬举："真奇才，平生不多见。"作诗《读问棘堂集拟寄汤君》："执鞭今始慰生平。"

万历十八年庚寅（1590） 四十一岁

在南京刑部主事邹元标家，与达观禅师初次谋面。

徐渭《与汤义仍》诗寄达。

莎士比亚创作《亨利六世》。

万历十九年辛卯（1591） 四十二岁

闰三月二十五日，上奏《论辅臣科臣疏》，激烈抨击朝政。

五月十六日被贬谪为广东徐闻县典史。

心灰意冷，身心俱疲。五月下旬起，六月到八月，均在老家临川养病。

九月翻越大庾岭，入岭南。

十月，船过英德，夜梦周宗镐，乃作《哀伟朋赋》。

受周宗镐所托，汤显祖曾看顾教化其子。

十一月初一攀上罗浮山，夜宿冲虚观。

十一月初七回广州。之后游澳门，经阳江，上涠洲岛，去往徐闻。

添丁进口，四儿在老家临川出生。

万历二十年壬辰（1592） 四十三岁

在徐闻，筹建贵生书院。

秋冬时节游琼州。

万历二十一年癸巳（1593） 四十四岁

正月，书院落成，作《贵生书院说》。

二月，告别徐闻返回临川。有《徐闻留别贵生书院》诗。

自徐闻归临川途中，在肇庆遇见两位意大利天主教传教士，当为利玛窦等人。

三月十八日抵达浙江遂昌，履职知县。

三月二十一日，拜谒孔庙。

七夕节，添丁进口，又生第四女，起名七女。

八月，在遂昌建成相圃书院。

临川老家的少年玩伴姜耀先来访。

建立灭虎队，叶坞打虎。

忘年交徐渭亡故。

万历二十二年甲午（1594） 四十五岁

元宵节，纵囚观花灯，成一时之佳话。

建成尊经阁（图书馆）。

七女年方半岁，不幸夭亡。

詹秀女，出天花夭亡。

傅氏生下第五子开先。

八月十二日，同母弟儒祖死亡。

冬天进京述职考评，途中在山东滕县，学习考察赵邦清政绩，颇为佩服。

万历二十三年乙未（1595） 四十六岁

赴京后与袁宗道、宏道、中道兄弟论文。

二月初六，离开京都，返回遂昌。

邀请屠隆春秋两度来访。临别时，汤显祖有《秋雨九华馆送别屠长卿，便入会城课满》和《平昌送屠长卿归省》相赠。

帅机辞世。改定《紫钗记》。

除夕夜，开监放囚犯回家过年。有诗《除夕遣囚》，寄送吴拾芝。

莎士比亚写成《罗密欧与朱丽叶》。

万历二十四年丙申（1596） 四十七岁

皇上派遣曹金，前往浙江开矿。

万历二十五年丁酉（1597） 四十八岁

第六子吕儿出生在春天。

长子士蘧前来遂昌，探望父亲。

游览温州雁荡山。

四年来沉埋下僚，爰作《感宦籍赋》。

对曹金等朝廷大员开矿加税，颇为不满，有《感事》诗。

万历二十六年戊戌（1598） 四十九岁

吕儿一岁，便出天花而亡。

三月份，告假弃官，返回老家临川去也。

七月从文昌里搬到沙井新居，玉茗堂颇见胸襟。

八月十九日，四儿八岁，夭亡。

达观禅师年底来访。

《牡丹亭》完稿。

万历二十七年己亥（1599） 五十岁

元宵节，送达观禅师去南昌。

二月十五日，梦中得达观书信。此后便以海若士为号，一作若士。

八月十四日，五十大寿，演出《牡丹亭》。

伦敦环球剧院建成运营，莎士比亚当上股东。

万历二十八年庚子（1600） 五十一岁

达观赴京前，到临川与汤显祖依依惜别。

作《南柯记》传奇。

长子士蘧卒于南京，止步于考试之前。年仅二十三岁。

次子大耆，于南京国子监游学。

万历二十九年辛丑（1601） 五十二岁

正月，吏部称汤显祖"浮躁"，追认撤职。

五月，苏州彭兴祖来访，长达一月。

作《邯郸记》传奇。

秀水县令邓渼，前来临川拜访。

莎士比亚改编之《哈姆雷特》问世。

万历三十年壬寅（1602） 五十三岁

抒写《宜黄县戏神清源师庙记》。

三月，李贽于北京通州监狱之中自杀。汤显祖写《叹卓老》追悼之。

塞万提斯写作《堂吉诃德》。

万历三十一年癸卯（1603） 五十四岁

春天，为南城孝廉郑之文《旗亭记》传奇题词。

十二月，达观禅师于京城监狱中死亡。汤显祖写《西哭》，不胜凄楚而悲愤。

万历三十二年甲辰（1604） 五十五岁

李化龙到临川，邀约汤显祖一道游历名胜，汤显祖敬谢不敏。

万历三十三年乙巳（1605） 五十六岁

屠隆病体愈重。汤显祖写了十首七绝:《长卿苦情寄之殇，筋骨段坏，号痛不可忍。教令阖舍念观世音稍定，戏寄十绝》，安慰屠隆。八月，屠隆卒于花柳病。

右佥都御史总管漕运李三才在扬州，闻汤显祖之名，派人延请汤显祖，意欲推荐他再度做官。汤显祖婉言谢绝。

万历三十四年丙午（1606） 五十七岁

《玉茗堂文集》经帅机审定，在南京付梓。

《南柯记》刊行。

万历三十五年丁未（1607） 五十八岁

三月，游南昌，相聚张位组织的杏花楼诗会。

夜梦丁右武，作《答丁右武稍迁南仆丞怀仙作》

题写《遂昌新作土城碑》。

江阴李至清（超无）来访。

万历三十六年戊申（1608） 五十九岁

李至清再次到访。为其诗集《问剑集》作序。

九月，在南昌作《豫章揽秀楼赋》。

遂昌父老，派遣画师徐侣云，来为汤显祖画像，欲挂入其生祠。

抚州知府苏宇庶修文昌桥，汤显祖作《苏公眉源新成文昌桥碑》。

为邹迪光《调象庵集》作序。欲作无锡行，叹无旅资，未能成行。

万历三十七年己酉（1609） 六十岁

江西新建人丁此吕卒，汤显祖作诗哭悼。

与甘雨相交。汤显祖有《九日遣宜伶赴甘参知》《复甘义麓》二诗记之。

万历三十八年庚戌（1610）　六十一岁

钱谦益中探花（一甲三名进士），任翰林院编修。

万历三十九年辛亥（1611）　六十二岁

汤宾尹遭弹劾，致信《寄汤霍林》，抚慰之。后又为《睡庵文集》作序。

万历四十年壬子（1612）　六十三岁

收到邹迪光《临川汤先生传》。

秋，护送次子大耆、三子开远赴南昌参加乡试，俱未得中。

新城邓渼先来访，在汤家一住半年。之后赴云南巡按任上。

莎士比亚返回故乡斯特拉福小镇，安度晚年。

万历四十一年癸丑（1613）　六十四岁

四月，主持三子分家。

汤家沙井新居失火。褚遂良摹本《兰亭集序》真迹，同被火烧。

莎士比亚《亨利八世》上演。

万历四十二年甲寅（1614）　六十五岁

《玉茗堂集》寄达袁中道处。

隐居庐山、游历安徽，资费缺少，皆未成行。

《续栖贤莲社求友文》："吾犹在此为情作使，劬于伎剧。"

十二月二十一日，母亲吴氏归天，高寿八十五。

万历四十三年乙卯（1615） 六十六岁

正月，父亲以八十八岁高龄归天。

夏，门人许重熙来访。将《玉茗堂选集文集》，托其交付钱谦益，请其作序。

秋天，三子开远中举。四子开先补附弟子员。

俞二娘读《牡丹亭》，郁闷而亡。汤显祖得知后，作《哭娄江女子二首》。

万历四十四年丙辰（1616） 六十七岁

病体沉重，作《负负吟》，追念平生师友。

作《诀世语七首》，交代后事。

六月十五日，作绝笔诗《忽忽吟》。

九月二十一日（公历 11 月 6 日）亥时（21 点到 23 点），卒于玉茗堂，葬于灵芝山祖坟。

四月二十二日，西班牙小说家、戏剧家塞万提斯在马德里逝世。享年七十岁。

四月二十三日，莎士比亚在老家逝世，享年五十四岁。

附录二　参考征引书目

1. 黄文锡、吴凤雏:《汤显祖传》,中国戏剧出版社 1986 年版。

2. 黄芝冈:《汤显祖编年评传》,中国戏剧出版社 1992 年版。

3. 徐朔方笺校:《汤显祖全集》,北京古籍出版社 1999 年版。

4. 徐朔方:《汤显祖评传》,南京大学出版社 2001 年版。

5. 邹元江:《汤显祖新论》上海人民出版社 2015 年版。

6. 龚重谟:《汤显祖大传》,北京燕山出版社 2014 年版。

7. 邹自振:《汤显祖综论》,巴蜀书社 2001 年版。

8. 汪榕培:《汤显祖戏剧全集》英译本,上海外语教育出版社 2014 年版。

9. 邹自振等:《汤显祖戏曲全集》,百花洲文艺出版社 2015 年版。

10. 周育德:《汤显祖论稿》增订本,上海人民出版社 2015 年版。

后记

　　也许是冥冥之中的缘分，诸缘巧合，恰便有分，我居然先后为中国同时也是世界上的两位戏剧大师著书立说、树碑立传。

　　一位大师是元代的首席杂剧大师关汉卿先生。

　　一九八三年，我在上海丽娃河畔的华东师范大学，跟随徐中玉先生、齐森华老师攻读中国文学批评史（以戏曲理论为重点）专业的硕士学位。在研究生期间，我先后拜读了谭正璧先生的《元代戏剧家关汉卿》（文化出版社 1958 年版）、黄克先生的《关汉卿戏剧人物论》（人民文学出版社 1984 年版），也对除此之外的与关汉卿相关的论文论著与资料集进行了认真的学习。

　　学习的结果是对关汉卿的兴趣越发盎然澎湃起来，于是发一宏愿，要在暑假期间，写出一部《大戏剧家关汉卿》的传记来。得益于华东师大藏书之丰富，得益于血气方刚的青春年华，我每天夙兴夜寐地奋笔疾书，居然在一个星期内，该书的初稿就这样问世了。

　　该书后来由上海书店出版社出版，见证了我对关汉卿的可嘉热情。此书也是继谭正璧的关汉卿传记之后的第二部"关传"。

　　现在看来，这部《大戏剧家关汉卿》，也许还应该修订完善后再版。三十六年过去了，也该有所更新了。

　　我所写作的第二位国际知名大师，便是本书的传主汤显祖。

　　抚今追昔，我国最早为汤显祖写传之人，是汤显祖的同时代人邹迪光。这位无锡才子也是昆曲名家，家里养有戏班。他在没有见过汤显祖的情况下，仰望其才名，为其写作了《临川汤先生传》，并认为以汤显祖之伟大，自己"何能描写一二"。

　　汤显祖看到小传之后，颇为感动，"与明公无半面，乃为不佞弟作传！"此后两人之间，相互来信往还，成为莫逆之交。

四个世纪风驰电掣般消逝，弹指一挥间。

一九八六年起我在中山大学，跟随王起（季思）先生和黄天骥老师攻书，如愿以偿地获得文学博士学位，并应余秋雨院长之邀约，前往上海戏剧学院任教。

一九九八年，北京大学的袁行霈先生主编教育部教材《中国文学史》，明代部分由复旦大学中国文学研究所所长黄霖教授担任分主编。黄先生找到了我，组成了三人写作小组。他本人写作明代小说部分，另外一位教授写作明代诗文部分，由我担任明代戏曲部分的写作。

二十一世纪以来，人们对传统文化与文化大家的敬仰与日俱增。作家出版社有限公司大张旗鼓地邀约天下专家，先后出版了几十部文化艺术大家的传记。

此时此刻，我已经在中国戏曲学院担任了十年的戏文系主任。原本与作家出版社有限公司相约写作汤显祖传记的刘彦君教授，忙于许多戏剧界的领军事务，忽然觉得由我来写作汤传也许更为合适一些。经过三方商量，我又承蒙大家的美意，与作家出版社有限公司签订了写作汤传的合同。

就我而言，研究汤显祖既是命运中的幸事，又是生命中不堪负担之重。

写作《中国文学史》中的汤显祖专章便是如此。当年的电脑版本低，自我保存的功能不够迅速。当时，我花了半年多工夫才大体完成了明代戏曲部分的写作，画龙点睛之笔是在除夕之夜，于上海中山西路八万人体育场对面的协昌小区 606 室，当我终于完成了汤显祖一章的时候，不由得喜不自胜地长嘘一口气。

大功终于告成，于是我无比欢畅但又莫名其妙地敲击了一个键，有关汤显祖的一章两万多字，就这样消失得无影无踪。

大年三十，无心过年。再三寻找，终不可得。请教高明，终归无用。

将近一年的心血，就这样归于虚无。付之一炬尚有烟灰，电脑内存的消失却等于没有存在过这一档事儿，于是真的想以头撞墙，仰天长叹，连血都要吐出来了。

但是郁闷终归无用，痛苦可以出诗人，出不了学问。那还得从零做起，从头写起，重新找材料，再度写作汤显祖部分。

正是因为从痛苦伤心中崛起再战，再度踏上寻找材料、重新写作和研究的漫漫长路，才得以保持对汤显祖研究情况的了解，尤其是与为汤显祖树碑立传的达人们，几乎都有或多或少的交往和请益的机会。

二十世纪八十年代末，我在中山大学读书的时候，曾在外国语学院对面的学校宾馆，拜见过汤显祖研究名家徐朔方老师。

徐朔方老师也是业师王季思先生的学生辈。他的结发夫人杨笑梅，是王先生的学生。当年的小徐同学，也经常跟着女朋友，来王先生班上蹭课。从此意义上言，徐老师也是王先生的诸多私淑弟子之一。

这位原名徐步奎的年轻人，也是一位奇才。他在东阳县立初中的成绩一开始不够好，英语、算学和体育都不合格，尤其是前两门主课经常不及格，老师们都认为这小子的初中难以毕业。但是小徐同学在奋发图强的备考后，各门主课均考试及格，顺利地得到了初中毕业证。

一个英语一向不好的人，居然从同班同学们的轻视和打击中站起来，发一声宏愿，一定要考上浙江大学师范学院龙泉分校，并且一定要从中文系转到英文系。一九四七年他从英文系顺利毕业，这也是一段转型励志的佳话。

徐老师作为一个英文专业毕业的大学生，也许是在旁听王先生戏曲课程之后得到了极大启发，从此全心全意研究戏曲小说，成果极为丰硕。在他所出的四十多种专著中，汤显祖研究是其中的亮点，这也使他成为国内引领汤显祖研究登高一呼的第一人。徐老师的汤学成果大致有《〈牡丹亭〉校注》、《汤显祖诗文集编年笺校》、《汤显祖全集》（笺校）、《汤显祖年谱》、《汤显祖评传》、《论汤显祖及其他》等著作。

早在一九五八年，三十六岁的徐老师就分别在中华书局上海编辑所出版了《汤显祖年谱》，在人民文学出版社出版了《〈长生殿〉校注》。四年之后，由中华书局上海编辑所出版的《汤显祖集》面世，其中的

《汤显祖诗文集》由徐老师编年笺校，《汤显祖戏曲集》由钱南扬先生笺校。再以后，徐老师把戏曲部分也重新笺校了一遍，成为汤显祖文集的权威校订者。

我在中山大学宾馆拜见徐老师的时候，他已经行年六十五岁，头发也已花白，中山装的行头，解放牌的登云球鞋，一口的浙江东阳腔调，乍一看去，有点农村党支部书记的样子。

可是徐老师的眼神很锐利，说话颇有机锋，作为博士生与他谈话，一定要句句小心，以防被他认为学问不好，不具备对话的前提。

据说他还能唱昆曲。他在中大逗留期间，我曾想怂恿王先生和黄老师，让徐老师唱一次昆曲，展示浙派学人的艺术风采。后来想想又未敢造次，毕竟徐老师是那么不苟言笑的人。

徐老师后来出版的精装版《汤显祖评传》，也引起了学术界与社会各界的重视。最令人感到奇怪的是，一位以研究汤显祖成名、终身从事汤学教学与研究的大家，到了晚年居然坚决认为汤显祖是身患花柳病而亡。这样的论断不得不令人为之惊诧。

二十世纪八十年代，汤显祖的故乡人也为他出过好几本传记。《汤显祖传》之罗传奇先生版，由江西人民出版社于一九八二年出版。这一年，正好是文化部与中国剧协、江西省文化厅与江西剧协，以国家、政府与专业协会的名义，在抚州隆重举办汤显祖逝世三百六十六周年纪念活动。该书的出版恰逢其时。

群文、倪绍勇等先生的《汤显祖》一书，江西人民出版社于一九八五年出版，该书出版甚早，也值得大家珍视。

四年之后，又一部《汤显祖传》问世，这次的作者是龚重谟、罗传奇、周悦文先生，由江西人民出版社于一九八六年出版。

迄今为止，我对史识、文采和情感兼具的《汤显祖大传》（北京燕山出版社 2014 年版）最为推崇。该书的作者龚重谟先生，我也有幸与其相逢。在南昌和抚州开会见到龚重谟先生时，总觉得这位谦谦君子对于汤显祖的研究特别痴迷，对于后进学人特别宽厚。

甫一交谈，才知道龚先生师出名门，他是一九八七年七月，在中艺术研究院戏曲理论班戏曲史论专业毕业的正宗学人。他又担任过海南省文化艺术学校的校长，所以学养丰富，平易近人，提携后进，不遗余力。

他写的《汤显祖大传》，材料之丰赡、见识之周正、水平之上乘，都令我辈佩服之至。所以我们中国戏曲学院的老院长周育德教授为其写序时说："所谓'大传'者，一是其规模大，二是其学问大。""《汤显祖大传》确实提供了我不曾见识过的许多内容。""取得了可喜的成就，有超越前人的进步。"

我的长辈与前任、中国戏曲学院戏文系的前任系主任、中国昆剧研究会副会长周传家教授对该书的评价也特别公允："《汤显祖大传》是龚重谟对自己既往的相关研究成果的重新梳理、综合性表述和深入开掘，并达到新的高度。全书视野宽阔，主线清晰，前后呼应，结构完整，折射出'汤学'发展面貌，堪称具有超越性的扛鼎之作。"

这样一位对抚州文化、对家乡贤达如此钟爱的大专家，居然追步其传主汤显祖的足迹，毅然迁徙到语言水土与江西多有不同的海南去工作，而且时间长达三十余年，这样的选择令人叹服。然而，即便龚先生远调海南，他依然与汤显祖研究心心相连。

在我写作本书的过程中，参考和借鉴最多的文献资料便是龚先生的《汤显祖大传》。在家里和工作单位都备有一本，随时可以翻阅取经，从中得到不少的教益。

黄文锡、吴凤雏先生的《汤显祖传》(中国戏剧出版社 1986 年版)，一直以来都有较多的读者。我与黄先生没有太多接触，但却邀请吴凤雏先生开过会，也请他到中国戏曲学院，共商过汤显祖传记与研究的宏图远景。

吴凤雏先生是一位儒雅君子，他曾经担任过抚州市的人大委员会主任，但却没有半点官气。其书法甚佳，楹联工整，关于汤显祖的研究，既有合撰的《汤显祖传》，还有《牡丹亭·评注》《临川四梦·评注》，甚至还有与戏曲小说息息相关的《宋代笔记概论》等专著。

他也是抚州汤显祖研究中心的负责人，在当地和全国都有较大的影响。我原本很想与吴先生共同撰写新一版的汤显祖传记，他承担汤传的框架部分，我更多地注重分析"四梦"的文本部分，便可两全其美。但是因为大家都是忙人，工作地点又相隔甚远，没有能够如愿合作。

福建闽江学院中文系教授、福建省中国古代文学研究会副会长邹自振兄，也著有《汤显祖》（百花洲文艺出版社2004年版）一书。该书内容详实，论述精到。此外，邹自振兄还邀约了几位教授，主编了《汤显祖戏曲全集》（百花洲文艺出版社2015年版）。该书按汤氏戏曲创作的时间先后，依次分为《紫箫记》《紫钗记》《牡丹亭》《南柯记》《邯郸记》五册。这就把汤显祖的创作脉络，完整地梳理出来了。

作为一位古道热肠的学者，邹自振对汤学研究特别上心，对朋友们特别热情。记得我几次参加江西汤学的会议，都有他的热忱邀约与电话提醒。这种近乎耳提面命的学术情谊，真是令我难以忘怀。

当然，也有一些汤显祖传记专家，我却始终无缘相识。

比如朱学辉、季晓燕先生，他们早在一九八六年，就在江西人民出版社出版了《东方戏剧艺术巨匠汤显祖》。

前辈学者黄芝冈先生的《汤显祖编年评传》（中国戏剧出版社1992年版），直到他归天二十一年之后才得以付梓，这既是老先生生前的遗憾，却也是汤显祖传记序列中一个意外的收获。托汤显祖大师的洪福，研究他的著作总算能够在人间幸存，出版发行，这是多大的幸运啊！

北京师范大学的知名学者李贞瑜教授，其《汤显祖》（春风文艺出版社1999年版），也曾引起大众和学界的注意。

早年曾在上海戏剧学院学习的纪勤先生，作为遂昌人氏，其《汤显祖传》（国际文化出版公司2001年版），也在浙江和学术江湖上颇有影响。

知名作家左一兵先生则别出心裁，他在批阅大量资料的基础上，写作了三十多万字的历史传记小说《汤显祖传奇》（中国戏剧出版社2013年版），更加诗意而潇洒地描摹出汤显祖的风格和精神。

另外一部《汤显祖》（团结出版社2018年版）的作者龚顺荣，更是一位近乎神奇的存在。他一九五〇年生于汤显祖玉茗堂旧居，自然而然地沾了汤显祖的仙气，居然从一位工人自学成才，不仅写了不少小说，而且还怀着感恩之情写了一部汤显祖的传记，令人惊叹莫名。

林希先生也在一九九三年，由新蕾出版社出版过《汤显祖》一书。

关于汤显祖传记的若干连环画，江西人民出版社和上海人民美术出版社也曾出版。

多乎哉？不多也。十余本传记和连环画，对于这位大家及其作品的描摹，还是太少太少。

翻译推介到国外的汤显祖传记，目前看来一本也没有。关于汤翁的电影传记片，也同样付之阙如。

对比英国的莎士比亚，不管是作家研究还是作品研究，不管是英文还是各国文字的莎剧版本和相应的描述，以及奥斯卡电影的一再翻拍与国际性声誉，东方的莎士比亚汤显祖的影响，还是相隔天壤，难于比拟。

不过没有关系，后来者可以居上，以今天中国之国力，以昆曲"临川四梦"之华美灿烂，以汤显祖立传者、研究者、翻译者和传播者之无穷无尽，汤学在国际上的地位，还会与日俱增。

至于汤学研究与传承的其他一些名家大儒，我也有幸当面受教，春风化雨，得到了不少教益。

先后在大连外国语学院和苏州大学外语学院任教的汪榕培教授，他是《汤显祖戏剧全集》的翻译者，也是苏州昆曲剧院汤剧英文字幕的撰写人。在他生前，我们曾多次在会议上、在网络邮件上有所联系，对其在汤剧翻译上所取得的突出贡献深感钦佩。我曾经借用过他的《牡丹亭》部分字幕，也得到了老人家的许可和帮助。

二〇一四年八月，由他翻译的《汤显祖戏剧全集》（《紫箫记》《紫钗记》《牡丹亭》《南柯记》《邯郸记》）终于得以由上海外语教育出版社出版，这部长达一百八十万字的译本，是迄今为止最为完整的英文版汤显祖戏剧全集。遗憾的是，这项伟大的翻译工程，更多的是汪先生自己的劳动和推动，缺乏国家层面的统筹和社会上更多的支持。当然，老先生也曾对我说过，他所翻译的《牡丹亭》《邯郸记》和《紫钗记》，被国家重大出版工程《大中华文库》收纳其中，也是可堪欣慰之事。

早在一九八七年，趁广州话剧团排练《游园惊梦》之便，我就请白先勇与余秋雨两位名师到中山大学开设过讲座。后来应余秋雨先生之邀约，我到上海戏剧学院任教十三年，又与叶长海先生有着诸多请益的便利。

这几位先生都对在海内外弘扬汤显祖的事业，做出了巨大的贡献。我又恰好与他们有着较早较多的联系，这也是难得的学缘。

香港城市大学的郑培凯先生，在其多年营建的中国文化中心，为汤显祖的演出、研究和传播，功在不舍，影响巨大。我也多次在香港与内地聆听其教诲，受到不少启迪。

至于台湾的学者，从曾永义先生、洪惟助先生开始，到一应的汤显祖与戏曲研究大家，我也多有接触。我曾与王安祈教授主持过将近十届的中国戏曲学院与台湾大学的两岸戏曲编剧高峰论坛，对于学习汤显祖、培育编剧新人的事业有着一定的帮助。华玮教授也曾参加青春版《牡丹亭》的整理工作，我们多次商议，在大学里推动经典整理和古戏新编的工作。

正是得益于以上诸位认识和不相识的贤达名师们，得益于刘彦君老师的推荐，我才得以写作一部新的汤显祖传记。

遥想当年初生的牛犊不怕虎，一口气写出《大戏剧家关汉卿》的传记，那种洋洋洒洒、文气浩荡，至今想来还觉得艰苦而顺畅。

但是我的汤显祖研究与传记写作，好像一直就不够顺利酣畅了。

本书原定于二〇一六年完成书稿，然而作为中国戏曲学院的系主任，作为一位教师和学者，作为一位职业的观剧人、评剧人与写剧人，永远有那么多的杂事要做，永远在耽误我写作汤传的有效时间，也永远愧对于作家出版社有限公司以极大的耐心等待传记的编辑老师。

好在这部传记经过三年多的积累和写作，行行止止，写写停停，终于能够截稿付梓，完成了人生的一大夙愿：写作从关汉卿到汤显祖的系列传记。

当我已经主编出版了近百种中国戏曲家传记丛书之后，我还有什么理由再次延宕关于汤显祖传记的写作呢?

又是一年芳草绿、春花红，在生机盎然的季节中，汤显祖的故乡人抚州百姓，在莎士比亚故乡的斯特拉福小镇，建起了雕梁画栋的牡丹亭。

有感于此，我也终于完成了《红尘四梦：汤显祖传》。

随风潜入夜，润物细无声。相信这本相对而言比较灵动的汤传，能够在中外读者的心田中，撒播出新一轮种子，吸引更多的读者致敬汤显祖大师，在"临川四梦"的审美天地中行走，在汤学的名山大湖中如一叶白帆，荡漾在情波恨涛的永恒之中。

二〇一九年八月九日星期五，写于中国戏曲学院

十月三十日改订

	1	《逍遥游——庄子传》 王充闾 著
	2	《书圣之道——王羲之传》 王兆军 著
	3	《千秋词主——李煜传》 郭启宏 著
	4	《草泽英雄梦——施耐庵传》 浦玉生 著
第一辑已出版书目	5	《戏看人间——李渔传》 杜书瀛 著
	6	《心同山河——顾炎武传》 陈 益 著
	7	《孤独的绝唱——八大山人传》 陈世旭 著
	8	《泣血红楼——曹雪芹传》 周汝昌 著
	9	《旷代大儒——纪晓岚传》 何香久 著
	10	《烂漫饮冰子——梁启超传》 徐 刚 著
	11	《忠魂正气——颜真卿传》 权海帆 著
	12	《花红别样——杨万里传》 聂 冷 著
	13	《感天动地——关汉卿传》 乔忠延 著
	14	《西风瘦马——马致远传》 陈计中 著
第二辑已出版书目	15	《此心光明——王阳明传》 杨东标 著
	16	《梦回汉唐——李梦阳传》 泥马度 著
	17	《天崩地解——黄宗羲传》 李洁非 著
	18	《幻由人生——蒲松龄传》 马瑞芳 著
	19	《儒林怪杰——吴敬梓传》 刘兆林 著
	20	《史志巨擘——章学诚传》 王作光 著

	21	《千古一相——管仲传》 张国擎 著
	22	《漠国明月——蔡文姬传》 郑彦英 著
	23	《棠棣之殇——曹植传》 马泰泉 著
	24	《梦摘彩云——刘勰传》 缪俊杰 著
第三辑已出版书目	25	《大医精诚——孙思邈传》 罗先明 著
	26	《大唐鬼才——李贺传》 孟红梅 著
	27	《政坛大风——王安石传》 毕宝魁 著
	28	《长歌正气——文天祥传》 郭晓晔 著
	29	《糊涂百年——郑板桥传》 忽培元 著
	30	《潜龙在渊——章太炎传》 伍立杨 著
	31	《兼爱者——墨子传》 陈为人 著
	32	《天道——荀子传》刘志轩 著
	33	《梦归田园——孟浩然传》曹远超 著
	34	《碧霄一鹤——刘禹锡传》 程韬光 著
第四辑已出版书目	35	《诗剑风流——杜牧传》 张锐强 著
	36	《锦瑟哀弦——李商隐传》 董乃斌 著
	37	《忧乐天下——范仲淹传》 周宗奇 著
	38	《通鉴载道——司马光传》 江永红 著
	39	《琵琶情——高明传》 金三益 著
	40	《世范人师——蔡元培传》 丁晓平 著

图书在版编目（CIP）数据

红尘四梦：汤显祖传 / 谢柏梁著. -- 北京：作家出版社，2020.7

（中国历史文化名人传丛书）

ISBN 978-7-5212-0949-5

Ⅰ. ①红… Ⅱ. ①谢… Ⅲ. ①汤显祖（1550～1616）- 传记 Ⅳ. ①K825.6

中国版本图书馆CIP数据核字（2020）第077862号

红尘四梦：汤显祖传

作　　者：谢柏梁
传主画像：高　莽
责任编辑：袁艺方
书籍设计：刘晓翔 + 韩湛宁
责任印制：李卫东　李大庆
出版发行：作家出版社有限公司
社　　址：北京农展馆南里10号　　　邮　　编：100125
电话传真：86-10-65067186（发行中心及邮购部）
　　　　　86-10-65004079（总编室）
E-mail:zuojia@zuojia.net.cn
http://www.zuojiachubanshe.com
印　　刷：北京汇林印务有限公司
成品尺寸：152×230
字　　数：330千
印　　张：23.75
版　　次：2020年9月第1版
印　　次：2020年9月第1次印刷
ISBN　978-7-5212-0949-5
定　　价：50.00元